David Starmann

Grundkurs Mediengestaltung

W0255777

Aus dem Bereich IT erfolgreich lernen

Pascal
von Doug Cooper und Michael Clancy
Grundkurs Programmieren mit Delphi
von Wolf-Gert Matthäus
Grundkurs Visual Basic
von Sabine Kämper
Visual Basic für technische Anwendungen
von Jürgen Radel
Grundkurs Software-Entwicklung mit C++
von Dietrich May
Grundkurs JAVA
von Dietmar Abts
Aufbaukurs JAVA
von Dietmar Abts
Grundkurs Java-Technologien
von Erwin Merker
Grundkurs Algorithmen und Datenstrukturen in JAVA
von Andreas Solymosi und Ulrich Grude
Grundlegende Algorithmen
von Volker Heun
Objektorientierte Programmierung in JAVA
von Otto Rauh
Grundkurs Informatik
von Hartmut Ernst
Das PC Wissen für IT-Berufe:
Hardware, Betriebssysteme, Netzwerktechnik
von Rainer Egewardt
Rechnerarchitektur
von Paul Herrmann
Grundkurs Relationale Datenbanken
von René Steiner
Grundkurs Datenbankentwurf
von Helmut Jarosch
SQL mit Oracle
von Wolf-Michael Kähler
Datenbank-Engineering
von Alfred Moos
Netze – Protokolle – Spezifikationen
von Alfred Olbrich
Grundkurs Verteilte Systeme
von Günther Bengel
Grundkurs MySQL und PHP
von Martin Pollakowski
Web-Programmierung
von Oral Avcı, Ralph Trittmann und Werner Mellis
Grundkurs UNIX/Linux
von Wilhelm Schaffrath
Das Linux-Tutorial – Ihr Weg zum LPI-Zertifikat
von Helmut Pils
Grundkurs Wirtschaftsinformatik
von Dietmar Abts und Wilhelm Mülder
Grundkurs Theoretische Informatik
von Gottfried Vossen und Kurt-Ulrich Witt
Aufbaukurs Wirtschaftsinformatik
von Dietmar Abts und Wilhelm Mülder
Anwendungsorientierte Wirtschaftsinformatik
von Paul Alpar, Heinz Lothar Grob, Peter Weimann und Robert Winter
Grundkurs Geschäftsprozess-Management
von Andreas Gadatsch
Grundkurs SAP R/3®
von André Maassen und Markus Schoenen
Controlling mit SAP R/3®
von Gunther Friedl, Christian Hilz und Burkhard Pedell
Kostenträgerrechnung mit SAP R/3®
von Franz Klenger und Ellen Falk-Kalms
Kostenstellenrechnung mit SAP R/3®
von Franz Klenger und Ellen Falk-Kalms
Grundkurs IT-Controlling
von Andreas Gadatsch und Elmar Mayer
Prozessmodellierung mit ARIS ®
von Heinrich Seidlmeier
ITIL kompakt und verständlich
von Alfred Olbrich
Grundkurs Betriebswirtschaftslehre
von Notger Carl, Rudolf Fiedler, William Jórasz und Manfred Kiesel
Masterkurs Computergrafik und Bildverarbeitung
von Alfred Nischwitz und Peter Haberäcker
Grundkurs Mediengestaltung
von David Starmann
Grundkurs Mobile Kommunikationssysteme
von Martin Sauter

www.vieweg-it.de

David Starmann

Grundkurs Mediengestaltung

Praxisorientierte Lerneinheiten für Compositing, Paint und Animation – Realisiert mit Discreet Combustion

Mit 506 Abbildungen und zusätzlicher 

Bibliografische Information Der Deutschen Bibliothek
Die Deutsche Bibliothek verzeichnet diese Publikation in der Deutschen Nationalbibliografie; detaillierte bibliografische Daten sind im Internet über <http://dnb.ddb.de> abrufbar.

Verlag und Autor machen darauf aufmerksam, dass die in dem vorliegenden Buch genannten Markennamen und Produktbezeichnungen in der Regel patent- und warenrechtlichem Schutz unterliegen. Bei der Zusammenstellung der Texte und den Abbildungen wurde mit größter Sorgfalt vorgegangen.

Fehler können trotzdem nicht ausgeschlossen werden. Verlag und Autor können für fehlerhafte Angaben und deren Folgen weder eine juristische Verantwortung noch irgendeine Haftung übernehmen.

Für Verbesserungsvorschläge und Hinweise auf Fehler sind Verlag und Autor (mailto: dave@starmann.de) dankbar.

Discreet© Combustion© a division of Autodesk Inc.©, alle Rechte vorbehalten

Abbildungen und die Verwendung des Programms Discreet© Combustion© in diesem Buch werden mit der Genehmigung von Autodesk, Inc.© verwendet.

1. Auflage September 2004

Alle Rechte vorbehalten
© Friedr. Vieweg & Sohn Verlag/GWV Fachverlage GmbH, Wiesbaden 2004

Der Vieweg Verlag ist ein Unternehmen von Springer Science+Business Media.
www.vieweg.de

Das Werk einschließlich aller seiner Teile ist urheberrechtlich geschützt. Jede Verwertung außerhalb der engen Grenzen des Urheberrechtsgesetzes ist ohne Zustimmung des Verlags unzulässig und strafbar. Das gilt insbesondere für Vervielfältigungen, Übersetzungen, Mikroverfilmungen und die Einspeicherung und Verarbeitung in elektronischen Systemen.

Umschlaggestaltung: Ulrike Weigel, www.CorporateDesignGroup.de

Gedruckt auf säurefreiem und chlorfrei gebleichtem Papier.

Additional material to this book can be downloaded from http://extras.springer.com

ISBN-13: 978-3-528-05901-9 e-ISBN-13: 978-3-322-83100-2
DOI: 10.1007/978-3-322-83100-2

Vorwort

Discreet Combustion ist eines der führenden Programme im Bereich der Desktop Compositing-, Paint- und Animationsprogramme.

Der Vorteil dieser Anwendung liegt auf der Hand, da Combustion auf einem „normalen" Desktop PC ohne zusätzliche Videohardware lauffähig ist. Mit Zunahme der Rechnerleistung sind komplexere Szenen in kürzerer Zeit zu bearbeiten.

Die Integration dieser Systeme in Netzwerken ermöglicht das Ein- und Ausspielen von unkomprimiertem Videomaterial und somit die Einbindung in bestehende Compositing- oder Schnittlösungen.

Der Grundkurs Mediengestaltung baut auf dem Basiswissen des Handbuchs und der Kenntnis des Interfaces von Discreet Combustion auf. Der Leser wird in praxisbezogenen Lerneinheiten in die Arbeitsweise von Discreet Combustion mit den Bereichen Compositing, Paint, Text und Partikelanimation herangeführt.

Dieses Buch versucht nicht wie ein Handbuch alle Funktionen von Discreet Combustion explizit zu erläutern. Vielmehr sollen die kurzen Lerneinheiten Lösungen zu Aufgabenstellungen verdeutlichen, wie sie im Compositingalltag auftreten können.

Die Aufteilung der Lerneinheiten ist nicht mit einem steigenden Schwierigkeitsgrad verbunden. Bearbeiten Sie zunächst die Lerneinheiten, die Sie am meisten interessieren und reizen. Denn die Bearbeitung der Lerneinheiten soll leicht von der Hand gehen und Spaß machen.

Sie sollen sich nicht in den Weiten komplexer Handbucherläuterungen verlieren, sondern beim Verwenden eines Operators die jeweilige Funktion, den Nutzen und das Einsatzgebiet dieses Operators erlernen.

Für viele der Aufgaben gibt es meist mehrere Lösungsansätze. Ich habe versucht, in diesem Grundkurs jeweils einen relativ einfachen Weg zu finden.

Die Lerneinheiten dieses Grundkurses sollen somit auch motivieren, eigene Szenen zu erstellen und als Nachschlagewerk dienen.

Der Grundkurs Mediengestaltung basiert auf den Ergebnissen meiner Diplomarbeit im Studiengang Medientechnik, Fachbereich Medien der FH Düsseldorf.

Betreut wurde diese durch Prof. Dr. Karin Welkert-Schmitt und Dipl. Ing. Thomas Nowara sowie von Discreet. Auf diesem Weg möchte ich mich für die Betreuung und Unterstützung bedanken.

Ein weiterer Dank gilt auch denjenigen, die mir als Protagonisten in den Lerneinheiten, als Betatester und/oder Korrekturleser geholfen oder bei der Erstellung des Videomaterials mitgewirkt haben.

Ein ganz besonderer Dank geht an meine Familie.

Viel Spaß beim Bearbeiten der Lerneinheiten, beim Stöbern oder Nachschlagen in diesem Buch.

Für Anregungen und Kritik können Sie mich unter der Email-Adresse dave@starmann.de erreichen.

David Starmann

[Hannover, im Juli 2004]

Inhaltsverzeichnis

1 Einleitung

1.1 Aufbau und Hinweise zur Nutzung des Buches

Die gesamten Lerneinheiten sind von der Struktur gleich aufgebaut. Nach der Bezeichnung der Lerneinheit wird der Ablauf und das angestrebte Ergebnis erläutert. In der Randbemerkung wird der Speicherort der Projektdatei, das zu nutzende Rohmaterial auf der DVD und die benötigte Zeit zum Durcharbeiten der Lerneinheit angegeben.

Im Weiteren folgt in der Struktur eine Auflistung der benutzen Werkzeuge und die Darstellung des Lernziels. Auch sind Anmerkungen eingebracht, für welche weiterführenden Beispiele die jeweilige Lerneinheit exemplarisch steht.

Jede Lerneinheit beginnt mit der Erstellung eines neuen Workspaces. Die Hauptarbeitsschritte sind in Absatzüberschriften hervorgehoben. In den Randbemerkungen werden Hilfen, mögliche Fehlerquellen oder Zusatzinformationen bereitgestellt.

Die Lerneinheiten befassen sich nicht ausschließlich mit Werkzeugen aus dem jeweiligen Kapitel. Der Umgang mit Funktionen, die in den ersten Kapiteln dargestellt sind, werden in den folgenden Abschnitten in Kombination mit den Hauptwerkzeugen der jeweiligen Lerneinheit eingesetzt. Diese werden zu Beginn jeder Lerneinheit aufgelistet.

Aufteilung der folgenden Kapitel

- 2 Start: Es werden grundlegende Werkzeuge und Funktionen von Combustion vorgestellt, die Renderoption erläutert und besondere Funktionen, wie das Tracking, die Color Correction und das Partikelsystem hervorgehoben.

- 3 Compositing: In diesem Kapitel werden im Besonderen die Werkzeuge für den Einsatz im Compositing betrachtet. Eingesetzt werden unter anderem Farbkorrektur, Keyer- und Trackingfunktionen. Es werden Composites im 2D- und im 3D-Raum erstellt.

- 4 Paint: Grafikfunktionen, besonders das Painttool, werden in diesem Kapitel vorwiegend behandelt. Besondere Beachtung finden die Optionen Reveal und Clone. Es werden weiterführende Werkzeuge zum Erstellen einer Auswahl erläutert.

- 5 Text: Operatoren und Funktionen zur Erstellung von Schriften und Texteffekte stehen in diesem Abschnitt im Vordergrund. Darunter fallen als Beispiele der allgemeine Einsatz des Texttools sowie Zusatzfunktionen wie Textpath oder die Option Textur für Schriften.

- 6 Partikel: Der Einsatz von Partikeln und ihren Eigenschaften, Emittern und Deflektoren sind Hauptbestandteil dieses Kapitels. Es wird die Erstellung und das Verändern vorhandener Emitter sowie die Verwendung in Composites erläutert.

- 7 Abschlusslerneinheit: In dieser Lerneinheit werden Werkzeuge und Funktionen aus den Kapiteln 2 bis 6 kombiniert eingesetzt.

Einstellungen für Videorohmaterial

Beim Import von Videorohmaterial von der DVD ist zu beachten, dass das Material dort im Zeilensprungformat PAL-DV abgelegt ist. In den Footage Controls eines jeden importierten Layers ist aus diesem Grund die Halbbildpriorität in der Option *Field Separation* auf *Lower First* einzustellen.

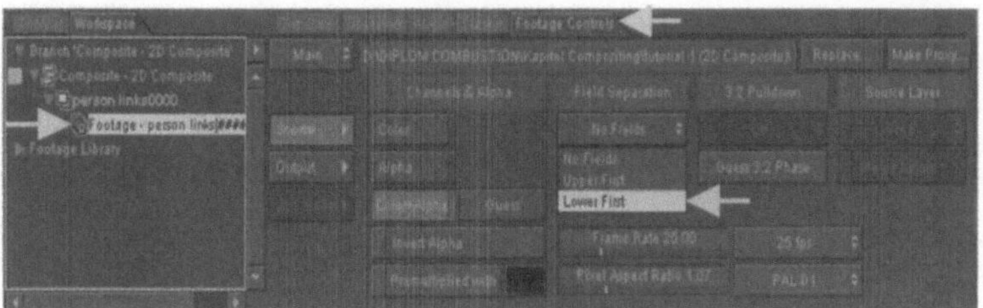

Abb. 1.1-1: Einstellen der Halbbildpriorität

Hinweise zur Bearbeitung der Lerneinheiten

Dieses Buch kann vom Kapitel Start bis zur Abschlusslerneinheit durchgearbeitet werden. Je nach Grundwissen des Anwenders lassen sich die Lerneinheiten auch einzeln bearbeiten. Dies empfiehlt sich in dem Fall, wenn der Benutzer schon Erfahrung mit dem Umgang des Programms besitzt, da in den späteren Lerneinheiten einige Operatoren und Arbeitsschritte als bekannt vorausgesetzt werden.

Es bietet sich vor dem Bearbeiten einer Lerneinheit an, die jeweilige Projektdatei in Combustion zu öffnen und die fertige Sequenz zu betrachten, um bei Beginn des Nacharbeitens ein Bild des Endergebnisses vor Augen zu haben.

Dieses Buch ist für die Nutzung auf Windows-Systemen ausgelegt. Für Anwender, die mit der Combustion Version 3.0 arbeiten, gibt es Unterschiede in einigen Details. Die Menüs oder Eingabemasken sind teilweise abweichend gestaltet, beeinträchtigen aber nicht die Arbeitsweise.
Beim Paint-Operator hat sich z.B. die Bezeichnung *Diameter* in *Size* geändert.

Die Lerneinheiten sind für die Verwendung auf Combustion 2.1 optimiert, aber mit der Version 3.0 mit den genannten Einschränkungen kompatibel. Für Anwender, die mit der Version 1.0 arbeiten, können leider einige Funktionen nicht genutzt werden. So können in dieser Version die gesamten Partikeleffekte nicht eingesetzt werden.

1.2 Symbol- und Schriftenerläuterung

Speicherort auf dem Datenträger

 **Zeit** — benötigte Dauer zum Nacharbeiten einer Lerneinheit

 **Glühbirne** — Tipps, Hintergrund- und Zusatzinformationen

 **Achtung** — mögliche Fehlerquellen und Hindernisse

 **Operatorpfeil** — Kennzeichnet eine Verkettung von Auswahlmenüs

(Bsp. File⇨Import Footage: aus dem Menü File wird die Funktion Import Footage aufgerufen)

Composite Controls — Begriffsbezeichnungen in Combustion

'reflektion' — frei gewählte Datei- und Layerbezeichnungen

Randbemerkungen — Tipps, Hilfen, Zusatzinformationen

`Composite` — Einzutragende Werte

1.3 Systemvoraussetzungen / DVD

Im Folgenden werden zwei unterschiedliche Rechnerkonfigurationen aufgeführt. Eine Basiseinstellung, die zum Gebrauch des Buchs mit Combustion ausreicht. Zum weiteren Auszüge der High-End Konfiguration, die von Discreet für hohe Leistungsfähigkeit mit dem Programm Combustion empfohlen wird. Es werden von Discreet weitere Angaben zu dieser Konfiguration aufgeführt. Diese zusätzlichen Voraussetzungen sind für die Durchführung dieses Tutoriums nicht notwendig.

Basiskonfiguration:

- Intel Pentium III, 4 oder AMD AthlonXP CPU (min 850 MHz)
- Microsoft Windows 2000 oder Windows XP
- etwa 20 GB Festplattenspeicherplatz
- 256 MB RAM
- min. 4MB 3D-Grafikkarte (1024x768 Bildpunkte, 24bit Farbtiefe)
- Microsoft Windows Media Player und Apple Quicktime
- DVD-Laufwerk

High-End Konfiguration

- Intel Pentium 4 oder AMD Athlon XP Dual-CPU (min. 1,7GHz)
- Microsoft Windows XP
- etwa 80 GB Festplattenspeicherplatz
- 2 GB RAM
- min. 32MB 3D-Dualmonitorgrafikkarte (Open-GL)
- DirectShow oder Quicktime kompatible Videokarte
- Microsoft Windows Media Player und Apple Quicktime
- DVD-Laufwerk

Das Programm Combustion muss nicht für den Gebrauch des Buches vorbereitet oder konfiguriert werden.

Die Preferences (Voreinstellungen) und sonstige Funktionen bleiben in den Standardeinstellungen.

Inhalt und Struktur der DVD / Farbabbildungen des Buches

Die Struktur der DVD lehnt sich an den Aufbau der Lerneinheiten an. Die Ordner in der Dateistruktur entsprechen den Kapiteln der Lerneinheiten, besitzen aber eine eigene Nummerierung.

In einem Ordner eines Kapitels befinden sich jeweils vier Lerneinheiten. Der Ordner einer Lerneinheit enthält die Projektdatei und in Unterordnern das Rohmaterial und die fertige Sequenz.

In einigen Beispielen sind zusätzlich Unterordner mit Trackerdaten abgelegt.

In dem Ordner *'Abbildungen des Buchs in Farbe'* auf der DVD befinden sich zusätzlich farbige Abbildungen der Screenshots aus den Lerneinheiten.

In einigen Beispielen sind die Vorgänge in den Schwarz/Weiß-Abbildungen nicht klar erkennbar. Dort ist ein Verweis auf das Farbbild auf der DVD angegeben (DVD).

Combustion 30-Tage-Testversion

Eine aktuelle 30-Tage-Demoversion von Discreet Combustion liegt dem Buch leider nicht bei, kann aber unter dem folgenden Link kostenlos heruntergeladen werden:

http://nct.discreet.com/fulfill/0049.011

oder auf http://www.discreet.de

Für die Benutzung der Lerneinheiten muss der QuickTimePlayer© installiert sein, der bei Bedarf unter nachfolgender Adresse kostenlos aus dem Internet heruntergeladen werden kann.

http://www.apple.com/quicktime/download

(Stand der Internetadressen: Juli 2004)

2 Start

2.1 Grundlegender Aufbau von Combustion

Das Programm Combustion vereint Compositing, Paint, Animation, Text, Tracking und Partikeleffekte in einer Softwarelösung für Desktop-Computer ohne besondere Zusatzhardware.

Sofern Sie sich mit der grundlegenden Arbeitsweise von digitalen Paint & Compositing Systemen auskennen, können Sie dieses Einführungskapitel überspringen und mit den Lehrgängen beginnen.

Die Arbeitsweise von Combustion ist prozessbaumorientiert aufgebaut und lässt sich durch die intuitiv gestaltete Arbeitsumgebung schnell und effizient erlernen.

Abb. 2.1-1: Benutzeroberfläche von Combustion

Die Benutzeroberfläche setzt sich zusammen aus *Workspace*, *Viewports*, *Toolbar*, *Timeline*, *Wiedergabe*-Steuerelementen und kontext-sensitiven Menüs der Operatoren und Steuerelemente.

Workspace

Der *Workspace* enthält den Prozessbaum, der die Lage der Layer und Operatoren in hierarchischer Auflistung anzeigt. Der unterste Layer im Prozessbaum ist auch von der Anzeigepriorität im Composite der letzte Layer.

Der *Workspace* ist eine Referenzdatei, welche die gesamten Projekteinstellungen anzeigt und speichert.

Es kann verschiedenstes Bildmaterial in den *Workspace* importiert werden, darunter fallen Windows AVI, Apple Quicktime, BMP, TIFF, Targa, PNG uvm.

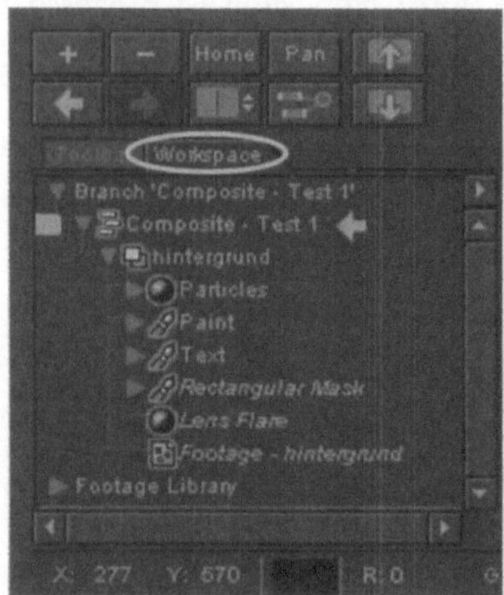

Abb. 2.1-2: Workspace

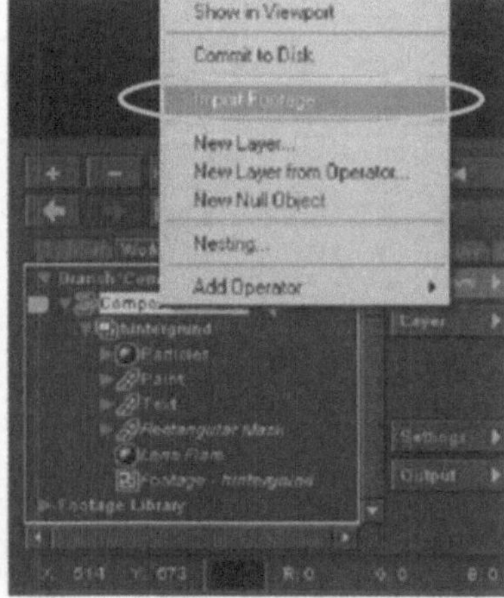

Abb. 2.1-3: Import von Footage

Viewport

Ein weiteres Hauptelement ist der *Viewport*. In diesem (Ansichtfenster, s. Abb. 2.1-6) werden die Ergebnisse der Arbeitsvorgänge angezeigt. Bis zu vier verschiedene Viewports können gleichzeitig angezeigt werden. Über dem *Workspace* befindet sich der Selektor für die Viewportdarstellung.

Abb. 2.1-4: Selektor der Viewportdarstellung

Die verschiedenen Einstellungen des *Viewports* sind bei einigen Arbeitsweisen sehr hilfreich.

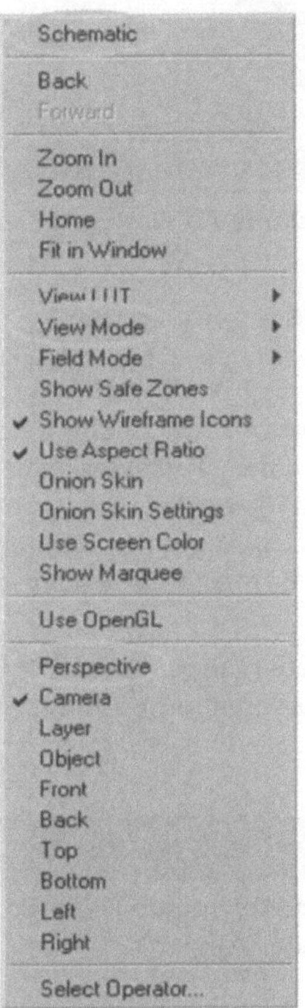

Abb. 2.1-5: *Viewport* Auswahlmenü

Durch Anklicken mit der linken Maustaste auf einen *Viewport* aktivieren Sie diesen. Mit Rechtsklick auf den *Viewport* erscheint ein Auswahlmenü zum Einstellen der Eigenschaften.

So kann, sofern der Mode mit 2 *Viewports* aktiviert ist, auf dem linken *Viewport* das Resultat und auf dem rechten die transparente Matte des Keyers überwacht werden.

In diesem Auswahlmenü kann auch die Position der Ansicht gewählt werden. In Abb. 2.1-5 ist die Kameraansicht angewählt.

Die unterschiedlichen Ansichten sind bei der Positionierung von Objekten im 3D-Raum hilfreich. Ein weiteres Beispiel ist die Animation der Kamera. Die Position kann bei aufwendigeren Bewegungen in dem einen *Viewport* in der perspektivischen Ansicht verändert werden. In einem weiteren *Viewport* kann die aktuelle Kamerasicht angezeigt werden.

Im *Viewport* kann der gesamte Workspace auch im Flussdiagrammstil dargestellt werden. Diese *Schematic* Darstellung ist eine umfassende Hilfe, um bei komplexen Szenen die Übersicht zu behalten.

Abb. 2.1-6: Viewportdarstellung (2-Viewport-Darstellung)

Wiedergabesteuerelemente

Die *Wiedergabesteuerelemente* ermöglichen das Navigieren auf der *Timeline* innerhalb eines Projektes. Diese umfassen die Funktionen normale Wiedergabe (vorwärts und rückwärts), frameweises Vor- und Zurückspringen, Springen zum nächsten oder vorherigen *Keyframe*, Sprung zum letzten oder ersten Frame des Composites.

Als weiteres kann der Wiedergabemodus variiert werden: einmalige Wiedergabe, Loop Wiedergabe und Pingpong-Wiedergabe.

Abb. 2.1-7: Wiedergabesteuerelemente (Ping-Pong-Wiedergabe in dieser Ansicht aktiviert)

Toolbar

Die *Toolbar* (Werkzeugleiste) stellt kontextsensitiv die verfügbaren Bearbeitungsfunktionen zur Verfügung, das heißt je nach ausgewähltem Operator (z.B. Partikeloperator) werden die entsprechenden Werkzeuge angezeigt.

In den Standardeinstellungen ist das Menü *Toolbar* hinter dem *Workspace* ausgeblendet, kann aber durch Anklicken auf die Menübezeichnung *Toolbar* eingeblendet werden.

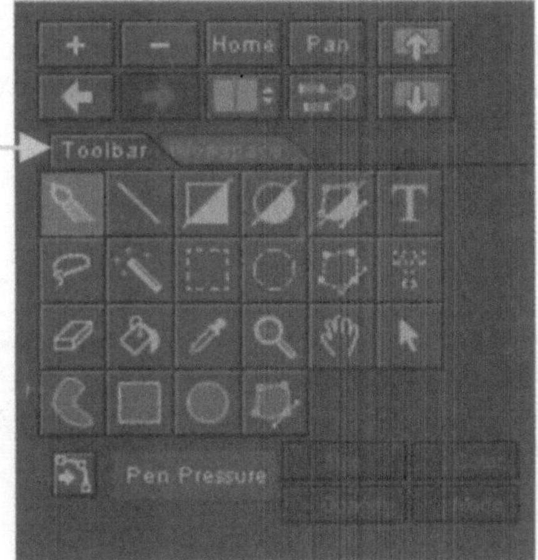

Abb. 2.1-8 *Toolbar* mit angewähltem Paintoperator

Einige Werkzeuge sind bei jeder Ansicht der *Toolbar* verfügbar: das Handwerkzeug zum Verschieben von Layern und Operatoren, die Vergrößerungslupe und der Positionspfeil.

Timeline

Die *Timeline* (Zeitleiste) ist als anwählbares Menü unter den Wiedergabesteuerelementen angeordnet. In der *Timeline* werden Operatoren und Layer in der Zeitebene dargestellt. Diese können dort in Länge und Wiedergabeposition bearbeitet werden.

Eine weitere Option ist die Möglichkeit, Keyframes (Kontrollpunkte) zu setzen und zu bearbeiten. Mit Hilfe der Keyframes kann ein Operatorelement, ein Layer oder ein Partikelemitter über die Zeit animiert werden.

Falls die *Timeline* von einem anderen Menü verdeckt ist, kann sie mit Mausklick auf die Registerkarte *Timeline* oder mit *F4* sichtbar gemacht werden.

Die Darstellung erfolgt in zwei unterschiedlichen Modi. Der Modus *Overview* zeigt die Dauer und Position der Operatoren und Layer auf der Zeitleiste an. Die Layer können horizontal auf der Zeitleiste verschoben und in der Dauer bearbeitet werden.

Der Modus *Graph* zeigt die Werte der angewählten Operatorkanäle über die Zeit an. In der horizontalen Richtung wird die Zeit dargestellt und in der vertikalen der jeweilige Wert des Kanals. Sind in einem Kanal keine Keyframes gesetzt, so ist dort eine horizontale Linie zu erkennen, in der bei Bedarf neue Keyframes eingefügt werden können.

Abb. 2.1-9: Timeline im Overview-Modus

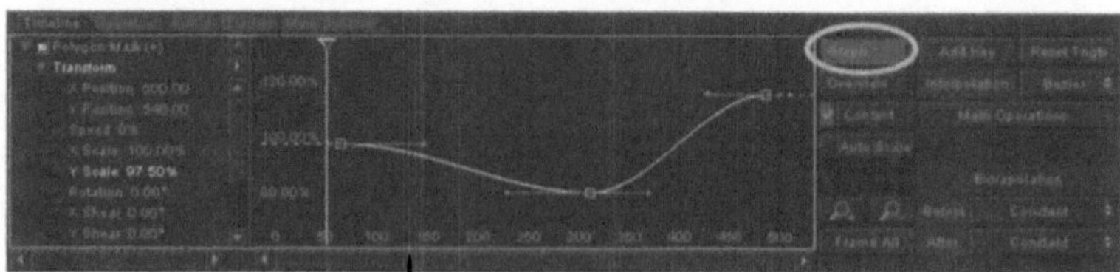

Abb. 2.1-10: Timeline im Graph-Modus

In beiden Modi können neue Keyframes gesetzt werden, indem auf der Timeline ein Zeitpunkt angewählt und mit *Add Key* ein Keyframe hinzufügt wird.

In dem Modus *Graph* kann ein Keyframe auch direkt mit der Maus, durch Klicken auf einen Graphen, hinzugefügt werden. Angewählte Keyframes können mit der *Entf-Taste* gelöscht oder mit der Maus angewählt und verschoben werden.

Operatoren

Ein weiteres Hauptelement sind die Operatoren-Steuerelemente, in denen kontextabhängig Optionen für einen ausgewählten Operator bereitgestellt werden. Operatoren können durch Rechtsklick auf einen Layer mit einem Auswahlmenü oder aus dem Menü *Operators* hinzugefügt werden.

Der gesamte Compositezweig und die Layer besitzen einen anderen Aufbau als die entsprechenden *Controls* eines Operators.

In den *Composite Controls* eines Layers sind mehrere Untermenüs verfügbar. In diesen werden Einstellungen zur Transformation der Layer oder zu den *Settings* und dem *Output* bereitgestellt.

Das Untermenü *Layer* ermöglicht, die Darstellungseigenschaften eines Layers zu ändern.

In einem 3D-Composite stehen weiterhin das Untermenü *Surface* für Oberflächeneigenschaften, Reflektionen und Schatten sowie das Untermenü *Camera* (Kameraeigenschaften), bereit.

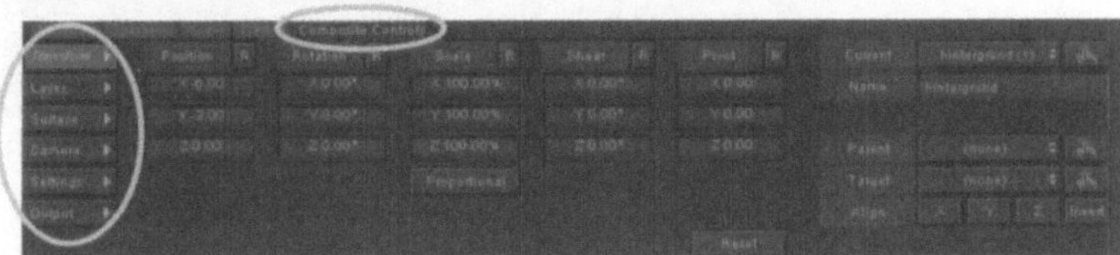

Abb. 2.1-11: Composite Controls

Abb. 2.1-12: Lens Flare Controls

Audio

Eine weitere Funktion ist die Möglichkeit, Audio als Konzeptspur einzufügen und das Projekt mit dem Audiomaterial zu synchronisieren. Das Audiomenü befindet sich unter den Wiedergabesteuerelementen und kann mit Mausklick auf *Audio* oder mit *F6* auf der Tastatur aktiviert werden.

Um die Synchronisation zu erleichtern, wird das Audiomaterial als Wellenform dargestellt. Mit der Tastenkombination *STRG+Alt* und gedrückter linker Maustaste kann die Audiowellenform in der *Timeline* verschoben werden. Das angeglichene Audiomaterial kann beim Export in die Videodatei gerendert werden.

Abb. 2.1-13: Audiomenü

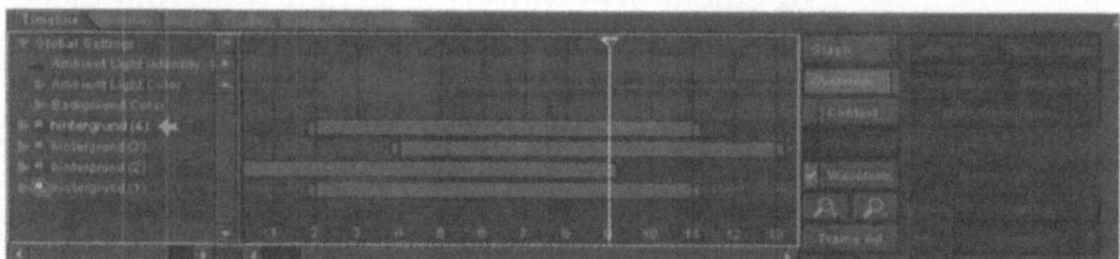

Abb. 2.1-14: Darstellung der Audiowellenform in der *Timeline*

In den Lerneinheiten wird ausschließlich auf die Bearbeitung der Videoeigenschaften von Combustion eingegangen. Die Audiofunktion wird im Handbuch von Combustion eingehend erläutert und beinhaltet keine besonderen Zusatzfunktionen, auf die es einzugehen lohnen würde.

2.2 Rendern eines Projektes

Mit der Option Rendern können mit Combustion erstellte Projekte in eine Videodatei gespeichert werden. Bei diesem Vorgang werden die gesamten Layer mit Operatoren gegebenenfalls mit Licht und 3D in eine 2D-Videodatei heruntergerechnet.

Als weitere Option steht eine Netzwerkrenderoption zur Verfügung. Mit der Applikation *Backburner* steht ein Client-Server-basiertes Netzwerkrendersystem bereit, welches standardmäßig zum Umfang von Combustion gehört. Im Folgenden wird das Rendern auf einem System behandelt.

Mit *File⇨Render* kann in Combustion die *Render Queue* aufgerufen werden. Diese Option stellt die Funktionen zum Rendern einer Projektdatei zur Verfügung. Die Einstellungsmöglichkeiten der *Render Queue* werden im Benutzerhandbuch eingehend beschrieben.

Rendereinstellungen für die Lehrgänge des Tutoriums:

Video Output	aktiviert
Format	Quicktime
Channels	Color
Premultiply Color	aktiviert
Quality	Best
Frame Size	Full
Depth	8bit
Filename	entsprechend dem Lerneinheitsnamen
Fields	TV Darstellung: Lower First PC-Monitor-Darstellung: No Fields
Render Range	Max

Mit der Option *Process* wird der Rendervorgang gestartet.

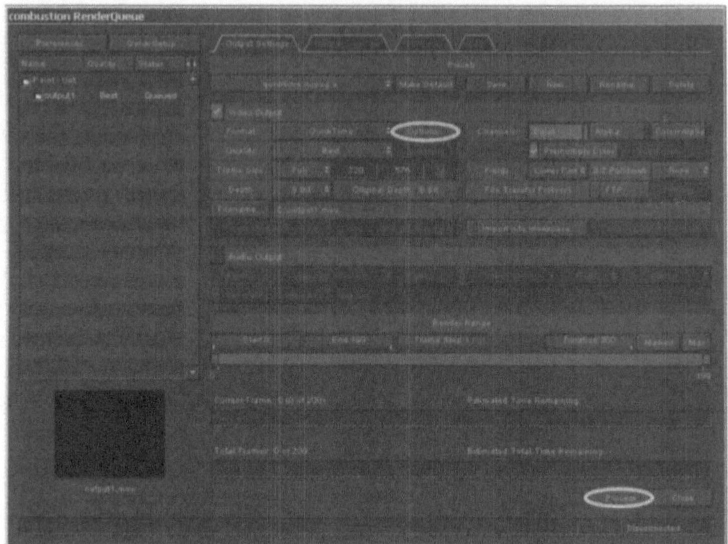

Abb. 2.2-1: Rendereinstellungen

Um die Videokomprimierung zu aktivieren, muss die Schaltfläche *Options* in der Kategorie *Format* angewählt werden. In den Beispielen wird der Kompressor *Motion JPEG A* verwendet.

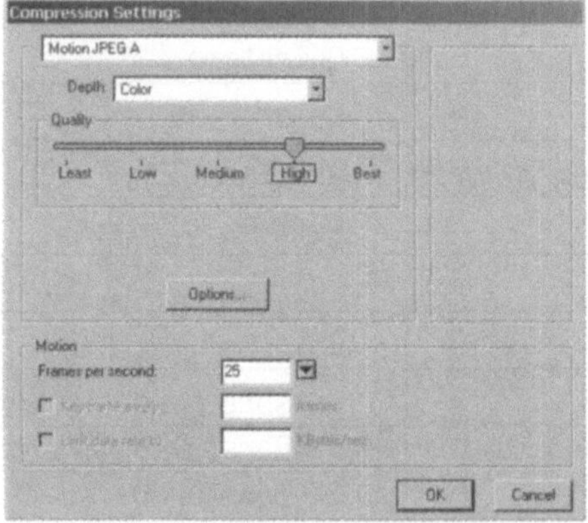

Abb. 2.2-2: Einstellungen für die Videokomprimierung

In Lerneinheit 7 besteht das Endergebnis aus einem Standbild. Das fertige Bild wird nicht mit der *Render Queue* exportiert, sondern kann mit der Option *File⇨Save Image* gespeichert werden.

3 Compositing

3.1 Lerneinheit 01

2D Composite

\\01 Compositing\001 2D Composite

ca. 40 Minuten

In dieser Lerneinheit soll eine Person, die als Videorohmaterial zweimal vorliegt, in einem Saal sich gegenseitig die Hand geben. Dazu muss zuerst das Rohmaterial gekeyed und dann in das Composite, durch Skalierung und Farbanpassung, eingebunden werden.

Um die Personen mit dem Hintergrund zu verankern, werden durch Kopieren der Person, Schatten und Spiegelung erstellt.

Damit wird der Realismus erhöht, da ohne Schatten und Spiegelung die Person in der Luft zu schweben scheint.

Benutzte Werkzeuge:
- *Discreet Keyer*
- Color Correction
- *Gamma/Pedestal/Gain*
- *Gaussian Blur*
- Transfereigenschaften

Ziel dieser Lerneinheit

Mit dieser Lerneinheit soll das allgemeine Anwenden des *Discreet Keyers* erlernt werden. Weiterhin wird das Einbinden von gekeytem Material in eine Hintergrundszene erläutert.

Die Vorgehensweise, die in dieser Lerneinheit gezeigt wird, stellt einen Standardvorgang im Compositing dar.

Keys und deren Einbindung kommen im Arbeitsalltag des Compositings sehr häufig in den unterschiedlichsten Szenen und Objekten vor.

Erstellen eines neuen Workspaces

Erstellen Sie mit File⇨New einen neuen *Workspace* mit den folgenden Einstellungen:

Type	Composite
Name	2D Composite
Format Options	PAL DV
Duration	115
Bit Depth	16 bit
Mode	2D

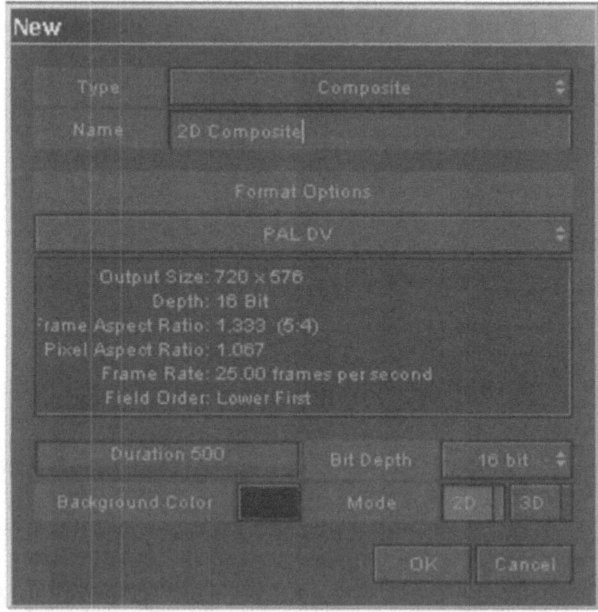

Abb. 3.1-1: Einstellungen des neuen *Workspaces*

Import vom Rohmaterial in die erstellte Szene

Importieren Sie in den neu erstellten *Workspace* das Rohmaterial, das in das Composite eingefügt werden soll.

Gehen Sie dazu in den *Workspace* am linken unteren Bildausschnitt. Mit Rechtsklick auf *'Composite – 2D Composite'* öffnet sich ein Auswahlmenü.

Wählen Sie dort die Option *Import Footage* aus.

Neues Rohmaterial kann auch über **File⇨Import Footage** *in die Szene geladen werden. Im weiteren Verlauf wird aber die im Text beschriebene Vorgehensweise verwendet.*

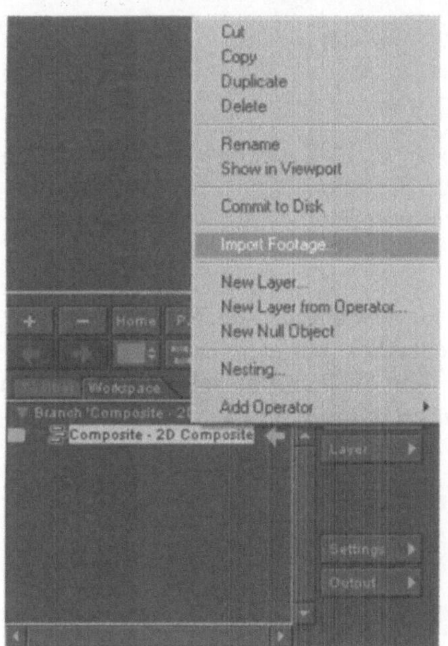

Abb. 3.1-2: Import von Rohmaterial

Es öffnet sich das Auswahlfenster *Import Footage.* In diesem Fall soll eine Bildsequenz importiert werden. Um die Sequenz aus Einzelbildern als eine Datei anzeigen zu lassen, aktivieren Sie die Schaltfläche *Collapse* (Abb. 3.1-3).

Wählen Sie in dem Unterordner *'personen'* dieser Lerneinheit die Sequenz *'person links.png'* an und bestätigen Sie mit *OK* den Import in den *Workspace.*

Bei deaktivierter Option **collapse** *wird eine Bildsequenz in Einzelbildern angezeigt.*

Durch das Ziehen mit gedrückter Maustaste über das Rohmaterial kann eine Vorschau bereits im Fenster Import betrachtet werden. Im oberen Teil des Rohmaterials erscheint eine gelbe Fortschrittsanzeige.

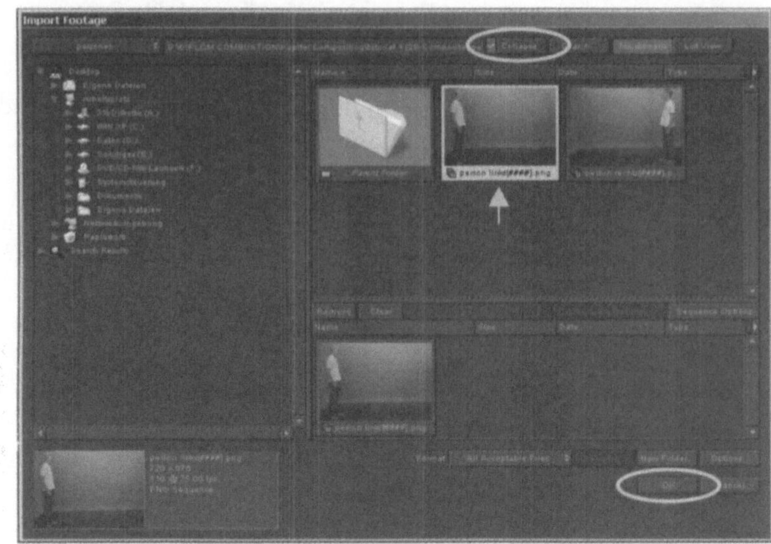

Abb. 3.1-3: *Import Footage* Auswahlfenster

Ändern Sie im *Workspace* den Namen des neu importierten Layers. Mit Rechtsklick auf den Layer öffnet sich wieder ein Auswahlfeld in dem Sie *Rename* selektieren. Benennen Sie den Layer in '*person links*' um.

Layer können auch durch langsames Doppelklicken mit der linken Maustaste auf diesen umbenannt werden.

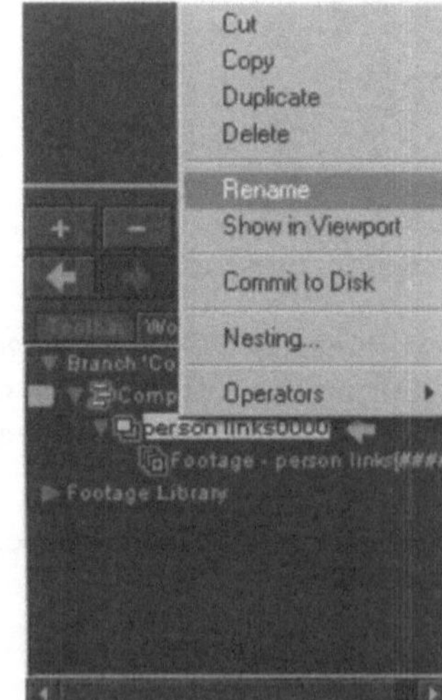

Abb. 3.1-4: Auswahl der Option *Rename*

Das Rohmaterial kann in diesem Fall auch in einem Keyvorgang freigestellt werden. Die resultierende Matte *wäre sehr ungenau und würde für die geplanten Zwecke nicht ausreichen.*

Im *Viewport* ist nun eine Person vor einem Bluescreen zu sehen. Was auffällt ist, dass der Hintergrund aus zwei unterschiedlichen Blautönen besteht. Aus diesem Grund werden zwei Keyer-Operatoren nötig sein, um die Person aus dem Hintergrund freizustellen.

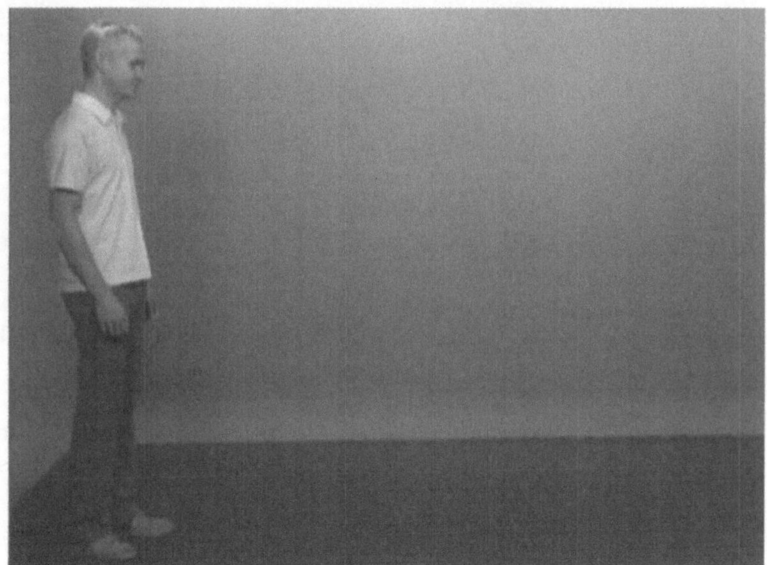

Abb. 3.1-5: Ansicht im *Viewport* (*'person links'*)

Hinzufügen und Bearbeiten eines Keyoperators

Fügen Sie jetzt dem Layer *'person links'* einen Key-Operator hinzu.

Mit Rechtsklick auf diesen öffnet sich ein Auswahlfenster, in dem Sie nachfolgend auswählen: *Operators⇨Keying⇨Discreet Keyer.* Der Keyoperator wird dem Layer *'person links'* als neuer Operatorknoten hinzugefügt.

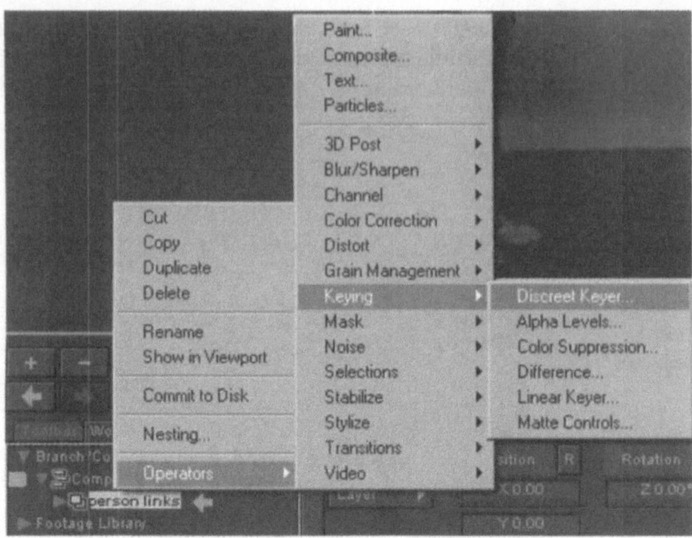

Abb. 3.1-6: Auswahlfenster für die Auswahl des Keyers

Der Discreet Keyer ist ein leistungsstarker Chroma Keyer, d.h. es kann eine Farbe ausgewählt werden, und diese wird aus dem Bild herausgestanzt.

Je einheitlicher der Hintergrund in der gewählten Farbe ist, desto genauer kann der Key generiert werden.

Durch eine voreingestellte Farbe, die sich aus der am häufigsten vorkommenden Farbe des Rohmaterials zusammensetzt, ist im *Viewport*, durch die Auswahl des Keyers, eine Grobeinstellung zu sehen.

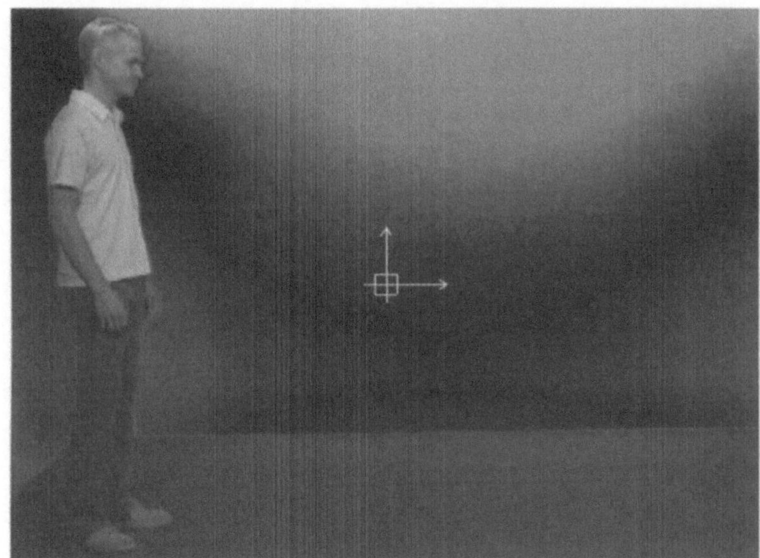

Abb. 3.1-7: Aktivierter Keyer mit voreingestellter Keyfarbe

Es öffnen sich, nach dem Anwählen des Keyers, die *Keyer Controls*. Ändern Sie dort die Einstellungen, damit der Keyer die Person „sauber“ vom Hintergrund trennt.

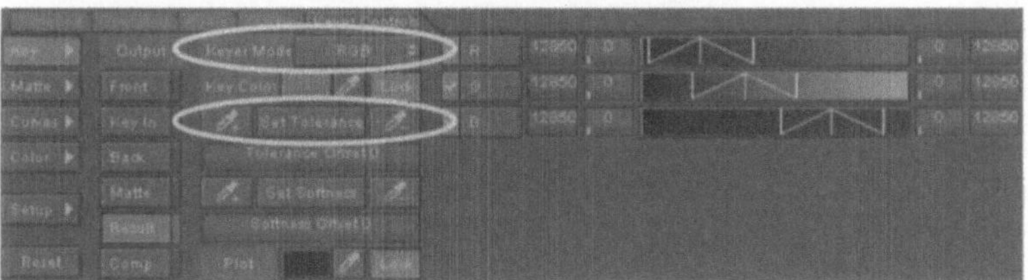

Abb. 3.1-8: Keyer Controls

Die verschiedenen Farbräume im Keyermode stellen unterschiedliche Einstellmöglichkeiten zur Verfügung.

Es können, unter *Keyer Mode* verschiedene Farbräume ausgewählt werden. Üblicherweise wählen Sie mit dem *Color Picker* die Keyfarbe aus und beurteilen, welcher *Keyer Mode* das beste Ergebnis liefert.

Dazu ist es von Vorteil, sich im *Viewport* den Alphakanal anzeigen zu lassen. Öffnen Sie mit Rechtsklick auf den *Viewport* ein Auswahlfenster, in dem Sie *View Mode⇨Alpha anwählen.* Im *Viewport* wird nun der Alphakanal des Layers angezeigt.

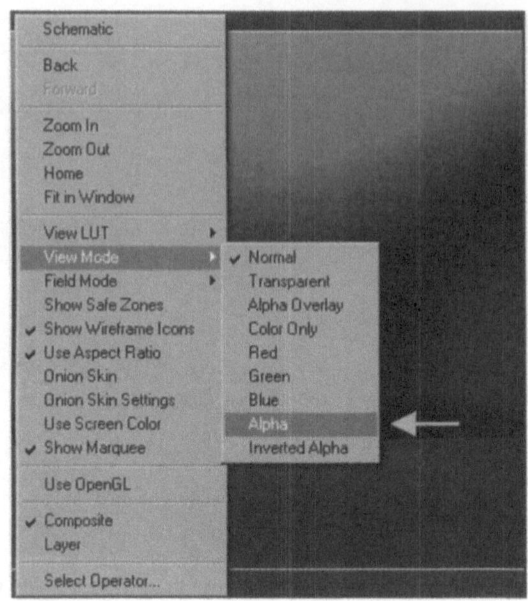

Abb. 3.1-9: Auswahlfenster durch Rechtsklick auf den *Viewport*

In vielen Fällen kann die generierte Keyfarbe übernommen werden. Mit dem **Color Picker Tool** *sollten dennoch eigene Farbauswahlen in Betracht gezogen werden.*

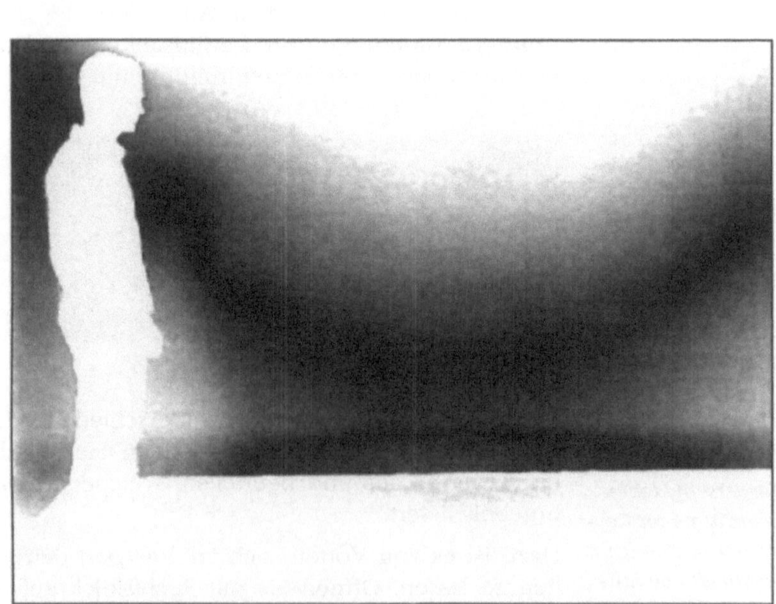

Abb. 3.1-10: *Viewport* in Alphadarstellung (Keyer Mode RGB)

In der Ansicht des Alphakanals ist das schwarz gefärbte transparent und die weißen Bereiche deckend. Die grauen Bereiche zeigen Übergänge der Transparenz an. Damit die Person „sauber" freigestellt wird, ist es nötig, dass nur die Person weiße Bereiche enthält.

Es ist zweckmäßig, beim Keyen in eine geteilte Viewportansicht zu wechseln. So kann in dem einen der Alphakanal, die sogenannte *Matte*, und in dem anderen das Ergebnis begutachtet werden.

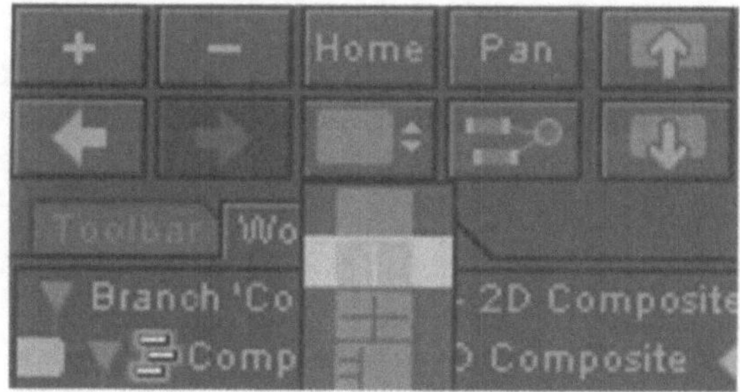

Abb. 3.1-11: Aufrufen des geteilten *Viewports*

Der Farbraum YUV setzt sich aus der Helligkeit Y und den Farbdifferenzsignalen U und V zusammen. U entspricht Rot-Helligkeit (U=R-Y) und V steht für Blau-Helligkeit (V=B-Y)

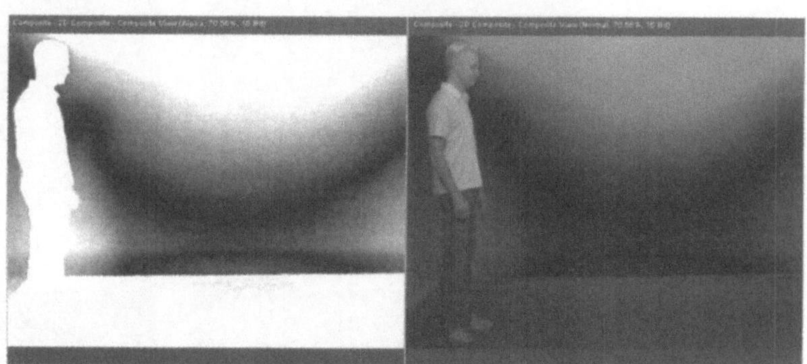

Abb. 3.1-12: geteilte Viewportansicht (links alpha, rechts normal)

Wechseln Sie wieder in die *Keyer Controls*. Vergleichen Sie mit unterschiedlichen Farbräumen das vorläufige Keyergebnis bei gleich voreingestellter Keyfarbe.

Der *YUV-Keyer* zeigt bei der ersten *Mattedarstellung* das beste Ergebnis, d.h. die Übergänge sind weich, und teilweise werden Kanten der Person freigestellt.

Nach Bedarf kann die Keyfarbe mit dem *Color Picker* geändert werden. In den meisten Fällen ist dies nicht nötig, und es kann die von *Combustion* voreingestellte Keyfarbe genutzt werden.

Unter der *Key* Color stehen die Einstellungen für *Set Tolerance.* Selektieren Sie mit dem *Color Picker* + im *Viewport* die Toleranzfarbbereiche der Keyfarbe.

Ziehen Sie im *Viewport* mit gedrückter Maustaste über die blauen Bereiche, um die Toleranz zu erweitern.

Es ist wichtig, dass Sie nicht den dunkleren Bodenbereich in die Toleranz miteinbeziehen, da dieser für den zweiten Key reserviert werden soll. Eine Erweiterung um diese Bereiche würde die *Matte* ungenau gestalten.

Die Abbildungen 3.1-12a-d stellen den fortschreitenden Ablauf der Toleranzerweiterung dar.

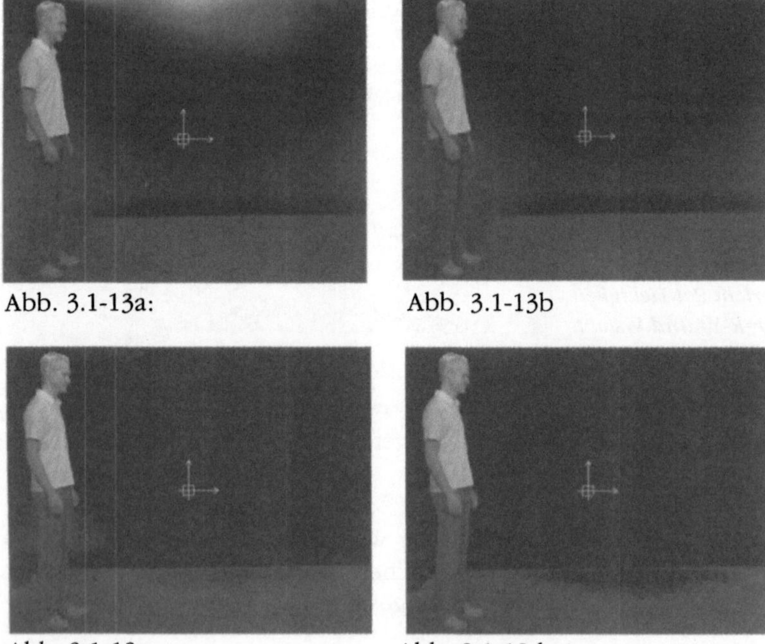

Abb. 3.1-13a: Abb. 3.1-13b

Abb. 3.1-13c Abb. 3.1-13d

Wechseln Sie in den *Keyer Controls* ins Untermenü *Matte,* um die Eigenschaften der erstellten *Matte* zu verbessern.

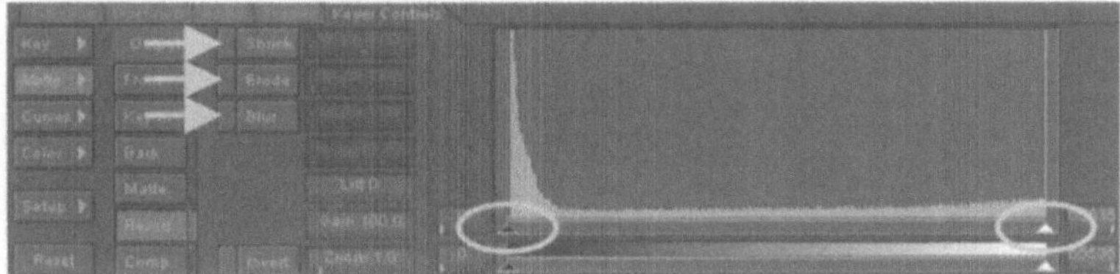

Abb. 3.1-14: Matteeinstellungen in den *Keyer Controls*

Die zwei Dreiecke unter dem Histogramm stellen Werte für die Tansparenzangleichung dar. Setzen Sie den schwarzen Regler weiter nach rechts vor dem „Berg" im Histogramm und betrachten im *Viewport,* dass die schwarzen Bereiche außerhalb der Matte zunehmen, die Matte sich also verkleinert.

Der rechte Regler bestimmt die weißen, deckenden Bereiche *Matte,* so wird, mit dem Verschieben nach links, diese vergrößert und die grauen Bereiche in der Matte verringert. Bei dem zweiten Keyer wird dies deutlicher zu sehen sein.

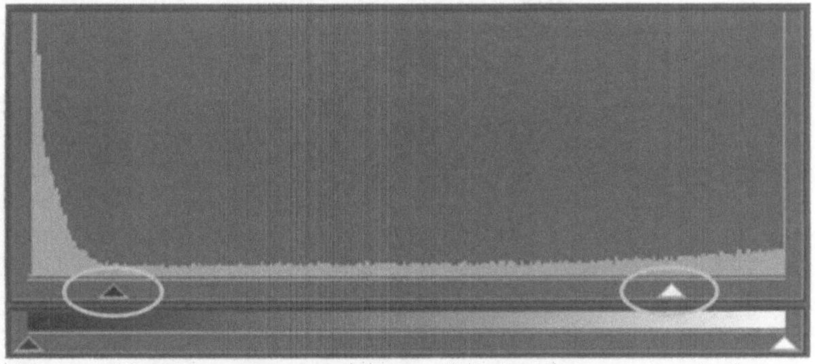

Abb. 3.1-15: Histogramm zum Einstellen der Matteeigenschaften

Die Matte ist das Ergebnis des Keyvorgangs. Mit **Shrink** *und* **Erode** *kann die Matte um wenige Pixel verkleinert oder erweitert werden.*

Aktivieren Sie in den *Keyer Controls* die Schaltflächen *Shrink* und *Erode.* Stellen wir den jeweils dazugehörigen Wert *Width* auf `0.5` ein.

Aktivieren Sie weiterhin die Schaltfläche *Blur,* um die Kanten der *Matte* weichzuzeichnen.

Abb. 3.1-16: Matte (links) und Resultat im geteilten *Viewport*

In diesem Fall ist es ratsam, die Keyfarbe mit dem **Color Picker Tool** *zu erfassen, da der Layer schon von dem vorherigen Key verändert wurde.*

Hinzufügen und Bearbeiten eines zweiten Keyoperators

Fügen Sie mit Rechtsklick auf den Layer *'person_links'* und *Operators⇨Keying⇨Discreet Keyer* einen weiteren Keyer hinzu. Der Keyer wird in den Layer als neuer Operator hinzugefügt.

Wählen Sie in den *Keyer Controls* als *Keyer Mode* den *YUV-Keyer* aus, da das Rohmaterial gute Ergebnisse bei dem ersten Keyer gezeigt hat.

Selektieren Sie mit dem *Color Picker* im *Viewport* den neuen Blaufarbton, im Bereich des Bodens, der gestanzt werden soll.

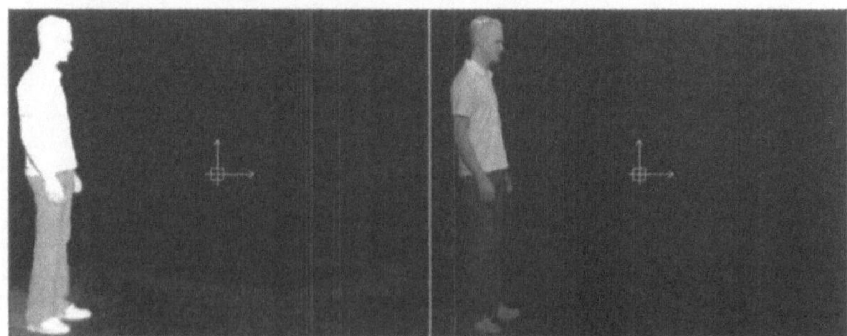

Abb. 3.1-17: Ansicht nach Hinzufügen der zweiten Keycolor

Um die „unsaubere" Matte zu erweitern, selektieren Sie das *Set Tolerance Picker* Tool. Durch das Erweitern der Toleranz ändert sich auch die Farbe der Person. Diese wird in den Matte-Einstellungen später ausgeglichen.

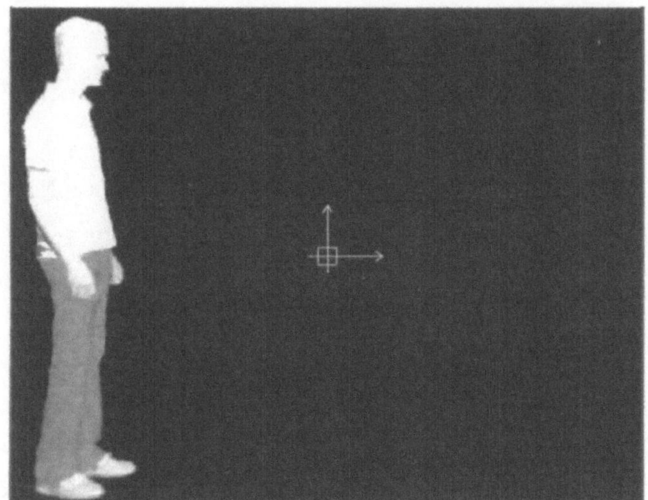

Abb. 3.1-18: Matte nach Hinzufügen von Toleranz

Einige Bereiche der Matte sind noch grau gefärbt, dementsprechend partiell transparent. Diese Bereiche und die Farbe der Person werden nun im Untermenü *Matte* ausgeglichen.

Im *Histogramm* sind zwei Luminanzberge zu sehen. Setzen Sie den Regler für den Schwarzwert rechts neben die linke Anhebung und den Weißwert links neben die kleinere Luminanzerhebung soweit, dass im *Viewport* in der Alphaansicht die Matte deckend weiß angezeigt wird.

Der rechte weiße Marker darf nicht den schwarzen Marker passieren, da sonst die Matte *invertiert wird.*

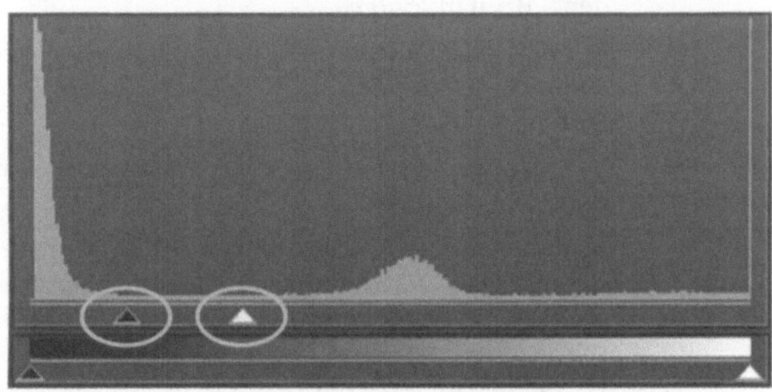

Abb. 3.1-19: Einstellung des Weiß- und Schwarzwertes

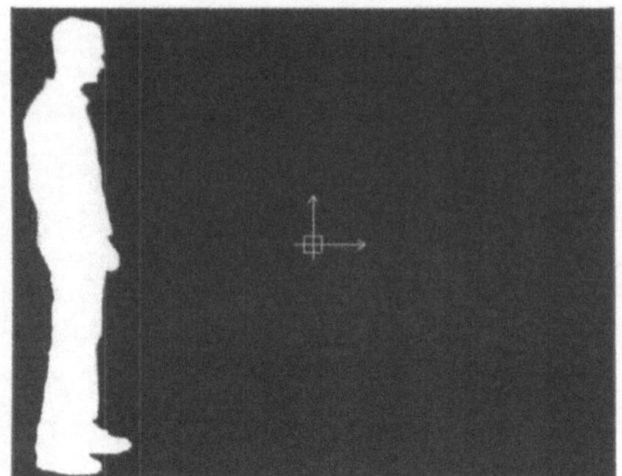

Abb. 3.1-20: Matte in der Alphaansicht

Aktivieren Sie im Untermenü *Matte* die Schaltfläche *Erode.*

Unterdrücken von Farbüberläufen in der Matte

Wechseln Sie in das Untermenü *Color*, um die Farbüberläufe an den Kanten der *Matte* zu beseitigen.

Stellen Sie die einfache Viewporteinstellung wieder her und markieren im Untermenü *Color* die Einstellung *Supp* für Color Suppression (Farbunterdrückung). Selektieren Sie mit ausgewähltem *Color Picker* (neben *Color Suppression Target)* im *Viewport* an der Kante der Person einen, von der Bluebox „überlaufenden", Blaufarbton aus.

Bei falsch oder zu extrem eingesetzter Farbunterdrückung ändert sich nicht nur die Farbe der Kantenüberläufe, sondern auch des freigestellten Objektes.

Die Ansicht im *Viewport* sollte dafür stark vergrößert werden. Selektieren Sie mit dem *Color Picker Tool* im Feld *Plot* die gleiche Farbe noch einmal im *Viewport.*

Die gewählte Farbe wird dann im Farbspektrum als senkrechte, rote Linie dargestellt.

Im Bereich dieser senkrechten Linie senken Sie die Kurve für die Intensität ab. Keyframes können, durch Klicken auf die Intensitätslinie, wenn der Zeiger eine grüne Farbe annimmt, hinzugefügt werden.

Die Keyframes können verschoben werden. In den folgenden Abbildungen werden die Einstellungen für die Farbunterdrückung dargestellt.

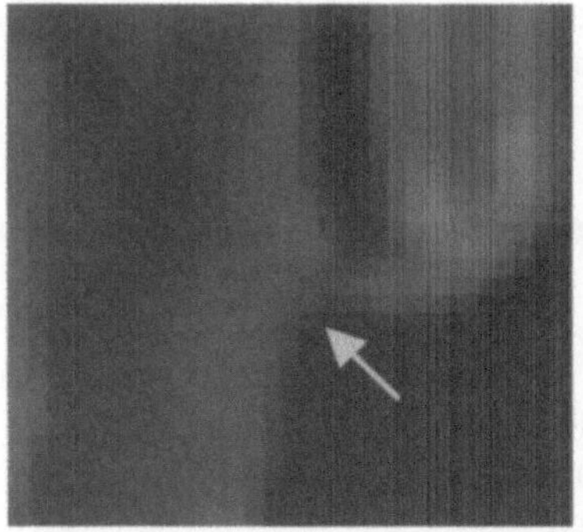
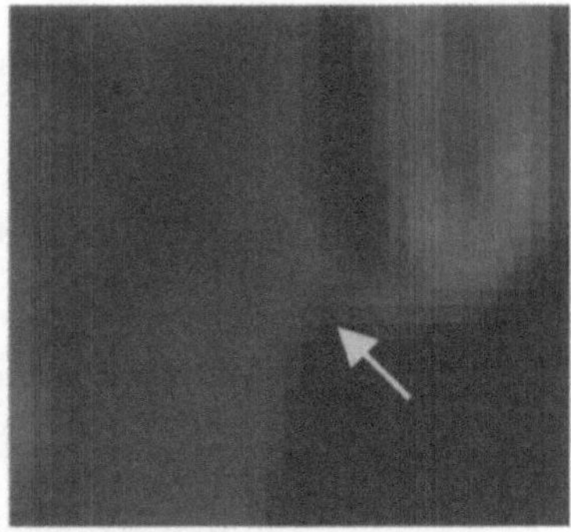

Abb.3.1-21: Farbunterdrückung an den Kanten der Matte (DVD)

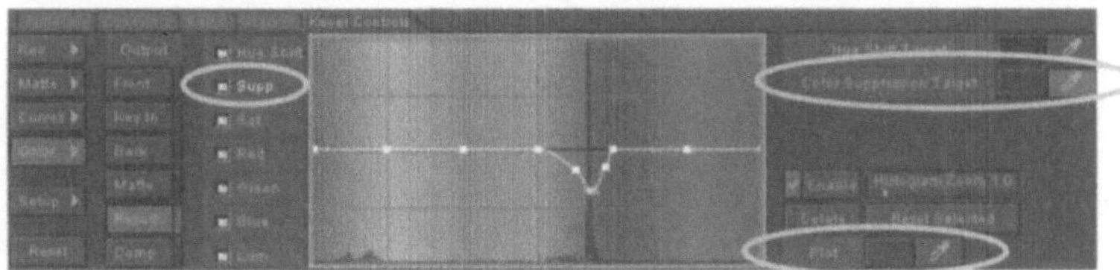

Abb. 3.1-22: Color Suppression Einstellungen

Das schwarz gefärbte Histogramm zeigt die Farbverteilung in dem angewählten Layer an. Blau ist die dominierende Farbe und kann somit leicht identifiziert und unterdrückt werden.

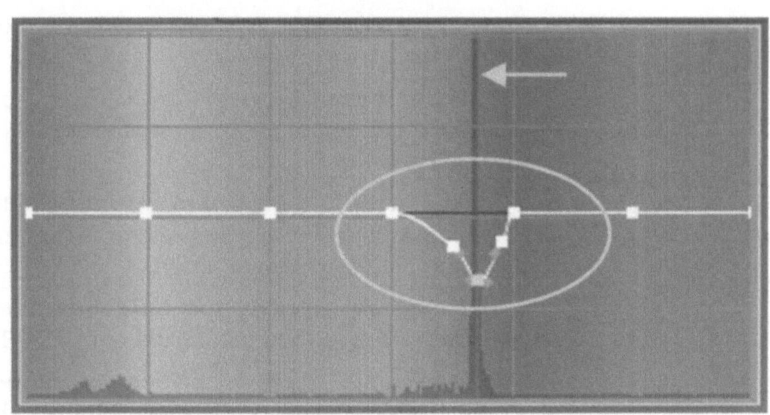

Abb. 3.1-23: Plotlinie(Pfeil), geänderte und eingefügte Keyframes

Im *Viewport* wechseln Sie in die Alphaansicht und starten die Wiedergabe. In einem Durchlauf kontrollieren Sie, ob die *Matte* über den gesamten Zeitraum die Person vom blauen Hintergrund zufriedenstellend freistellt.

Importieren eines neuen Layers / Kopieren der Keyoperatoren

Deaktivieren Sie im *Workspace* den Layer *'person links'* und importieren Sie, wie schon bei jenem gezeigt, das Rohmaterial *'person rechts.png'* aus dem Unterordner 'personen' als neuen Layer in den Workspace.

Verschieben Sie durch Anklicken und Ziehen mit der Maus den neuen Layer unter den Layer *'person links'*.

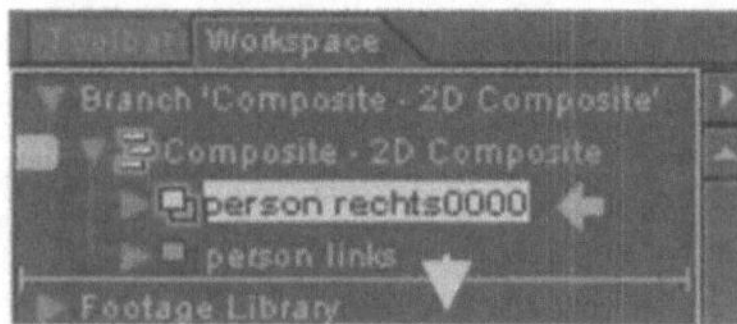

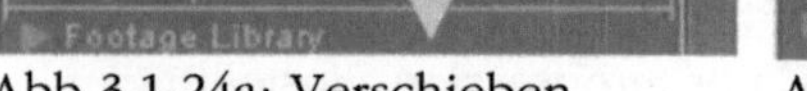

Abb 3.1-24a: Verschieben

Abb. 3.1-24b: und danach

Benennen Sie den Layer *'person rechts0000'* in *'person rechts'* um.

Damit für den neuen Layer die zwei Keyer nicht wieder eingestellt werden müssen, können diese aus dem Layer *'person links'* herauskopiert werden.

Dies funktioniert aus dem Grund, da beide Aufnahmen mit den gleichen Einstellungen bei demselben Licht und dem gleichen Hintergrund aufgenommen wurden.

Erweitern Sie den Layer *'person links'* und selektieren die zwei *Discreet Keyer* Operatoren mit gehaltener *STRG*-Taste.

Mit Rechtsklick auf einen der beiden Operatoren öffnet sich ein Auswahlfenster. Selektieren Sie hier *Copy*. Mit der rechten Maustaste klicken Sie auf den Layer *'person rechts'*. Es öffnet sich wieder ein Auswahlfenster. Wählen Sie dort *Paste* aus. Damit werden die zwei Keyer mit allen Einstellungen in den Layer *'person rechts'* kopiert.

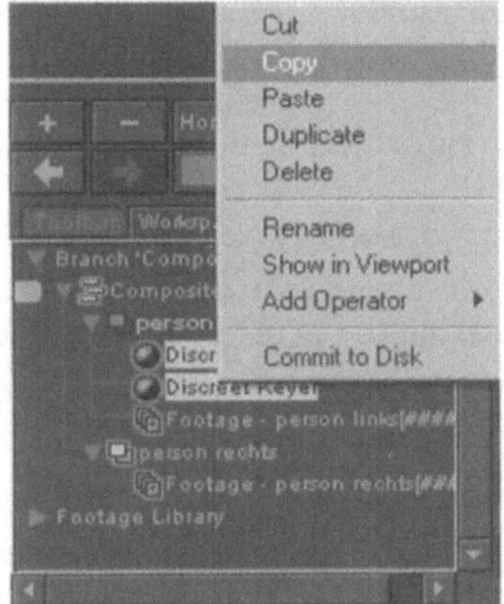

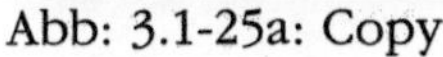
Abb: 3.1-25a: Copy

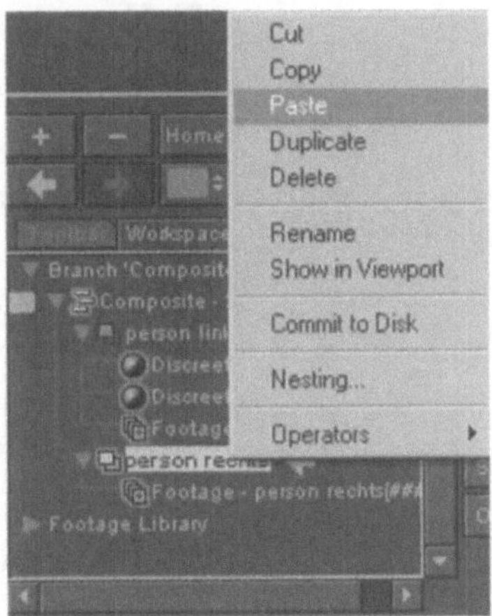

Abb. 3.1-25b: Paste

Sofern die *Matte* des Layers *'person rechts'* nicht zufriedenstellend ist, kann diese in den *Keyer Controls* des jeweiligen Operators nachjustiert werden.

Aktivieren Sie im *Workspace* alle Layer. Im *Viewport* steht sich nun die Person gegenüber.

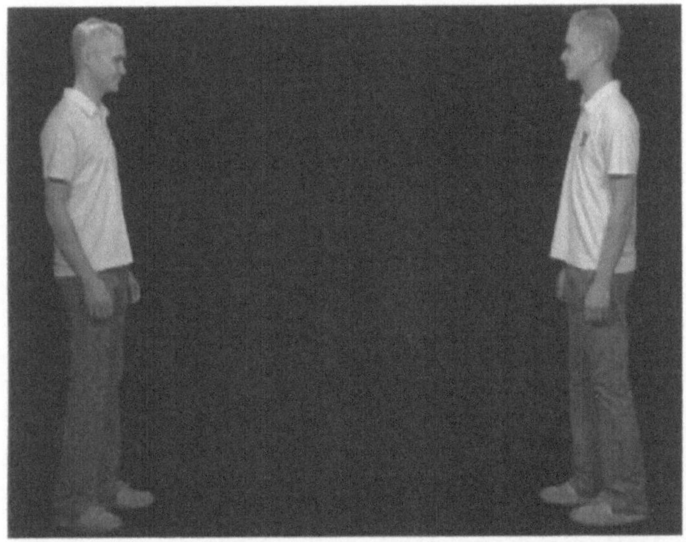

Abb. 3.1-26: Ansicht beider Layer im *Viewport* (Frame 0)

Einfügen des Hintergrundes / Transformation der Personenlayer

Es fehlt noch der Hintergrund, in dem die Personen eingesetzt werden sollen.

Importieren Sie mit *File⇨Import Footage* aus dem Unterverzeichnis *'hintergrund'* die Sequenz *'saal.png'*. Ziehen Sie den neuen Layer im *Workspace* mit der Maus unter die anderen Layer.

Mit Rechtsklick auf den neu importieren Layer, benennen Sie diesen mit *Rename* in *'saal'* um.

Die Layer, welche die Personen enthalten, müssen nun an den Hintergrund farblich angepasst und transformiert werden.

Die Einstellungen für **Position** *und* **Scale** *sind von der Hintergrundszene abhängig. Wäre der Maßstab des Hintergrundes größer, so müsste die Person auch größer dimensioniert und anders positioniert werden.*

Einstellungen im Untermenü *Transform* der *Composite Controls:*

	Position	*Scale*
'person links'	X : -27.00	X : 30.00%
	Y : -32.00	Y : 30.00%
'person rechts'	X : 17.00	X : 30.00%
	Y : -32.00	Y : 30.00%

Farbanpassung der Personenlayer an den Hintergrund

Fügen Sie dem Layer *'person links'* mit *Operators⇨Color Correctors⇨Discreet CC Basics* einen Farbkorrekturoperator hinzu.

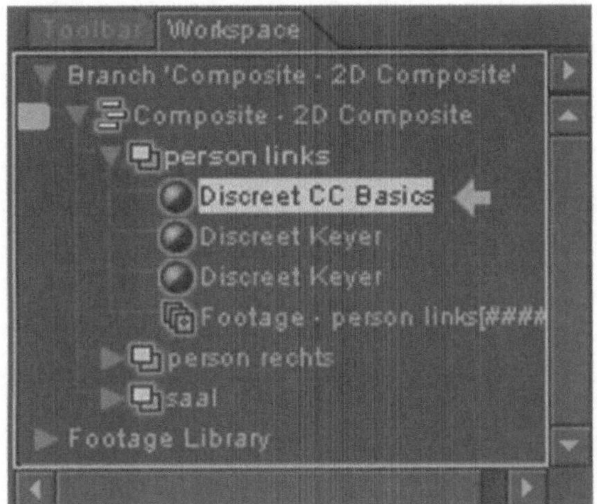

Abb. 3.1-27: *Workspace* mit Farbkorrekturoperator

Nachdem in dem Layer *'person links'* die Farbkorrektur abgeschlossen und die Person an den Hintergrund angepasst ist, kopieren Sie den Operator in den Layer *'person rechts'*

Abb. 3.1-28: Ansicht im *Viewport* ohne Farbkorrektur (Frame 93)

Unter *Master* stellen Sie in den *CC Basics Controls* im Untermenü *Basics* folgende Werte ein:

Die Werte für **Gain** *stehen mit* **Temp** *(Farbtemperatur) in direkter Verbindung.*

Saturate	88
Contrast	*120*
Temp	*-12*

Wird ein anderer Wert für **Temp** *eingetragen, ändern sich die verketteten Werte* **R** *und* **B** *im Bereich* **Gain** *proportional mit.*

	Gamma	*Gain*
RGB	0.87	94
R	*0.89*	*106*
G	*0.93*	*100*
B	*0.90*	*64*

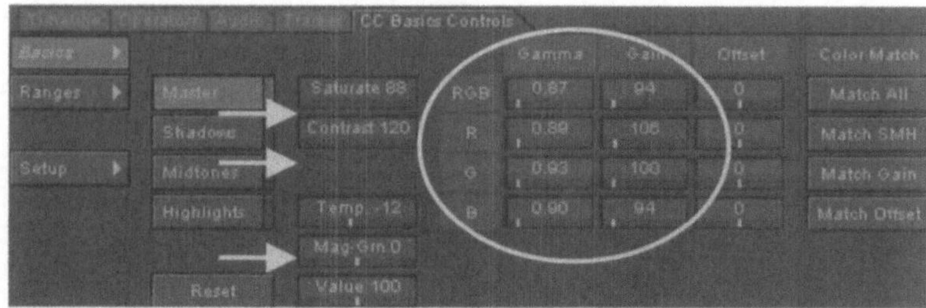

Abb: 3.1-29: *CC Basic Controls* mit den Werten für *'person links'*

Kopieren Sie jetzt den Operator *Discreet CC Basics* in den Layer *'person rechts'* mit *Copy* und *Paste.*

Dort ändern Sie aber in den *CC Basics Controls* den Wert für *RGB* bei *Gamma* auf 0.92, da der Layer sonst zu dunkel dargestellt wird.

Abb. 3.1-30: *Viewport* mit kopierter Farbkorrektur (Frame 93)

Hinzufügen von Schatten und Spiegelung

Um die Personen am Boden zu verankern, sind Schatten und Spiegelung sehr hilfreich. Da dies ein Composite im 2D-Modus von Combustion ist, kann nicht mit Beleuchtung gearbeitet werden. Die Spiegelungen und Schatten werden durch duplizieren und verändern der vorhandenen Layer erzeugt.

In diesem Fall wird der Befehl **Duplicate** *benutzt. Die verdoppelten Layer sind von dem Quelllayer abhängig. Bei Vervielfältigen mit* **Copy** *und* **Paste** *ist dies anders. Hier werden vollkommen eigenständige Layer erzeugt.*

Deaktivieren Sie den Layer *'person rechts'*. Verdoppeln Sie den Layer *'person links'* zweimal mit Rechtsklick auf *Operators⇨Duplicate.*

Benennen Sie die zwei neuen Layer in *'schatten links'* und *'spiegelung links'* um.

Die neu erzeugten Layer *'schatten links'* und 'spiegelung links' sind von den Quelllayern abhängig, d.h. eine Veränderung in einem Operatorknoten des Layers *'person links'* wird auch in den duplizierten Layern verändert.

Die Bewegungen, Keys und weitere Einstellungen werden auch direkt übernommen, Transformationen können aber neu vorgenommen werden.

Ziehen Sie den Layer *'schatten links'* mit der Maus unter den Layer *'person links'*.

Einstellungen für *'schatten links'* in den *Composite Controls* im Untermenü *Transform*:

Position X	-16.00	*Scale X*	30.00%	*Shear X*	-35.00°
Position Y	-121.00	*Scale Y*	-5.00%	*Shear Y*	0.00°

Im Untermenü *Layer* stellen Sie den Wert für *Opacity* auf den Wert 20%.

Fügen Sie zu dem Layer *'schatten links'* einen Unschärfeoperator (*Operators⇨Blur/Sharpen⇨Gaussian Blur)* und einen weiteren Operator für die Farbkorrektur (*Operators⇨Color Correton⇨Gamma/Pedestal/Gain)* hinzu, um ihn als Schatten zu verdunkeln und unscharf zu zeichnen.

Gamma/Pedestal/Gain Controls:

Gamma	0.10
Pedestal	-1.00
Gain	-5.00

Gaussian Blur Controls:

Radius	8.00

Abb 3.1-31: Person mit Schatten (Frame 93)

Einstellungen für den Layer *'spiegelung links'*

Um den Layer um die Y-Achse zu drehen, werden zwei Möglichkeiten dargestellt. Bei dem Layer für den Schatten wurde ein negativer Wert für **Y-Scale** *eingetragen. Bei der Spiegelung wird der Layer mithilfe eines Flip-Operators um die Y-Achse gespiegelt.*

Aktivieren Sie den Layer *'spiegelung links'* und fügen Sie einen *Flip* Operator mit *Operators⇨Distort⇨Flip Operator* hinzu, um den Layer vertikal zu wenden.

In den *Flip Controls* aktivieren Sie dafür *Flip Vertical.*

Transformieren Sie jetzt auch diesen Layer, als Spiegelung in den *Composite Controls* im Untermenü *Transform:*

Position X	-34.00	*Scale X*	30.00%	*Shear X*	-15.00°
Position Y	-125.00	*Scale Y*	7.00%	*Shear Y*	0.00°
Rotation Z	2.00%				

In dem Untermenü *Layer* ändern Sie den *Transfer Mode* in *Soft Light* und den Wert für *Opacity* auf 80%.

Ändern Sie weiterhin die Eigenschaften für den *Stencil Layer*:

'person links'	auswählen
Alpha	aktivieren
Invert	aktivieren

Bei einem Stencil Layer (Schablone), stellt der ausgewählte Layer eine Maske für den aktuellen Layer dar. Wahlweise wird die Maske aufgrund der Luminanz- oder der Alphawerte erzeugt.

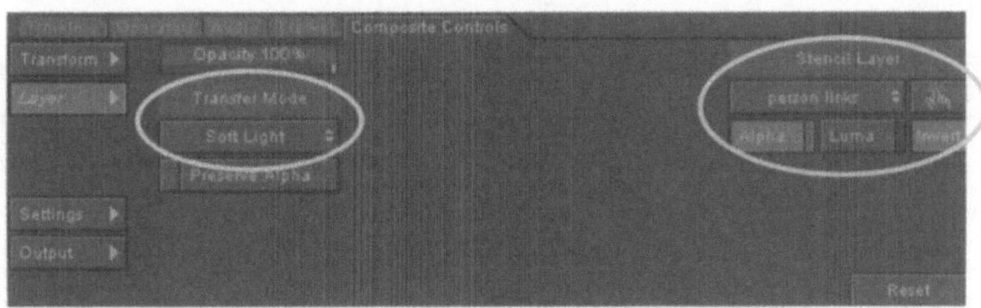

Abb. 3.1-32: Einstellungen für *Transfer Mode* und *Stencil Layer*

Mit dem *Stencil Layer* wird der Layer *'person links'* für den Layer *'schatten links'* als Maske benutzt, damit die Füße nicht über den Layer *'person links'* ragen.

Fügen Sie mit *Operators⇨Blur/Sharpen⇨Gaussian Blur* einen Unschärfeoperator hinzu, um die Spiegelung weichzuzeichnen.

Stellen Sie dafür den Wert für *Radius* in den *Gaussian Blur Controls* auf den Wert 6.00.

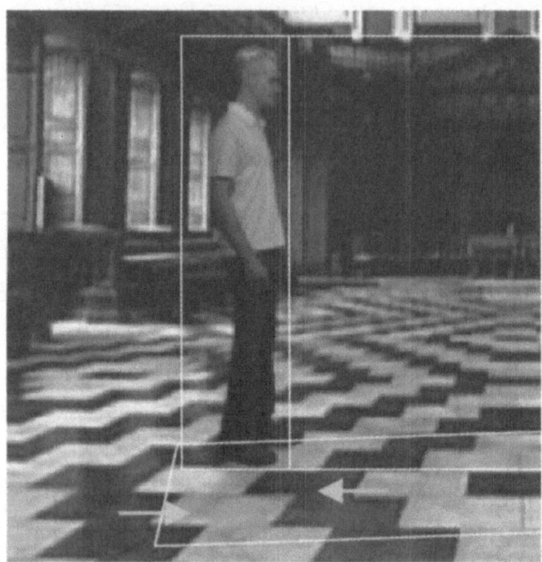

Abb. 3.1-33: *'person links'* mit Schatten und Spiegelung

Erstellen von Spiegelung und Schatten für *'person rechts'*

Aktivieren Sie im *Workspace* den Layer *'person rechts'* und deaktivieren Sie alle Layer mit *'links'* im Layernamen.

Duplizieren Sie den Layer mit *Operators⇨Duplicate* zweimal und benennen diese in *'schatten rechts'* und *'spiegelung rechts'* um.

Ziehen Sie den Layer *'schatten rechts'* im *Workspace* mit der Maus unter den Layer *'person rechts'* und den Layer *'spiegelung rechts'* über diesen.

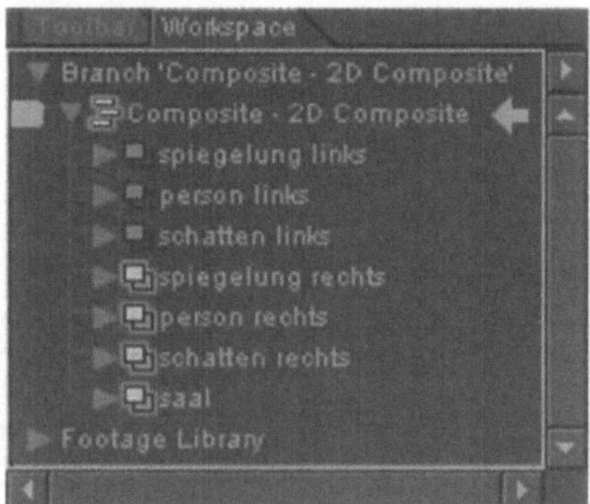

Abb. 3.1-34: Layeranordnung im *Workspace*

Kopieren Sie als nächstes die Operatoren, die Sie aus den Layern *'links'* übernehmen können in die Layer *'rechts'*.

(wie schon erläutert mit Copy auf dem *Source-Layer* und *Paste* auf den *Target-Layer)*

Von *'spiegelung links'* nach *'spiegelung rechts'* :

Gaussian Blur und *Flip*

Von *'schatten links'* nach *'schatten rechts'*:

Gaussian Blur und *Gamma/Pedestal/Gain*

Die Werte für die Transformation des Schattens und der Spiegelung, berufen sich auf die Lichtverhältnisse und Bodeneigenschaften des Hintergrundes. Aus der linken Fensterfront kommt die Hauptlichtrichtung, die zum Rauminneren schwächer wird.

Die Einstellungen der Operatoren können direkt mitübernommen werden. Die Layer müssen aber noch transformiert werden.

Für *'spiegelung rechts'* im Untermenü *Transform*:

Position X	14.00	*Scale X*	30.00%	*Shear X*	13.00°
Position Y	-130.00	*Scale Y*	7.00%	*Shear Y*	0.00°
Rotation Z	2.00%				

Ändern Sie im Untermenü *Layer* den *Transfer Mode* in *Soft Light* und den Wert für *Opacity* auf 80%.

Ändern Sie weiterhin die Eigenschaften für den *Stencil Layer*:

'person rechts'	*auswählen*
Alpha	*aktivieren*
Invert	*aktivieren*

Wenn ein Layer nicht mehr verändert werden muß, können seine Operatoren vorberechnet werden. Mit Rechtsklick auf den betreffenden Layer und **Commit to Disk** *kann ein Layer mit seinen Operatoren und den gesamten Einstellungen auf die Festplatte gespeichert werden, um Rechenzeit zu sparen. Im Combustion Handbuch ist diese Vorgehensweise ausführlich beschrieben*

Tragen Sie für den Layer *'schatten rechts'* diese Einstellungen ein:

Untermenü *Transform:*

Position X	39.00	*Scale X*	30.00%	*Shear X*	-61.00°
Position Y	-122.00	*Scale Y*	-5.00%	*Shear Y*	0.00°

Verändern Sie im Untermenü *Layer* den Regler für *Opacity* auf den Wert 20%.

Abb. 3.1-35: fertiges Composite (bei Frame 0)

Speichern Sie zum Abschluss den Workspace unter *File⇨Save Workspace* unter dem Namen *'2D Composite'* ab.

Die Szene kann auch unter *File⇨Rendern* als Videodatei gerendert werden.

3.2 Lerneinheit 02

Hand mit Lupe

\\01 Compositing\002 Hand mit Lupe

ca. 25 Minuten

Es soll in dieser Lerneinheit eine Lupe in einer Hand imitiert werden. Im Rohmaterial ist für die Lupe ein Stellvertreter aufgenommen worden. Der Lupenrand soll aus einer Maske, die mittels Trackerdaten angepasst wird, geformt werden. Der Lupeneffekt wird mit einem *Magnifying Glass Operator* erstellt. Dieser folgt auch der Hand, wobei der Operator vorher mit den Trackerdaten versehen wird.

Benutzte Werkzeuge:
- Maskenoperatoren
- Tracking
- Export und Import von Trackerdaten
- Magnifying Glass Operator

Ziel dieser Lerneinheit

Es soll in dieser Lerneinheit der allgemeine Umgang mit dem Trackingtool erlernt werden sowie die Interaktion von Vorder- und Hintergrundlayer zu einem neuen Objekt.

Bewegungsdaten sollen aus einem Tracker übernommen werden. Der Umgang mit Trackerdaten ist ein wichtiger Bestandteil in vielen alltäglichen Aufgaben im Compositing.

Weiterhin soll gezeigt werden, dass reale Objekte künstlich erstellt werden können, auch wenn diese in der wirklichen Umgebung nicht vorhanden sind.

Erstellen des neuen Workspaces

Mit *File⇨New* erzeugen Sie einen neuen *Workspace* mit diesen Einstellungen:

Type	Composite
Name	hand mit lupe
Format Options	PAL DV
Duration	160
Bit Depth	8 bit
Mode	2D

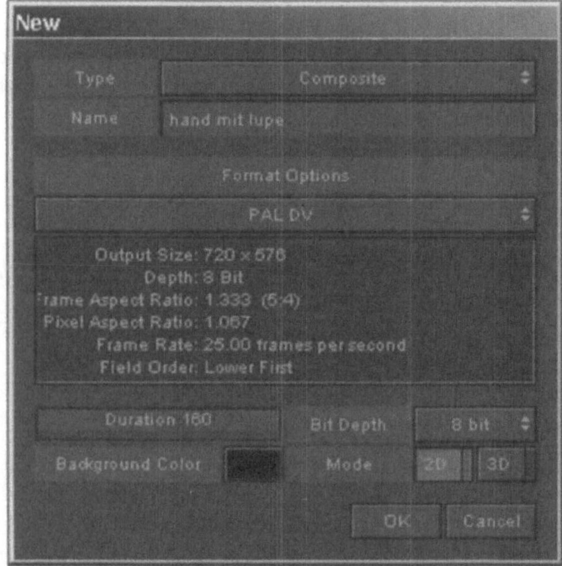

Abb. 3.2-1: Erstellen des neuen *Workspaces*

Import von Rohmaterial als Hintergrund

Wählen Sie mit *File⇨Import Footage* im Unterverzeichnis *'hintergrund'* die Sequenz *'waldboden[####].png'* aus.

Bestätigen Sie mit *OK* den Import. Die Sequenz erscheint als neuer Layer im *Workspace*. Benennen Sie diesen mit Rechtsklick und *Rename* im Auswahlmenü in *'waldboden'* um.

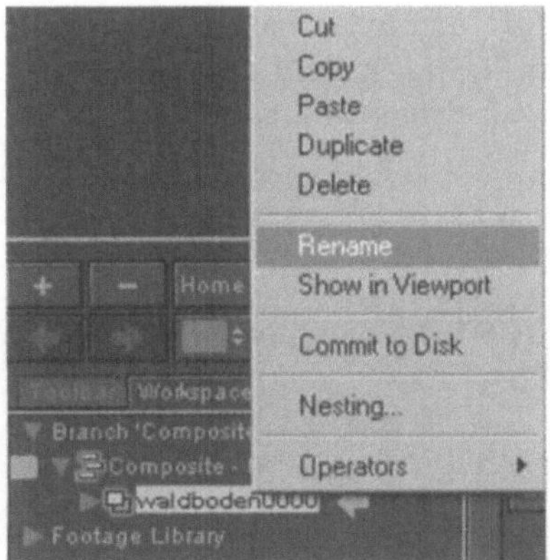

Abb. 3.2-2: Umbenennen des Layers

Import und Transformation des Vordergrundlayers

Um das Rohmaterial der Hand zu importieren, gehen Sie auf *File⇨Import Footage*. Selektieren Sie in dem Unterverzeichnis *'hand'* die Sequenz *'hand[####].png'* und importieren diese in den Workspace.

Benennen Sie den neuen Layer in *'hand'* um. Dazu klicken Sie mit der rechten Maustaste auf den neuen Layer und wählen im Auswahlmenü die Option *Rename* an.

Im Untermenü *Transform* in den *Composite Controls* ändern Sie den *Wert* für *Y* in der Option *Position* auf `-87.00`. Damit wird die Hand im *Composite* um 87 Bildpunkte nach unten verschoben.

Der Layer **'hand'** *wird verschoben, damit die Lupe bei der Wiedergabe der Sequenz den Tausendfüßler überquert.*

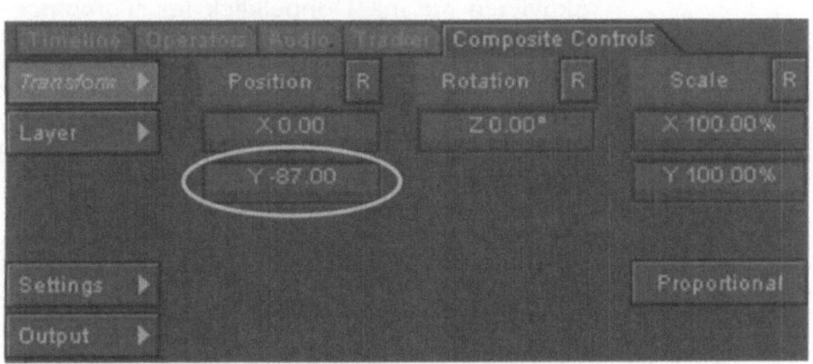

Abb. 3.2-3: Ändern der Y-Position in den *Composite Controls*

Der Layer *'hand'* beinhaltet Alphainformationen. Aus diesem Grund ist nur die Hand in dem Layer deckend. Der Hintergrund des Layers *'hand'* ist transparent.

In Abb. 3.2-4 sind die zwei Layer im *Viewport* dargestellt.

Ein Alphakanal enthält Informationen über die Transparenz. Diese wird zusätzlich zur Farbinformation gespeichert. Nicht alle Video- und Bildformate können Alphainformationen einfügen.

Abb. 3.2-4: Ansicht im *Viewport* (Frame 27)

Erfassen von Bewegungsdaten mit dem Trackertool

Aktivieren *Sie* mit Doppelklick im *Workspace* den Layer *'hand'* und wechseln Sie in das Menü *Tracker*.

Wählen Sie in dem Feld *Source* den Layer *'hand'* an, da das zu verfolgende Objekt in diesem Layer vorliegt. Selektieren Sie in dem Feld *Track* die Schaltfläche *Position*, um die Lage im *Viewport* zu verfolgen.

Es werden in dieser Lerneinheit die grundlegenden Trackereinstellungen vermittelt. Weiterführende Arbeitsweisen werden in den Lehrgängen 10 und 14 veranschaulicht.

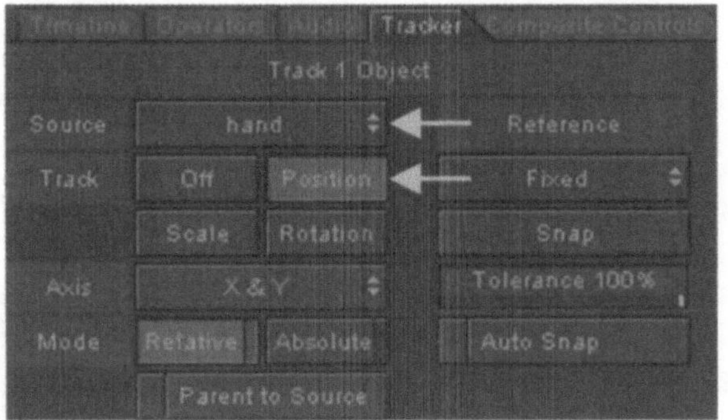

Abb. 3.2-5: Einstellungen für Source und Track

Im *Viewport* erscheinen zwei Felder, welche zur Erfassung der Bewegung dienen. Zum einen das *Referenzfeld,* welches das Element enthält, das verfolgt werden soll. Zum zweiten das *Trackerfeld,* das der Bewegung folgt.

Durch Ziehen mit der Maustaste können diese in der Größe und Positionierung im *Viewport* an das zu verfolgende Objekt angepasst werden. Das Feld für das Referenzelement wird beim Ziehen automatisch in der Ansicht vergrößert, um das Referenzelement besser zu erfassen.

In Abb. 3.2-6: wird eine mögliche Anordnung für die gewünschte Elementverfolgung dargestellt.

Abb. 3.2-6: Positionieren des Referenz- und des Trackerfeldels

In dem Menü *Tracker* kann die Verfolgung der Bewegung gestartet werden. Da das Referenzelement sich nicht in der Form und Größe verändert, ist mit keinen Problemen bei der Erfassung zu rechnen.

Starten Sie mit den *Analyze*-Steuerelementen die Elementverfolgung.

Mit den Steuerelementen **Analyze** *kann die Bewegung sowohl vorwärts als auch rückwärts erfasst werden.*

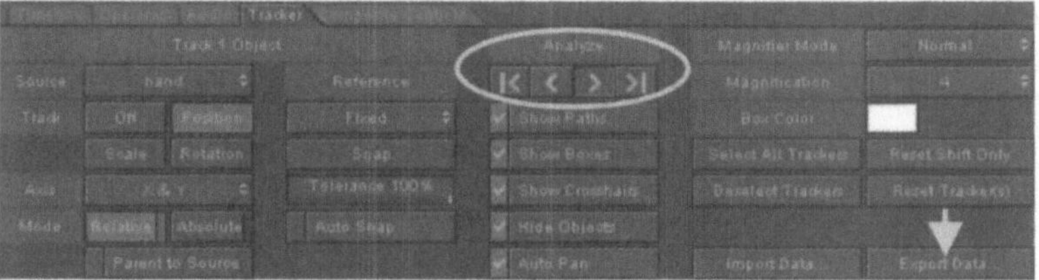

Abb. 3.2-7: Starten des Analysevorgangs

Führen Sie die Analyse bis zum letzten Frame in der *Timeline* durch. Die erfassten Daten sollen für den späteren Gebrauch gespeichert werden.

Selektieren Sie im *Tracker* die Option *Export Data.* Es öffnet sich das Auswahlfenster *Select Tracker Data Format.* Wählen Sie das Format *Tracker Data* aus, da nur die Bewegungsdaten gespeichert werden sollen.

Geben Sie in dem Dateifenster den Trackerdaten einen Dateinamen (*'tracker.ascii'*).

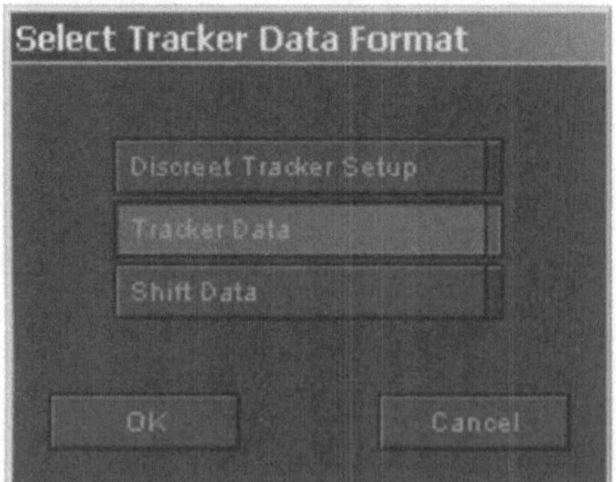

Abb. 3.2-8: Trackerdatenexport

Die Trackerdaten werden im *Viewport* als grüne Linie von Keyframes dargestellt. Diese werden für den Layer 'hand' nicht mehr benötigt.

Deaktivieren Sie aus diesem Grund im Menü *Tracker*, in der Einstellung *Track*, mit *Off* den Erfassungsvorgang.

Abb. 3.2-9: Trackerdaten im *Viewport*

Erstellen einer elliptischen Maske

Gehen Sie auf der *Timeline* zum Frame 0 zurück und fügen Sie im *Workspace* mit Rechtsklick auf den Layer *'hand'* in dem Auswahlmenü Operators⇨Mask⇨Elliptical Mask einen Maskenoperator hinzu.

Mit dieser Maske soll der Rand der Lupe erstellt werden.

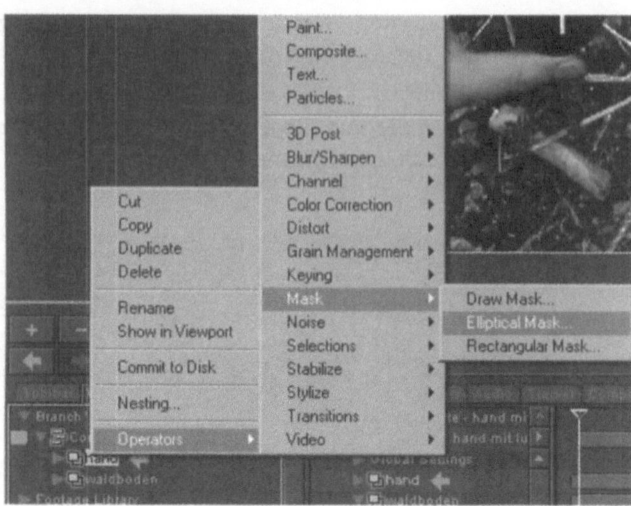

Abb. 3.2-10: Auswahlmenü für *Elliptical Mask*

Die Maske kann im **Viewport** *verändert oder durch die Eingabe von Koordinaten positioniert werden.*

Um die Maske zu positionieren ist es vorteilhaft die Ansicht im *Viewport* zu vergrößern. Die Maske soll das Objekt in der Hand nicht vollständig überdecken. Ein schmaler Rand soll als Lupeneinfassung dienen. In Abb. 3.2-12 ist eine vergrößerte Ansicht der Maske dargestellt.

Stellen Sie im Untermenü *Transform* der *Mask Controls* die genauen Positions- und Skalierungsdaten für die Maske ein:

X-Position	195.76%	X-Scale	27.20%
Y-Position	301.25%	Y-Scale	37.90%

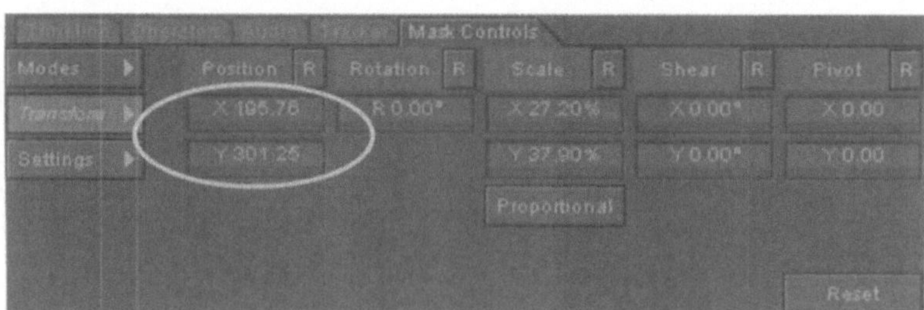

Abb. 3.2-11: Untermenü *Transform* der *Mask Controls*

Wechseln Sie in das Untermenü *Modes* und aktivieren Sie die Option *Invert*.

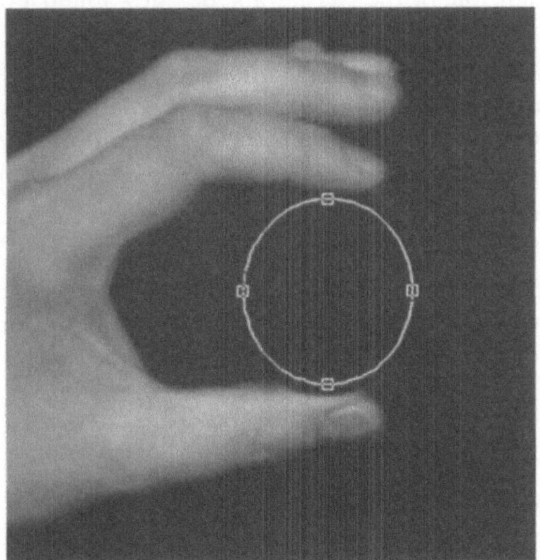

Abb. 3.2-12: Ansicht der *Elliptical Mask*

Wechseln Sie in das Untermenü *Modes*. Stellen Sie die Option *Edge Gradient* auf *In/Out* und tragen Sie die Werte *In* 2 und *Out* 1 ein.

Bei aktivierter Option **Invert** *ist das Innere der Maske transparent.*

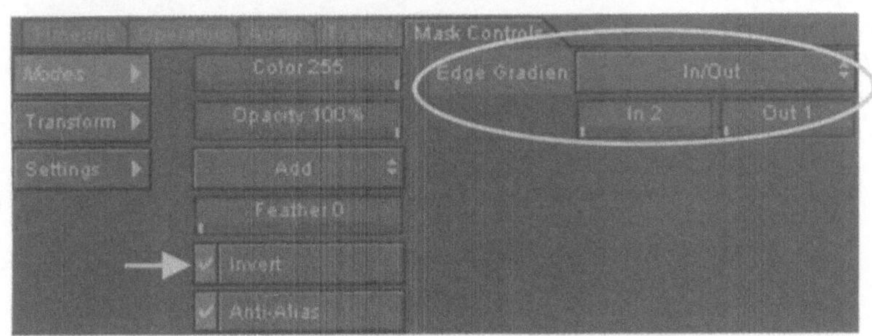

Abb. 3.2-13: Untermenü *Modes* in den *Mask Controls*

Hinzufügen der Bewegungsdaten zur Maske

Wenn Sie in mit den derzeitigen Einstellungen die Wiedergabe starten, bleibt die Maske auf der gewählten Position liegen und folgt nicht der Hand.

Um dies zu erreichen kann die Maske für jeden Frame an die Bewegung der Hand angepasst werden. Diese Methode ist sehr arbeitsaufwändig und erfordert einen erhöhten Zeitaufwand.

Eine elegantere Möglichkeit der Bewegungsdefinition ist, die vom Layer *'hand'* exportierten Trackerdaten für die Maske zu verwenden.

Aktivieren Sie mit Doppelklick im *Workspace* den Operator *Elliptical Mask* im Layer *'hand'*. Erweitern Sie mit dem Dreieck den Zweig des Operators *Elliptical Mask* und selektieren Sie die *Elliptical Mask (+)*.

Der **Operatorknoten** *(Pfeil) kann mehrere* **Operatoren** *beinhalten. Veränderungen können nur in den* **Operatorzweigen** *vorgenommen werden. Dieses trifft bei einem Partikelknoten auch zu.*

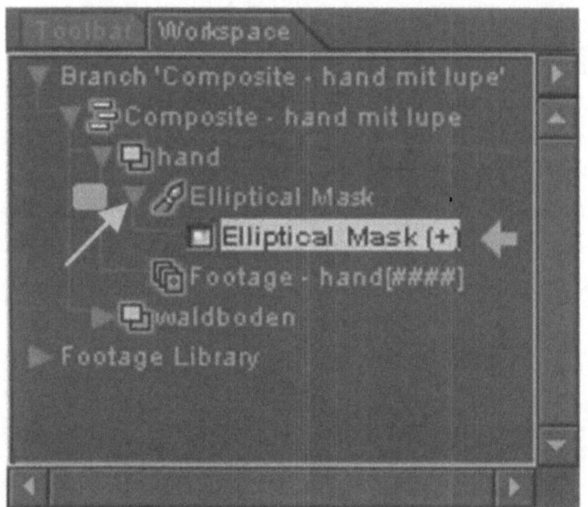

Abb. 3.2-14: Auswahl der *Elliptical Mask (+)* im *Workspace*

Wechseln Sie in die *Toolbar*. Ändern Sie die Einstellungen für die Maske in *Edit Objekt*.

Die Maske wird als ein einheitliches Objekt dargestellt und kann in diesem Modus nicht an den *Tangentenziehpunkten* verändert werden, sondern nur in der gesamten Position.

In der Einstellung **Edit Control Points** *(neben* **Edit Object***) kann der Tracker nicht aktiviert werden.*

Abb. 3.2-15: *Edit Objekt* Einstellungen in der *Toolbar*

Wechseln Sie, mit weiterhin angewählter Maske, in das Menü *Tracker*. Wählen Sie in der Option *Source* die Eigenschaft *Background Clip* aus. Danach aktivieren Sie in dem Optionsfeld *Track* die Schaltfläche *Position und* in der Option *Mode* das Feld *Relative.*

Importieren Sie mit Mauskick auf die Schaltfläche *Import Data* die zuvor gespeicherten Trackerdaten.

Es öffnet sich das Auswahlfenster *Select Tracker Data Format,* in dem Sie *Tracker Data* anwählen. Selektieren Sie im Dateibrowser die zuvor gespeicherte Datei *'tracker.ascii'.*

Mit der Option **Relative** *werden die Trackerdaten übernommen und relativ zur erfassten Position eingefügt.*

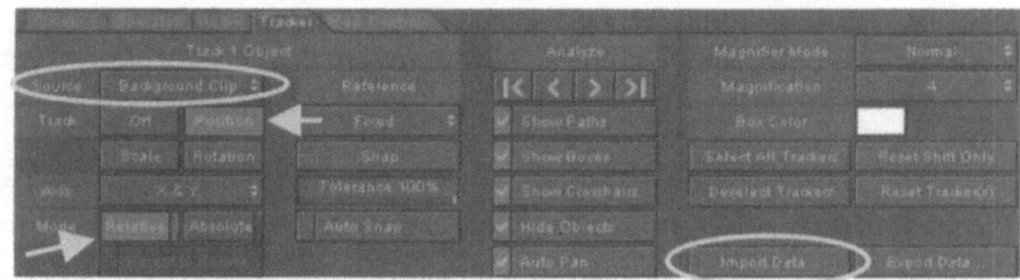

Abb. 3.2-16: Trackereinstellungen für die Maske

Nach dem Import sind im *Viewport* zwei Bewegungskurven eingefügt worden. Die grüne Kurve besteht aus den importierten Trackerdaten und die weiße aus den, durch die Trackerdaten zugewiesenen, Transformationsdaten für die Maske.

Deaktivieren Sie mit der Option *Off* den Tracker, da die Bewegungsdaten automatisch in die Maske geschrieben wurden und der *Tracker* nicht mehr benötigt wird.

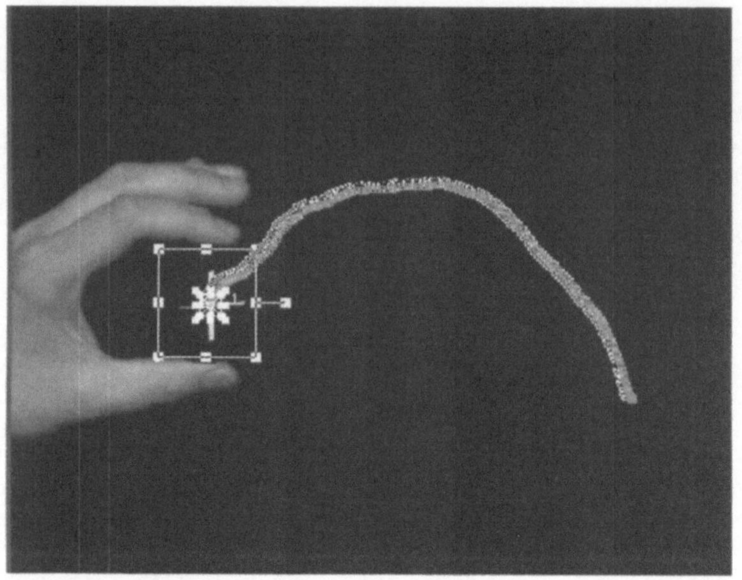

Abb. 3.2-17: Tracker- und Transformationsdaten im *Viewport*

Wenn Sie jetzt die Wiedergabe starten, folgt die Maske der Bewegung der Hand.

Hinzufügen der Lupe durch den *Magnifying Glass* Operator

Mit dem Operator **Magnifying Glass** *kann ein Linseneffekt erzeugt werden.*

Selektieren Sie im *Workspace* den Layer '*waldboden*' und öffnen Sie mit Rechtsklick auf diesen ein Auswahlfenster.

Fügen Sie mit *Operators*⇨*Distort*⇨*Magnifying Glass* den Operator zum Layer '*hintergrund*' hinzu.

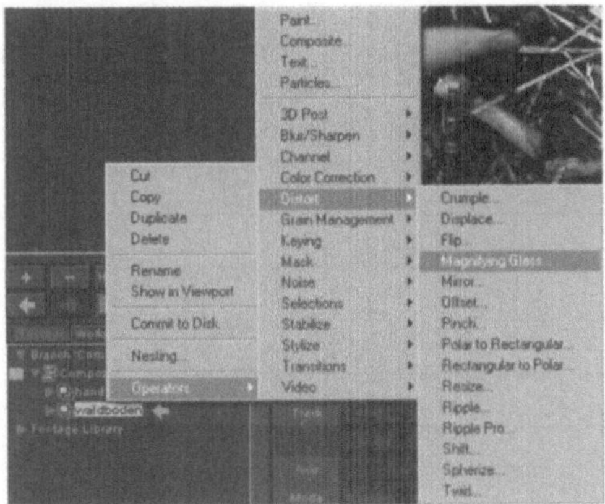

Abb. 3.2-18: Auswahlmenü des *Magnifying Glass Operators*

Wechseln Sie in die *Magnifiing Glass Controls* um die Position des Operators einzustellen. Wählen Sie das Fadenkreuz neben der Option *Center* aus. Damit die Lupe im Mittelpunkt der Umrandung positioniert werden kann, deaktivieren Sie im *Workspace* die Maske im Layer '*hand*'.

Positionieren Sie das Fadenkreuz, wie in Abb. 3.2-19 gezeigt, auf den Mittelpunkt des Objektes in der Hand.

Abb. 3.2-19: Positionierung des Fadenkreuzes

Aktivieren Sie wieder im *Workspace* die Maske im Layer *'hand'*. In den *Magnifying Glass Controls* stellen Sie die Stärke der Lupenlinse ein.

Amount *legt fest, wie stark der Layer von dem Operator beeinflusst wird.*
Scale *bestimmt den beeinflussten Bereich um den Mittelpunkt.*
Aspect *legt das Seitenverhältnis fest.*
Center definiert den Mittelpunkt.

Amount	1.40	
Scale	*0.20*	
Aspect	*-26%*	
Center	X: *196*	Y: 390
Direction	Both	

Behalten Sie das Fadenkreuz in der Option *Center* weiterhin angewählt.

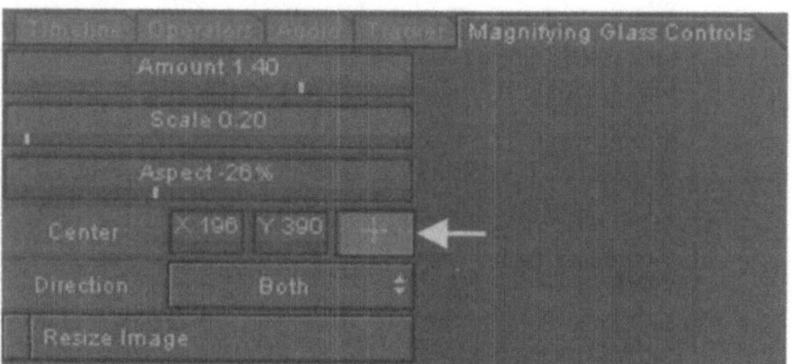

Abb. 3.2-20: *Magnifying Glass Controls*

Abb. 3.2-21: Detailansicht der Lupe im *Viewport*

Hinzufügen der Bewegungsdaten zum Magnifying Glass Operator

Um die Bewegungsdaten auch auf die Lupe zu übertragen, wechseln Sie in das Menü *Tracker*. Aktivieren Sie in der Option *Track* die Schaltfläche *Position*.

Laden Sie mit *Import Data*, auf die gleiche Weise wie bei der Maske, die Bewegungsdaten in den *Magnifying Glass Operator*.

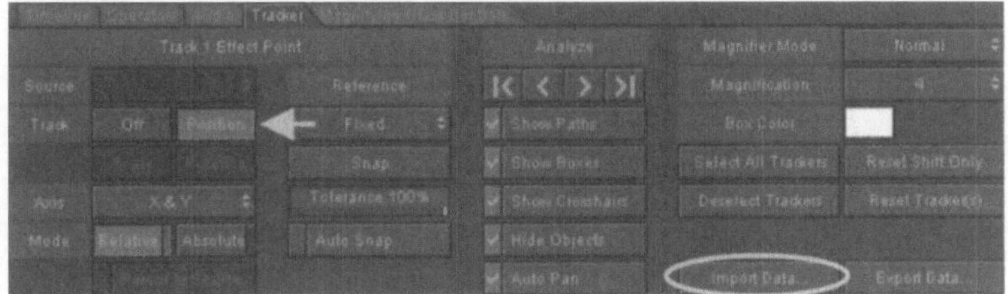

Abb. 3.2-22: Trackereinstellung im *Magnifying Glass* Operator

Im *Viewport* werden die importierten Bewegungsdaten als grüne Keyframelinie dargestellt.

Abb. 3.2-23: Importierte Trackerdaten

Beenden Sie im Menü *Tracker* die Bewegungsverfolgung. Deaktivieren Sie diesen mit der Option *Off*, da die Bewegungsdaten automatisch in die den *Magnifying Glass Operator* geschrieben werden und der *Tracker* deshalb nicht mehr benötigt wird.

Abb. 3.2-24: Ansicht der Sequenz im *Viewport* (Frame 69)

Speichern Sie zum Abschluss das Projekt mit *File⇨Save Workspace as* unter dem Namen *'hand mit lupe'* ab.

Unter *File⇨Render* kann die Szene auch als Videodatei berechnet und ausgegeben werden.

3.3 Lerneinheit 03

CG (Computer Grafik) und Realfilm

\\01 Compositing \003 CG und Realfilm

ca. 20 Minuten

In dieser Lerneinheit sollen drei Bäume als Grafikdatei (CG) in eine Realfilmszene eingebunden werden. Das CG-Rohmaterial besitzt RGB-, Alpha- und zusätzlich einen Tiefenkanal Z. Die Bäume werden der Umgebung angepasst und mittels *3D-Depth of Field* mit Tiefenunschärfe versehen. Voraussetzung für eine derartige Szene ist, dass die Computergrafikelemente genau auf das Realfilmbild in einem 3D-Programm angepasst werden.

Benutzte Werkzeuge:
- *3D-Depth of Field*
- *Discreet CC Basics*
- *Show G-Buffer*
- *Box-Blur*
- *Selection Tool*
- *Add Noise*

Ziel dieser Lerneinheit

Das Einbinden und Angleichen von Computergrafik an einen Realfilm soll in diesem Beispiel veranschaulicht werden. Besonders interessant ist bei dieser Lerneinheit, dass der Tiefenkanal im 2D-Raum verwendet wird.

Des Weiteren wird mit Operatoren gearbeitet, mit dem die Anpassung verbessert werden kann.

Mischen von Computergrafik und realem Film ist eine oft benötigte Aufgabe in einem Composite.

Erstellen eines neuen Workspaces

Erstellen Sie mit *File⇨New* einen neuen *Workspace* und wählen Sie die folgenden Einstellungen:

Type	Composite
Name	cg und realfilm
Format Options	PAL DV
Duration	150
Bit Depth	8 bit
Mode	2D

Importieren des Rohmaterials

Importieren Sie mit *File⇨Import Footage* die Sequenz *'realfilm'* aus dem Unterverzeichnis *'realszene[####].png'*. Benennen Sie den neuen Layer mit *Rechtsklick* auf diesen und *Rename* in *'realszene'* um.

Im *Viewport* ist jetzt eine Rasenfläche und im Hintergrund unscharfe Gebäude zu sehen..

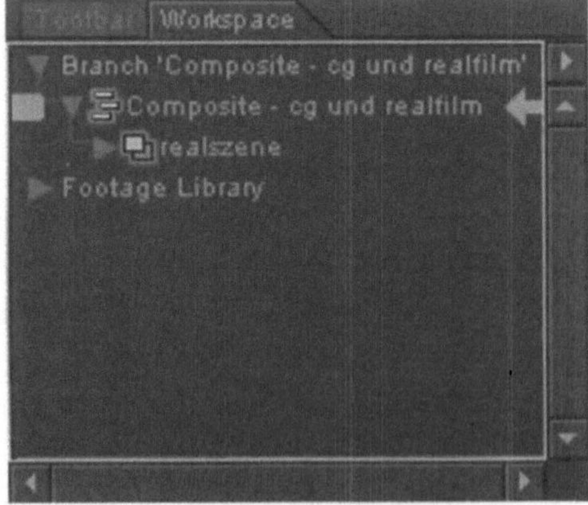

Abb. 3.3-1: Ansicht des *Workspaces*

Der **Point of Interest (POI)** *ist der Abstand zur Kamera, welcher im Bild fokussiert wird. Dieser ist auf der vorderen Rasenfläche zu erkennen.*

Abb. 3.3-2: Ansicht des Layers *'realszene'* im *Viewport*

Importieren Sie mit *File⇨Import Footage* die Sequenz *'bäume[#].iff'* aus dem Unterverzeichnis *'bäume'*. Die Sequenz ist im Dateiformat .iff gespeichert.

Dieses Format kann, wie auch die Dateiformate .rpf und .rla, Daten für die Tiefe im Bild speichern.

Die Tiefeninformation (*Z-Buffer*) ist für diese Lerneinheit wichtig, da der *3D-Depth Of Field* Operator diese Information als Quellmaterial benötigt. Benennen Sie den neu importierten Layer in *'bäume'* um.

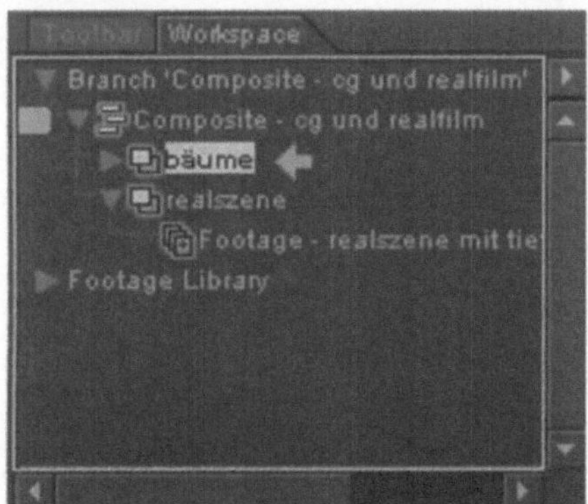

Abb. 3.3-3: Importierter und umbenannter Layer *'bäume'*

Im *Viewport* erscheint der Layer '*bäume*' vor dem Layer '*realszene*'. Durch den Alphakanal des Rohmaterials *'bäume[#].iff'* enthält der Layer '*bäume*' Transparenzinformationen.

Deaktivieren Sie im *Workspace* den Layer '*realszene*'. Zeigen Sie mit Rechtsklick auf den *Viewport* und *View Mode*⇨*Alpha* den Transparenzkanal des Composites an.

Die schwarzen Bereiche stellen die transparenten und die weißen die deckenden Bereiche dar. Die grauen bilden die Übergänge, die teilweise transparent erscheinen.

Abb. 3.3-4: Alphakanal des Layers *'bäume'*

Anzeige des Tiefenkanals im Viewport

Neben dem Alphakanal ist in dieser Sequenz zusätzlich Information über die Tiefe der Szene gespeichert. Die Tiefeninformationen aus dem 3D-Raum sind in dem 2D-Bildformat gespeichert worden. Mit dem Operator *Show G-Buffer* kann die Tiefeninformation sichtbar gemacht werden.

Fügen Sie mit Rechtsklick auf den Layer *'bäume'* und *Operators⇨3D-Post⇨Show G-Buffer* den Anzeigeoperator für den Z-Kanal hinzu.

Es öffnen sich die Einstellmöglichkeiten für den Operator *Show G-Buffer*. Mit den Optionen *Near* und *Far* können die Nah- und Fernebenen bestimmt werden.

In den Einstellungen für **Show G-Buffer** *können die Regler für* **Near Z** *und* **Far Z** *(Nah- und Fernlinie) verschoben werden. Damit wird festgelegt, welcher Bereich den Vorder- oder den Hintergrund darstellt. Im* **Viewport** *ändert sich proportional die Tiefendarstellung.*

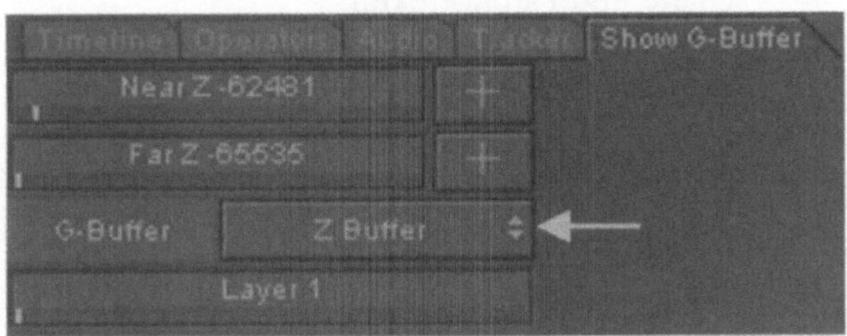

Abb. 3.3-5: Anzeige des Tiefenkanals mit *Show G-Buffer*

Bei RPF/RLA Dateien können zusätzliche Eigenschaften angezeigt werden. Für dieses Beispiel reicht die Anzeige des Z-Kanals aus. Die Darstellung des Z-Buffers ähnelt der eines Alphakanals.

In diesem Fall sind die weißen Bereiche die Nah- und die schwarzen die Fernbereiche. Grau ist auch bei dieser Darstellung eine Kennzeichnung für die Übergangsbereiche.

Der Operator **Show G-Buffer** *dient nur der Anzeige von Zusatzinformationen in einer Datei.*

Abb. 3.3-6: Z-Kanal, Tiefeninformation der Baumsequenz

Für die weitere Gestaltung des Composite ist der Operator nicht mehr nötig. Entfernen Sie mit Rechtsklick auf diesen und *Delete* den Operator aus dem *Workspace*.

Die Bäume sind im *Viewport* nicht sichtbar mit dem Hintergrund verankert, was den Realismus einschränkt. Dies liegt an der fehlenden Tiefenunschärfe der Bäume und deren fehlender Farbanpassung. Kompensieren Sie dieses durch hinzugefügte Tiefenunschärfe und Farbkorrektur.

Abb. 3.3-7: Composite ohne Unschärfe im Layer *'bäume'*

Operator 3D-Depth of Field

Fügen Sie mit Rechtsklick auf den Layer *'bäume'* und *Operators⇨3D Post⇨3D Depth of Field* einen Tiefenunschärfeoperator hinzu. Dieser Operator erzeugt auf Basis der Tiefeninformation des Layers 'bäume' eine Tiefenunschärfe.

Wählen Sie in den *3D Depth of Field Controls* die Einstellungen für die Ebenen aus, die fokussiert werden sollen.

Stellen Sie hier auch die Stärke der Unschärfe ein.

Near Focused Plane	-1
Far Focused Plane	-64396
Maximum Radius	0.70
Blur Type	Box

Der Wert für **Far Focused Plane** *kann auch durch Anwählen des mittleren Baumes im* **Viewport** *ermittelt werden. Dieser legt den* **Point of Interest** *fest.*

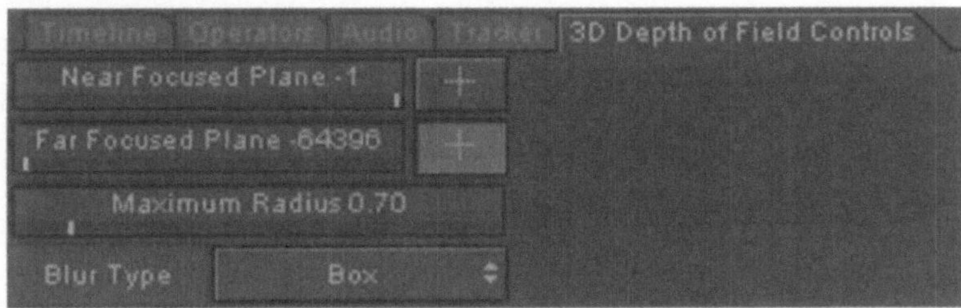

Abb. 3.3-8: *3D Depth of Field Controls*

Mit diesen Einstellungen ist der mittlere Baum fokussiert, die äußeren unscharf.

Abb. 3.3-9: *3D Depth of Field* im *Viewport*

Farbkorrektur des Layers *'bäume'*

Fügen Sie mit Rechtsklick auf den Layer *'bäume'* und *Operators⇨Color Correction⇨Discreet CC Basics* einen Farbkorrekturoperator hinzu.

Es öffnen sich die *CC Basics Controls*. Stellen Sie für die Farbanpassung in diesen die nachstehenden Daten ein. Die folgenden Einstellungen beziehen sich ausschließlich auf die Werte mit aktivierter Option *Master*.

Saturate	69
Contrast	93
Temp	-6
RGB	0.91
R	0.81
G	0.86
B	0.63

In den **CC Basics Controls** *kann auch mit anderen Werten experimentiert werden. Damit kann ein abweichender Farbeindruck erzielt werden.*

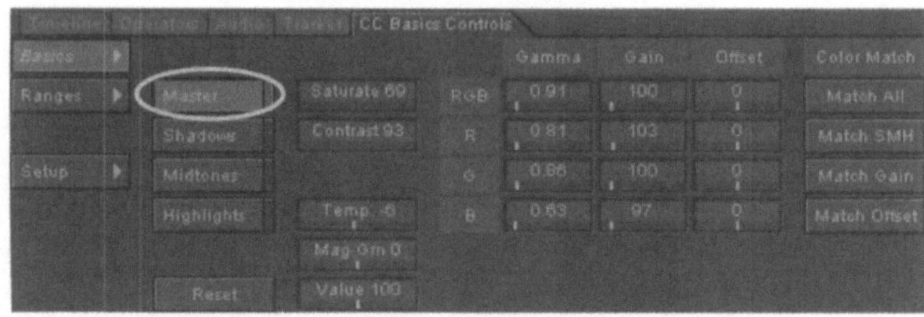

Abb. 3.3-10: *CC Basics Controls* mit geänderten Einstellungen

Abb. 3.3-11: Darstellung im *Viewport* mit Farbkorrektur

Einfügen eines Noise Operators

Wenn Sie die Szene mit den derzeitigen Einstellungen abspielen, fehlt den Bäumen Rauschen, welches im Hintergrundmaterial vorhanden ist.

Mit Rechtsklick auf den Layer *'bäume'* und *Operators⇨Noise⇨Add Noise* wird ein Rauschgenerator diesem hinzugefügt. Stellen Sie in den *Add Noise Controls* einen schwachen Rauschanteil ein und passen diesen dem des Hintergrundbildes an.

Amount	3%	*Animate*	aktiviert
Monochrome	aktiviert	*Clamp*	aktiviert
Type	Uniform	*Seed*	0.00

Mit dem Operator **Add Grain** *kann Filmrauschen hinzugefügt werden. Dieser Operator ist rechenintensiver und in diesem Fall nicht notwendig.*

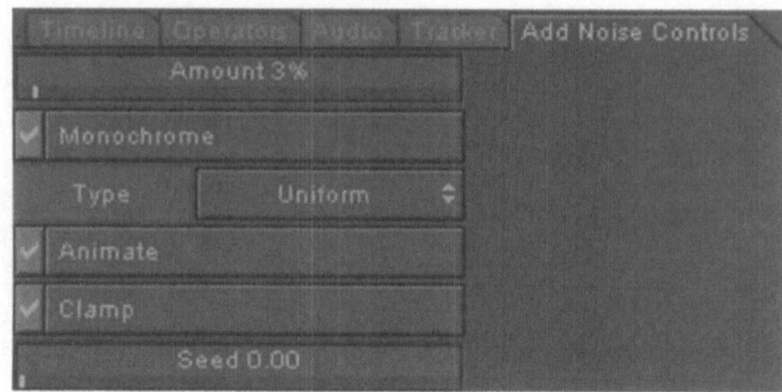

Abb. 3.3-12: *Add Noise Controls*

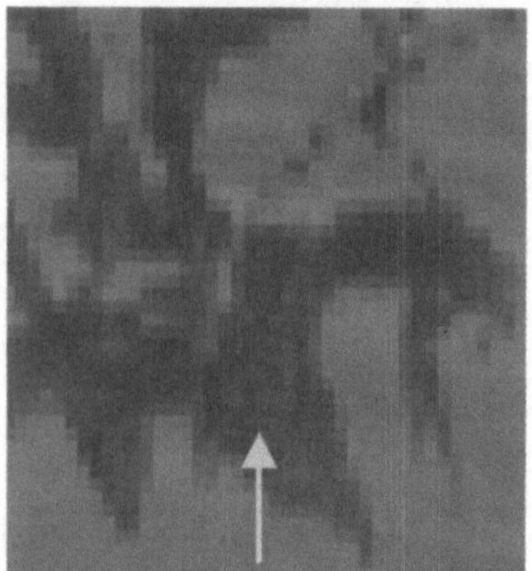

Abb. 3.3-13a: ohne *Add Noise*

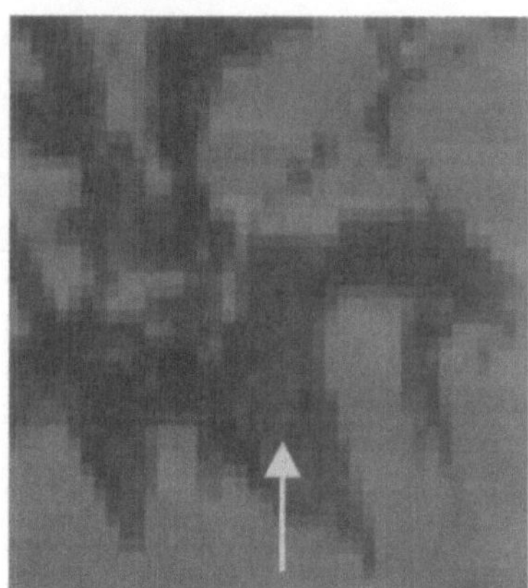

Abb. 3.3-13b: mit Noise (DVD)

Erzeugen von Auswahlen, um die Bäumstümpfe zu bearbeiten

Fügen Sie mit Rechtsklick auf den Layer *'bäume'* und mit *Operators⇨Selections⇨Draw Selection* zu diesem Layer einen Auswahloperator hinzu.

Wechseln Sie in die *Toolbar* und selektieren Sie das *Polygon/Bezier Selection Tool.*

Zeichnen Sie im *Viewport,* wie in Abb. 3.3-15 gezeigt, Auswahlen um den Stumpf der Baumstämme.

Abb. 3.3-14: angewähltes *Polygon/Bezier Selection Tool*

Beenden Sie eine Auswahl, indem Sie zum jeweils ersten Kontrollpunkt des Polygons zurückkehren und, bei gelbgefärbtem Mauszeiger, mit einem Mausklick diese schließen. Erzeugen Sie auf diese Weise drei einzelne Auswahlen.

Abb 3.3-15: Selections der drei Baumstämme

Erweitern Sie im *Workspace* den Operator *'Draw Selection'* und selektieren im Zweig die drei Auswahlen (*Polygon Selection 1-3*).

Ändern Sie für diese in den *Selection Controls* den Wert für *Feather* zum Glätten der Auswahl auf den Wert 3. Wechseln Sie den Maskenmodus auf die Einstellung *Add*.

Bei einer abweichenden Einstellung als **Add** *werden die Auswahlen nicht zueinander addiert, was in diesem Fall nötig ist.*

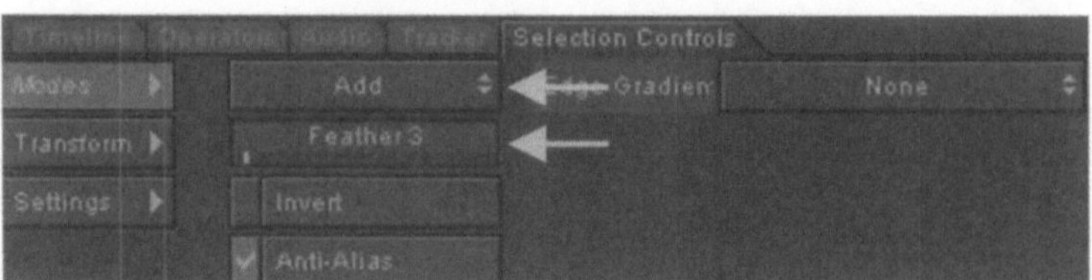

Abb. 3.3-16: *Selection Controls* für die Auswahlen der Baustämme

Hinzufügen eines Unschärfeoperators

Damit die Innenflächen der Auswahlen unscharf gezeichnet werden, fügen Sie dem Layer *'bäume'* einen *Box Blur Operator* hinzu (*Operators⇨Blur/Sharpen⇨Box Blur)*. Ändern Sie in den geöffneten *Box Blur Controls* den Wert für *Radius* auf 0.80. Die Flächen außerhalb der *Selections* wird durch den Unschärfeoperator nicht beeinflusst.

Abb. 3.3-17: *Box Blur Controls*

Anzeigen der schematischen Ansicht im *Viewport*

Klicken Sie mit der rechten Maustaste auf den *Viewport*. Selektieren Sie im Auswahlmenü die Option *Schematic* an. Die Anzeige ändert sich in ein Flussdiagramm.

In dieser Darstellungsform werden die Verknüpfungen der Operatoren und Layer übersichtlich angezeigt. Die Reihenfolge der Verbindungen wird verdeutlicht.

In der Abb. 3.3-18 ist auf der rechten Seite das Endergebnis und links die verketteten Operatoren dargestellt.

Stünde als Beispiel der *Color Correction Operator* nach dem *Draw Selection Operator*, würde die Farbkorrektur nur auf die Auswahlen angewendet werden und nicht auf den gesamten Layer.

Die Anzeige im Flussdiagrammstil ist nicht zwingend notwendig. Es soll eine Möglichkeit gezeigt werden, mit der auch bei größeren Szenen leicht der Überblick behalten werden kann.

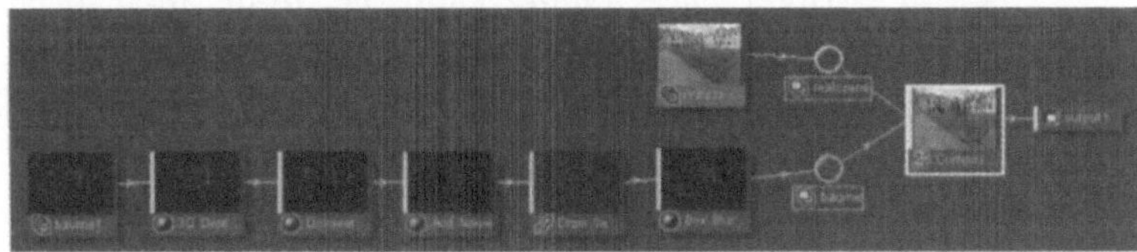

Abb. 3.3-18: *Schematic View* im *Viewport*

Wechseln Sie im *Viewport* wieder in die Standardansicht (*Schematic* im Auswahlfenster deaktiviert). Mit den *Wiedergabesteuerelementen* können Sie die Szene wiedergeben.

Abb. 3.3-19: Fertige Szene im *Viewport*

Speichern des Workspaces

Speichern Sie zum Abschluss die Szene mit *File⇨Save Workspace as* unter dem Namen *'cg und realfilm'* ab.

Unter *File⇨Render* kann die Szene auch in eine Videodatei abgespeichert werden.

3.4 Lerneinheit 04

Compositing im 3D-Raum

\\01 Composting \004 Compositing im 3D-Raum

ca. 50 Minuten

Aus 2D-Rohmaterial soll eine 3D-Szene erzeugt werden. Dem Rohmaterial eines Saales soll die Decke und der Boden entfernt werden. Wolken sollen als Himmel und der Boden verändert eingebunden werden. Boden und Himmel werden als neue Layer im 3D-Raum eingefügt. Mit Hilfe von Farbkorrektur und Lichteinsatz soll eine dunkle Stimmung erzeugt werden, wobei sich die Wolken im Boden spiegeln. Die Kamera wird animiert und fährt in die Szene hinein.

Benutze Werkzeuge:
- *Mask Tool*
- *Color correction Tool, Tint Tool*
- *Mirror Tool*
- *Shading und Reflections*

Ziel dieser Lerneinheit

Diese Lerneinheit steht exemplarisch für Compositing im einem 3D-Raum. Die Positionierung der Layer im 3D-Raum und die Änderung des Raumeindrucks stehen hierbei im Vordergrund. Weiterhin sollen die Vorzüge von Lichteinsatz und dessen Auswirkung verdeutlicht werden.

Erstellen eines neuen Workspaces

Erstellen Sie mit *File⇨New* einen neuen *Workspace.* In dem Auswahlfenster stellen Sie für diesen folgende Eigenschaften ein:

Type	Composite
Name	3D-Raum
Format Options	PAL DV
Duration	300 Frames
Bit Depth	8 bit
Mode	3D

Import und Anpassung des Hintergrundes

Importieren Sie mit *File⇨Import Footage* aus dem Unterordner '*saal*' die Sequenz '*saal[####].png*'.

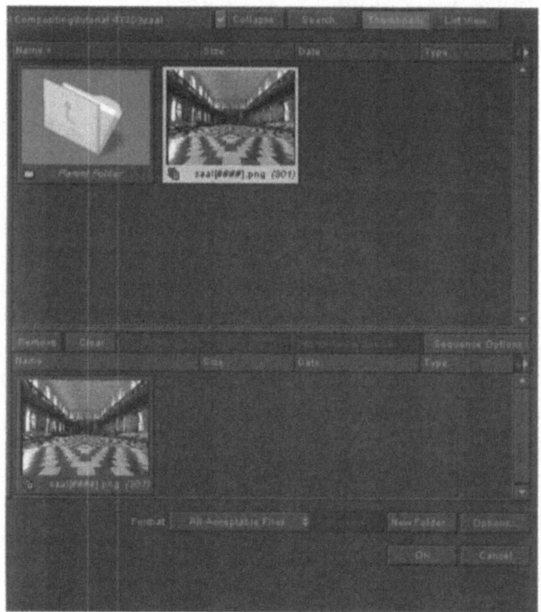

Abb. 3.4-1: Import von Footagematerial

Benennen Sie den neu importierten Layer in '*saal*' um.

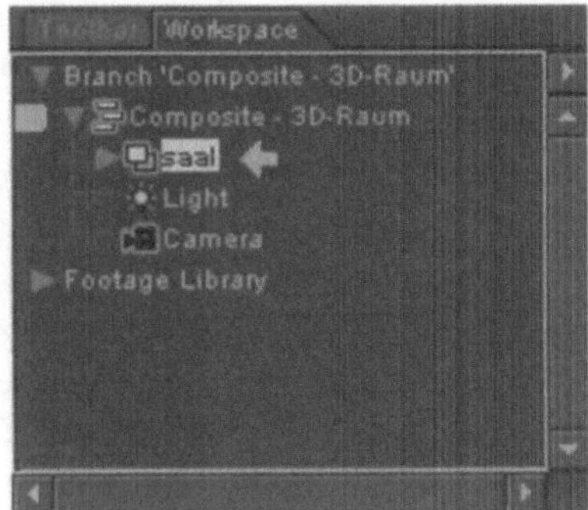

Abb. 3.4-2: Umbenannter Layer *'saal'*

Das Rohmaterial ist in der Skalierung zu klein und soll dem Format der Szene angepasst werden. Ändern Sie aus diesem Grund in den *Composite Controls,* im Untermenü *Transform,* die *Scale* für *X*, *Y* und *Z* auf `103.00%`.

Entfernen des Bodens durch einen Maskenoperator

Fügen Sie im *Workspace* mit Rechtsklick auf den Layer *'saal'* und *Operators⇨Mask⇨Draw Mask* einen Maskenoperator hinzu.

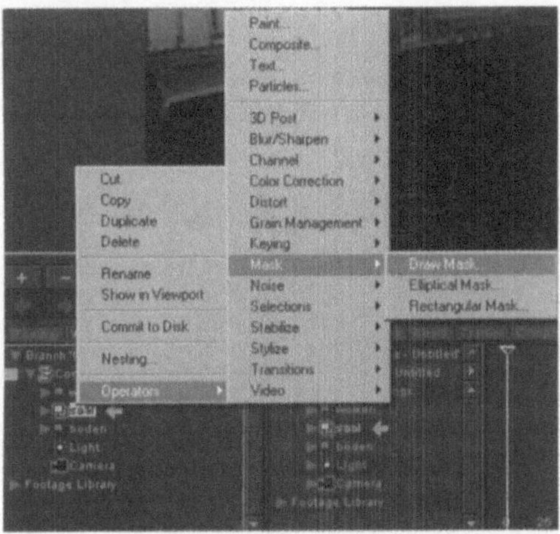

Abb. 3.4-3: *Draw Mask* Operatorauswahl

Bei der Anwahl des *Draw Mask Tools* steht direkt das *Polygon Mask Tool* zum Zeichnen der Maske zur Verfügung. Aktivieren Sie in den *Mask Controls* die Option *Invert*.(Abb. 3.4-6)

Zeichnen Sie mit dem *Polygon Mask Tool* im *Viewport* die Maske an der Fußbodenkante entlang. Fügen Sie mit der linken Maustaste jeweils neue Kontrollpunkte hinzu.

Kehren Sie zum ersten Kontrollpunkt der Maske zurück, um die Maske zu schließen. Wenn Sie mit dem Mauszeiger über diesen Punkt ziehen, färbt sich dieser gelb. In diesem Zustand schließen Sie mit einem Mausklick die Maske.

Die Ansicht sollte im **Viewport** *vergrößert dargestellt werden. Die Masken können in diesem Fall genauer eingezeichnet werden.*

Abb. 3.4-4: Gesamtansicht der gezeichneten Maske

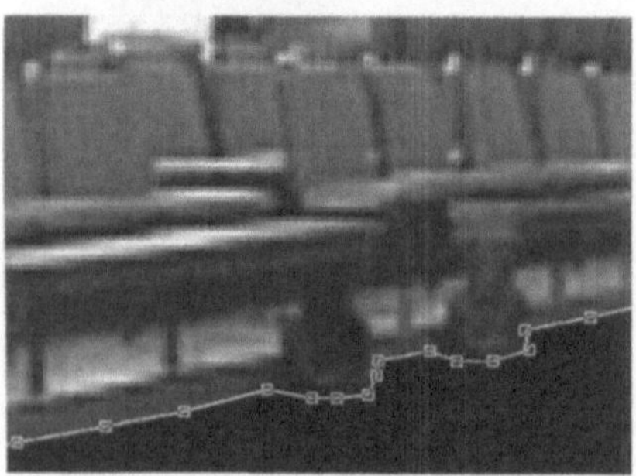

Abb. 3.4-5: Detailansicht der gezeichneten Maske

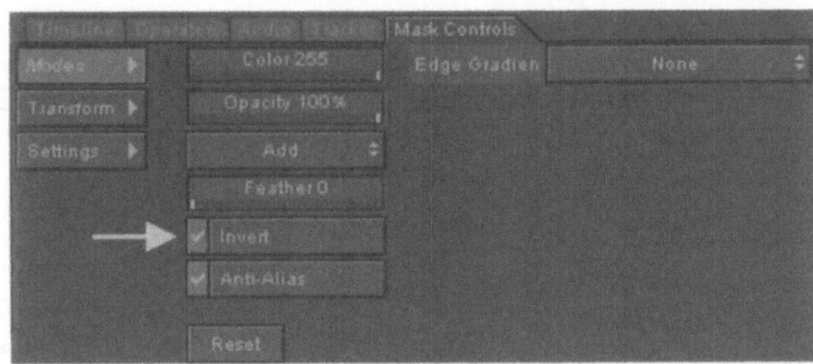

Abb. 3.4-6: Option *Invert* aktiviert

Entfernen der Decke durch einen weiteren Maskenoperator

Fügen Sie im *Workspace* mit Rechtsklick auf den Layer *'saal'* und *Operators⇨Mask⇨Draw Mask* einen weiteren Maskenoperator hinzu.

Beginnen Sie an der Unterseite des Geländers und zeichnen Sie die Maske an der Kante der Holzverkleidung entlang, wie in Abb. 3.4-7 dargestellt. Fügen Sie entsprechend mit der linken Maustaste neue Kontrollpunkte hinzu.

Es ist zu beachten, dass sich diese und alle folgenden Masken dieser Lerneinheit in dem Modus **Add** *befinden.*

Abb. 3.4-7: Gesamtansicht der gezeichneten Polygonmaske

Kehren Sie zum Ausgangspunkt zurück, um die Maskenerstellung abzuschließen.

Aktivieren Sie im Untermenü *Modes* der *Mask Controls* die Option *Invert* und stellen Sie die Option *Edge Gradient* auf *In/Out* mit dem Wert `Out 2`.

Benennen Sie die zwei hinzugefügten Masken im *Workspace* um. Durch Erweitern des Layers *'saal'* werden die Masken sichtbar. Benennen Sie diese entsprechend in *'boden'* und *'decke'* um.

Maskieren der Fenster auf der rechten Seite

Fügen Sie im *Workspace* mit Rechtsklick auf den Layer *'saal'* mit *Operators⇨Mask⇨Draw Mask* einen neuen Maskenoperator hinzu. Zeichnen Sie, wie zuvor gezeigt, eine Maske ein, die das vordere rechte Fenster maskiert. Aktivieren Sie dafür in den *Mask Controls* im Untermenü *Modes* die Option *Invert.*

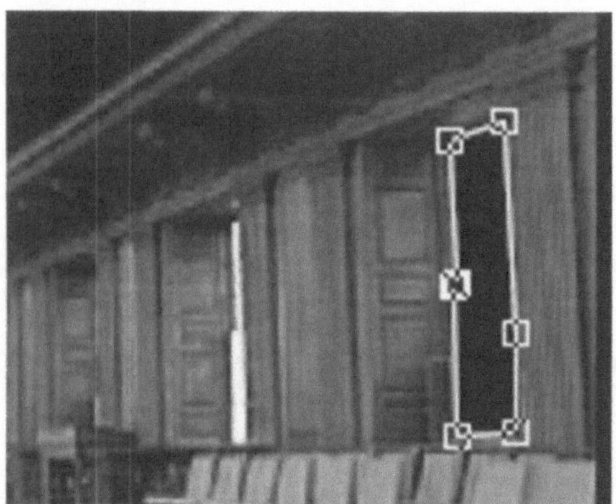

Abb. 3.4-8: Maskierung des vorderen Fensters

Benennen Sie im *Workspace* die neu erstellte Maske in *'fenster rechts'* um.

Maskieren Sie das zweite Fenster auf der rechten Seite auf die gleiche Weise, wie in Abb. 3.4-9 gezeigt. Geben Sie für diese die Bezeichnung *'fenster rechts 02'* ein.

Ändern Sie im Untermenü *Modes* für beide Masken die Einstellung *Edge Gradient* auf *In/Out* auf den Wert `Out 3`.

Abb. 3.4-9: Maske des zweiten, rechten Fensters

Spiegeln der rechten Seite des Layers '*saal*' um 180°

Fügen Sie im *Workspace* mit Rechtsklick auf den Layer '*saal*' und *Operators⇨Distort⇨Mirror* einen Filteroperator zum Spiegeln eines Layers hinzu.

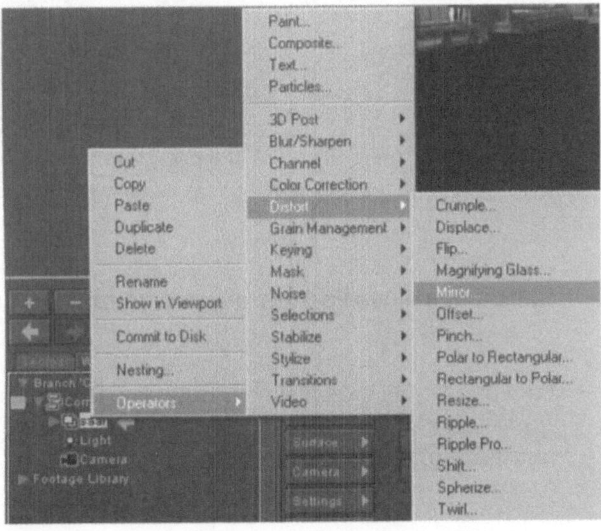

Abb. 3.4-10: Auswahl des Mirror Operators

Wechseln Sie in die *Mirror Controls.* Setzen Sie den Wert für *Angle* auf -180°.

Die Option **Center** *beschreibt die Position des Mittelpunktes des jeweiligen Layers. Da der Layer im Mittelpunkt gespiegelt werden soll, bleibt die Option in der Ausgangsposition.*

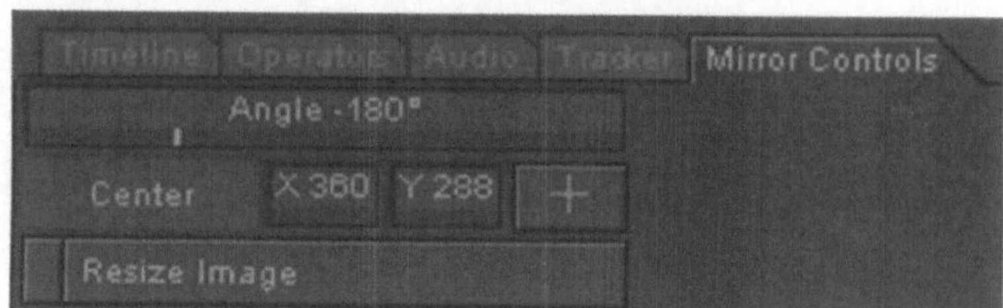

Abb. 3.4-11: *Mirror Controls*

Abb. 3.4-12: Aktuelle Ansicht im *Viewport*

Hinzufügen eines Farbkorrekturoperators zum Layer '*saal*'

Fügen Sie mit Rechtsklick auf den Layer '*saal*' und *Operators⇨Color Correction⇨Discreet Color Corrector* ein Farbkorrekturwerkzeug hinzu.

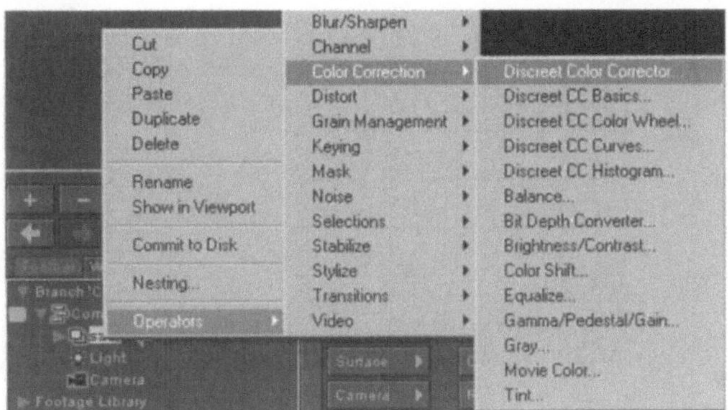

Abb. 3.4-13: Auswahl des *Discreet Color Correctors*

Die Farbeinstellungen sind für dieses Beispiel frei gewählt. Es kann mit eigenen Einstellungen experimentiert werden, um abweichende Farbgebungen zu erlangen.

Ändern Sie in den *Color Corrector Controls* folgende Werte im Untermenü *Basics.*

Einstellung für *Gamma* im Farbtonbereich *Master*:

RGB	1.03
R	0.90
G	0.82
B	0.97

Einstellung für *Gamma* im Farbtonbereich *Shadows*:

RGB	0.92
R	0.93
G	1.00
B	1.00

Einstellung für *Gamma* im Farbtonbereich *Midtones*:

RGB	0.70
R	1.07
G	1.00
B	0.88

Mit der Option **Temp**. *kann die Farbtemperatur des selektierten Farbtonbereiches verändert werden.*

Ändern Sie zusätzlich den Wert für *Temp.* auf -13

Einstellung für *Gamma* im Farbtonbereich *Highlights*:

RGB	0.78
R	0.89
G	0.95
B	0.91

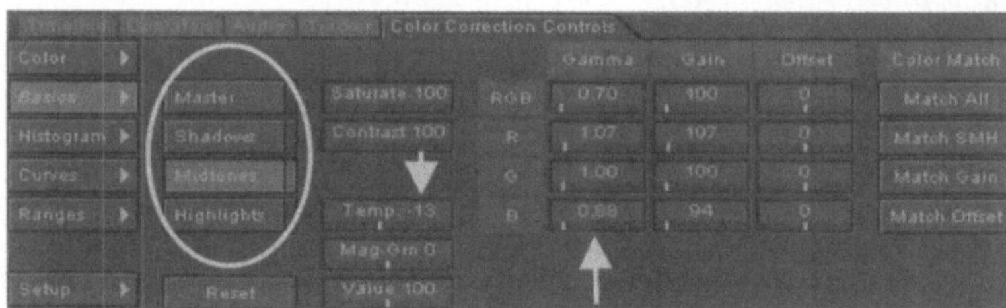

Abb. 3.4-14: *Color Correction Controls* für die Midtones

Einfärben des Layers '*saal*' mit einer einheitlichen Farbe

Mit dem Operator *Tint* kann der gesamte Layer mit einer bestimmen Farbe getönt werden. Fügen Sie mit Rechtsklick auf den Layer *'saal'* und Operators⇨Color Correction⇨Tint einen *Tint Operator* hinzu.

Wechseln Sie in die *Tint Controls* und klicken Sie auf das Farbfeld in der Option *Color*.

Ändern Sie in dem Auswahlfeld *Pick Color* für diesen Fall die Farbeinstellungen auf die folgende Werte.

RGB %	
Red	45%
Green	41%
Blue	38%

Ändern Sie den Wert für *Amount* in den *Tint Controls* auf 100%.

Die Farbinformation für den Operator **Tint** *kann auch mit dem* **Color Picker Tool** *erzeugt werden*

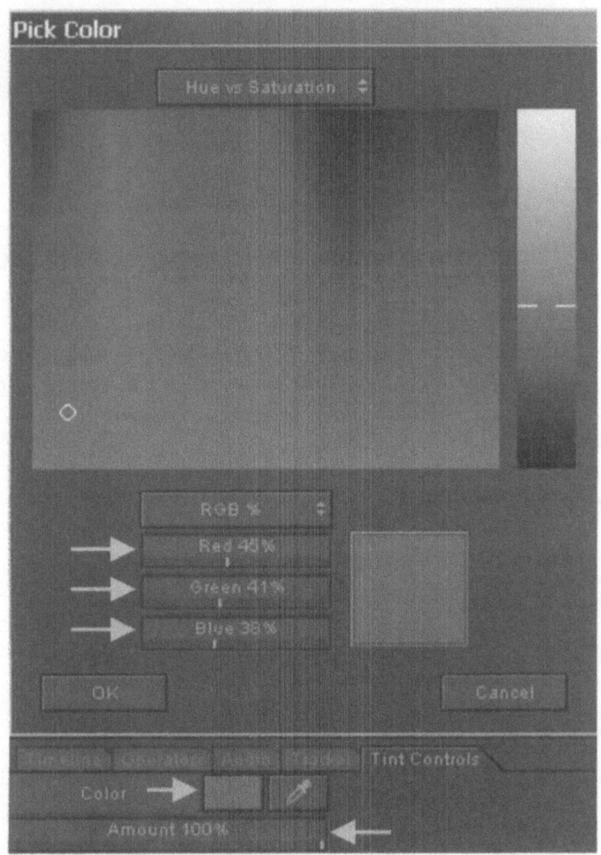

Abb. 3.4-15: *Tint Controls* und *Pick Color* Auswahlfeld

Abb. 3.4-16: Bearbeiteter Layer *'saal'* im *Viewport*

Hinzufügen und Ändern des Layers für die Wolkendarstellung

File⇨Import Footage *kann nur angewählt werden, wenn das Composite, wie in Abb. 3.4-17 gezeigt, als aktueller Layer im Workspace selektiert ist.*

Importieren Sie mit *File⇨Import Footage* die Sequenz *'wolken[#].tif'* aus dem Unterordner *'wolkenlayer'*. Ändern Sie die Bezeichnung des neuen Layers in *'wolken'*.

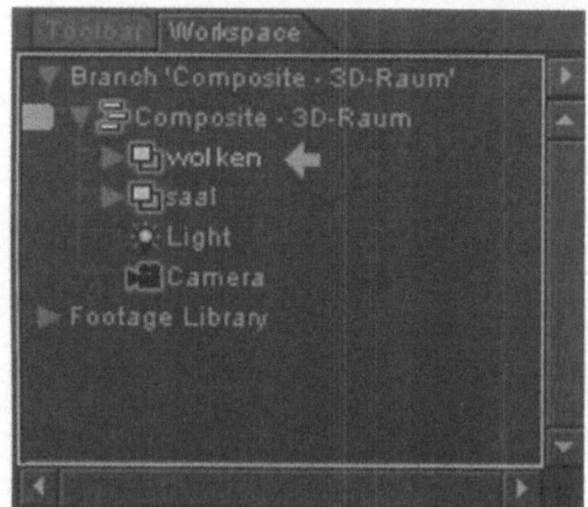

Abb. 3.4-17: neuer Layer *'wolken'*

Der Layer, der die Wolken darstellt, soll nun transformiert werden, damit er in das Composite eingefügt werden kann. Zusätzlich ist zu beachten, dass dieser Layer um die X-Achse geneigt wird, damit sich dieser später im Boden der Halle spiegeln kann.

Wechseln Sie dafür im Layer *'wolken'* in das Untermenü *Transform* der *Composite Controls.*

Tragen Sie in diesem folgende Modifikationen ein :

Die Rotation um die X-Achse ist wichtig, da der Layer **'wolken'** *sonst nicht auf dem Boden reflektiert wird.*

Y-Position	118.00
Z-Position	33.00
X-Rotation	-69.00°
X-Scale	157.39%
Y-Scale	214.00%

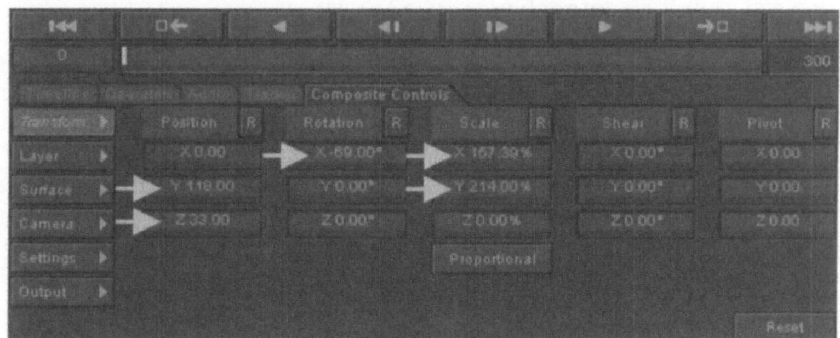

Abb. 3.4-18: *Composite Controls* im Layer *'wolken'*

Wenn Sie die Szene im *Viewport* beurteilen, zerschneidet der Layer *'wolken'* den Layer *'saal'*. Durch die Rotation des Layers *'wolken'* überschneidet dieser den anderen Layer. Ändern Sie dies, indem Sie den Layer *'saal'* anwählen und in das Untermenü *Layer* der *Composite Controls* wechseln. Aktivieren Sie in der Option *Depth Order* die Schaltfläche *Foreground.*

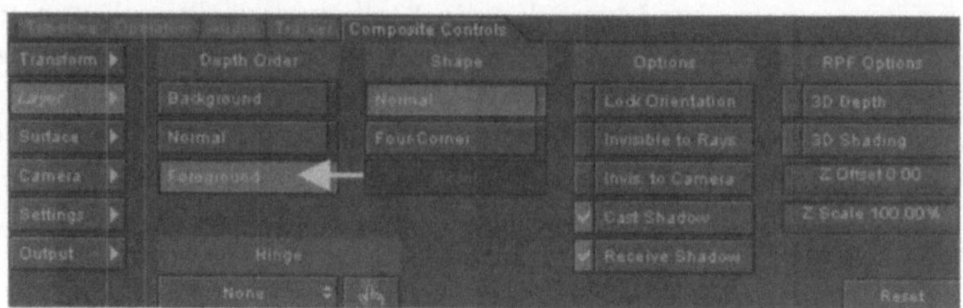

Abb. 3.4-19: Ändern der *Depth Order* im Untermenü *Layer*

Hinzufügen eines Farbkorrekturoperators zum Layer *'wolken'*

Fügen Sie im *Workspace* mit Rechtsklick auf den Layer *'wolken'* und *Operators*⇨*Color Correction*⇨*Discreet Color Corrector* diesem Layer einen Farbkorrekturfilter hinzu.

Die Wolken sollen von der Farbabstimmung dem Layer *'saal'* angeglichen werden.

Wechseln Sie dafür in das Untermenü Basics der *Color Correction Controls* und ändern die folgenden Einstellungen.

Einstellungen für *Gamma* im Farbtonbereich *Master*:

RGB	0.92
R	0.92
G	0.97
B	1.00

Tragen Sie für die Einstellung *Temp.* den Wert -10 ein.

Ändern Sie weiterhin in den jeweiligen Farbtonbereichen die Einstellungen für *Temp:*

	Temp
Shadows	-6
Midtones	-10
Highlights	-20

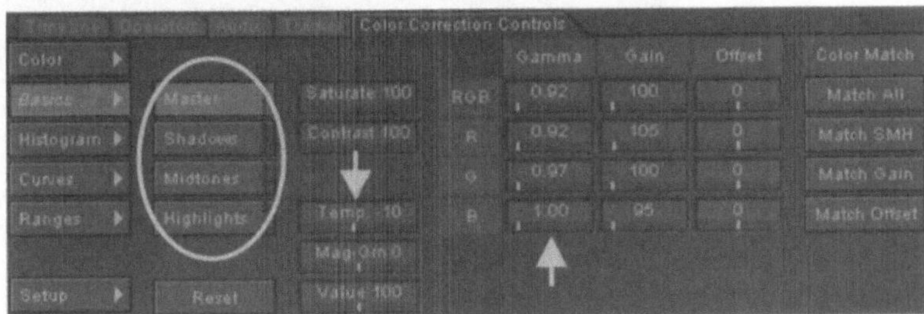

Abb. 3.4-20: Farbtonbereich *Master (Color Correction Controls)*

Abb. 3.4-21: Aktuelle Ansicht im *Workspace (DVD)*

Starten Sie die Wiedergabe der Sequenz. Nach etwa der Hälfte der Dauer verschwindet der Layer *'wolken'*. Erweitern Sie, um dies zu beheben, im *Workspace* diesen Layer und selektieren Sie das Rohmaterial *'Footage wolken[###]'*. Wechseln Sie in die *Foo-*

tage Controls und ändern Sie im Untermenü *Output* die *Duration* auf 300. Dies entspricht der Länge der gesamten Sequenz.

Die Veränderung der **Duration** *wirkt sich direkt auf die Abspielgeschwindigkeit aus. Bei erhöhter* **Duration** *nimmt die Abspielgeschwindigkeit* **Speed** *ab.*

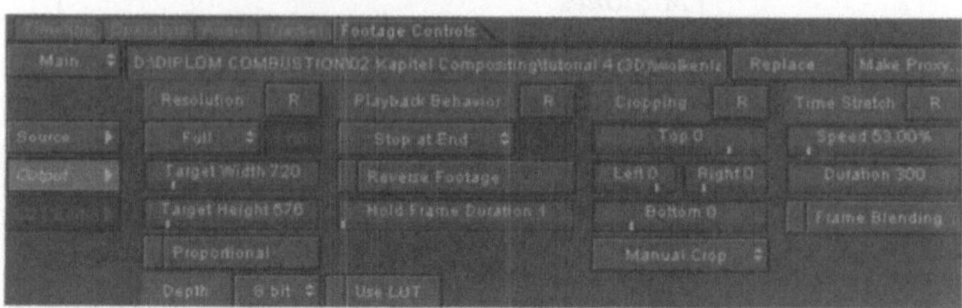

Abb. 3.4-22: Ändern der Duration in den *Footage Controls*

Hinzufügen und Transformation des Layers für den Boden

Fügen Sie mit *File⇨Import Footage* aus dem Unterordner *'boden'* die Sequenz *'boden[####].png'* hinzu. Benennen Sie den neuen Layer in *'boden'* um.

Wechseln Sie in die *Composite Controls* und passen Sie den Boden an den Layer *'saal'* an.

Tragen Sie im Untermenü *Transform* folgende Änderungen ein.

Die Rotation um die X-Achse ist notwendig, da die Wolken sonst nicht auf dem Layer **boden'** *reflektiert würden. Die Einstellung 79.00° ist der äußerste akzeptable Winkel. Bei höher eingestelltem Winkel würde der Layer zu sehr in der Ansicht verzerren.*

Y-Position	-20.00
X-Rotation	79.00°
X-Scale	80.00%
Y-Scale	174.00%

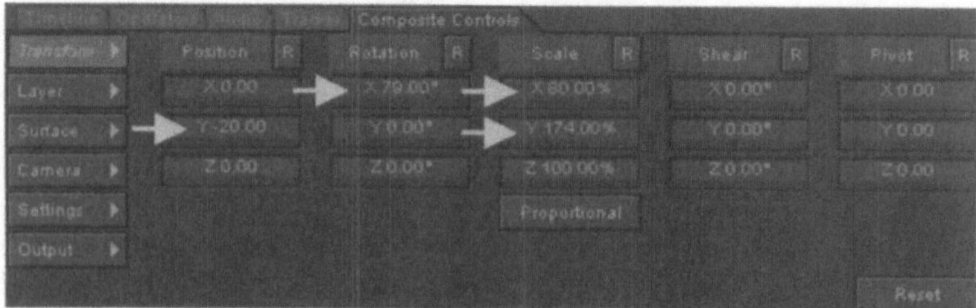

Abb. 3.4-23: *Composite Controls* für den Layer *'boden'*

Farbkorrektur des Layers '*boden*'

Fügen Sie mit Rechtsklick auf den Layer *'boden'* und *Operators⇨Color Correction⇨Discreet Color Corrector* einen Farbkorrekturoperator hinzu. Wechseln Sie in die *Color Correction Controls* und ändern Sie folgende Einstellungen, um den Layer an die Farbstimmung der zwei anderen Layer anzupassen.

Gehen sie in das Untermenü *Color* und ändern diese Einstellungen:

Master	*Hue Tint*	35
	Strength	8.9
Shadows	*Hue Tint*	68
	Strength	10.2
Midtones	*Hue Tint*	13
	Strength	16
Highlights	*Hue Tint*	270
	Strength	7.0

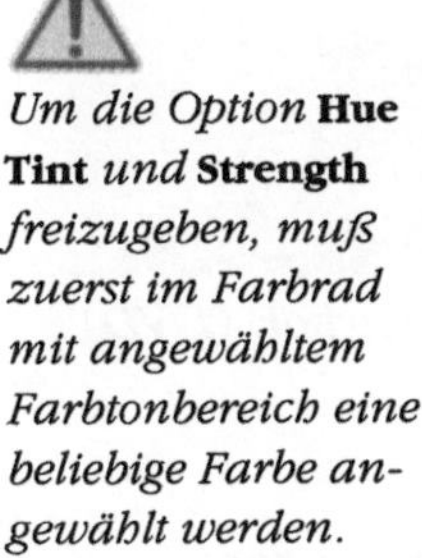

Um die Option **Hue Tint** *und* **Strength** *freizugeben, muß zuerst im Farbrad mit angewähltem Farbtonbereich eine beliebige Farbe angewählt werden.*

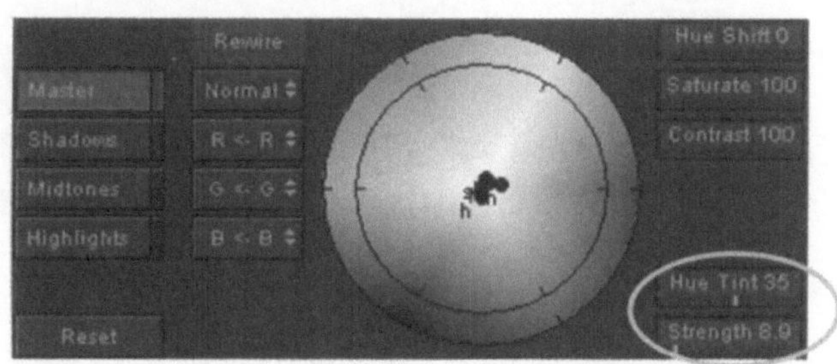

Abb. 3.4-24: Einstellungen im Untermenü *Color*

Ändern Sie im Untermenü *Basics* der *Color Correction Controls* für den Farbtonbereich *Master* die Einstellung *Tint.* auf den Wert -8.

Wie schon zuvor beim Layer *'saal'* dargestellt, fügen Sie dem Layer *'boden'* einen *Tint-Operator* hinzu, damit dieser mit einer ausgewählten Farbe abgestuft werden kann.

Wechseln Sie in die *Tint Controls* und stellen Sie den Wert für *Amount* auf 100%. Klicken Sie auf das Farbfeld bei der Option *Color* und wählen Sie die folgende Farbe aus:

RGB %	
Red	56%
Green	36%
Blue	19%

Abb. 3.4-25:Aktuelle Ansicht des Composites im *Viewport (DVD)*

Erstellen der Oberflächeneigenschaften des Layers '*boden*'

Öffnen Sie die *Composite Controls* des Layers *'boden'*. Wechseln Sie in das Untermenü *Surface*, um die Oberflächeneigenschaften zu bearbeiten. Ändern Sie, damit der Boden teilweise das Licht reflektiert, den Wert für *Reflectivity* auf 64%, den *Reflection Mode* in Hard Light.

Oberflächeneigenschaften, Beleuchtung, Reflektionen und Schatten sind Optionen, die nur im 3D-Modus verfügbar sind.

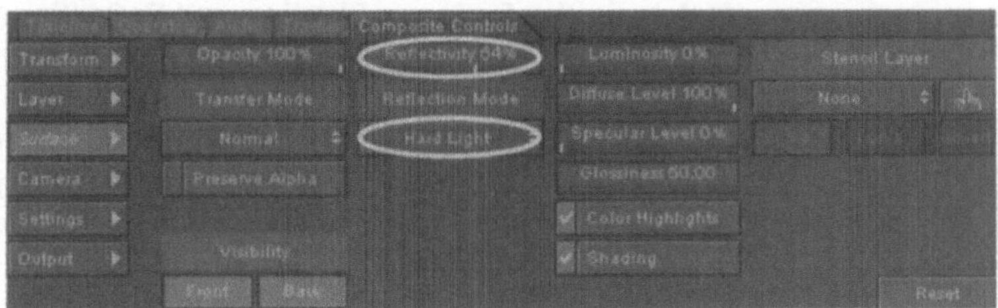

Abb. 3.4-26: Oberflächeneigenschaften im Untermenü *Surface*

Ändern der Eigenschaften für die Beleuchtung

Selektieren Sie im *Workspace* die Lichtquelle *'Light'* und wechseln Sie in die dazugehörigen *Composite Controls.* Geben Sie im Untermenü *Transform* neue Positionsdaten für das Licht ein.

Position	*X*	45.50
	Y	44.00
	Z	-472.00

Im Untermenü *Light* ändern Sie die Eigenschaften der Beleuchtung. Verringern Sie die Grundbeleuchtung *Ambient Intensity* auf 5%.

Abb. 3.4-27: Ändern der *Ambient Intensity* im Untermenü *Light*

Aktivieren der Optionen Shading und Reflections

Um die Veränderungen der Beleuchtung und der Oberflächeneigenschaften sichtbar zu machen, müssen die jeweiligen Optionen dafür aktiviert werden. Wechseln Sie für diese Einstellung in das Untermenü *Settings* der *Composite Controls.* Aktivieren Sie in der Option *Render Effects* die Schaltflächen *Shading* und *Reflections*

Shading *aktiviert die Darstellung von Beleuchtungseigenschaften auf den Oberflächen.* **Reflections** *aktiviert die Darstellung von Reflektionen.*

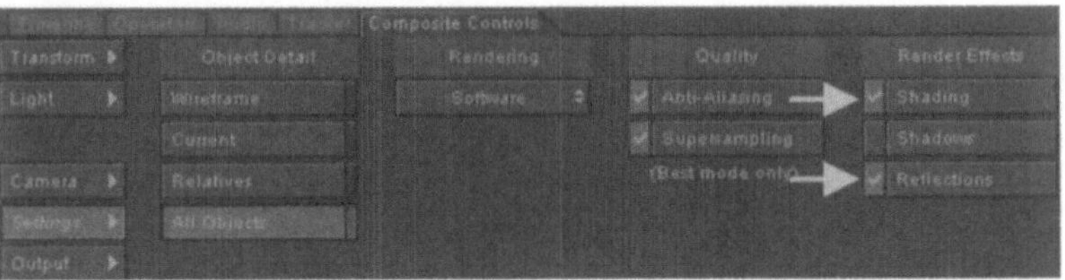

Abb. 3.4-28: *Shading* und *Reflections* in den *Render Effects*

Die Lichtstimmung der Szene hat sich geändert. Die Reflektionen wirken deutlicher, wenn die Sequenz wiedergegeben wird. In Abb. 3.4-29 ist der Unterschied zum vorherigen Szeneneindruck (Abb. 3.4-25) erkennbar.

Abb. 3.4-29: aktivierte Beleuchtungseffekte (DVD)

Animation der Kamera als Fahrt entlang der Z-Achse

Selektieren Sie im *Workspace* den Layer *'Camera'* und wechseln Sie in die *Composite Controls*.

Aktivieren Sie, um die Bewegung der Kamera animieren zu können, die Option *Animate* neben den Wiedergabesteuerelementen.

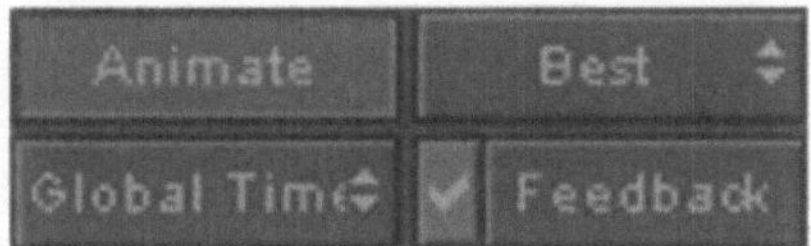

Abb. 3.4-30: *Animate* Option

Auf der Zeitleiste springen Sie zum Frame 0 und wechseln Sie in das Untermenü *Transform* der *Composite Controls*. Tragen Sie bei *Position Z* den Wert `-816.00` ein. Dieser repräsentiert den Ort der Kamera auf der Z-Achse. Standardmäßig ist dieser Wert bereits vorgegeben, aber durch die erneute Eingabe wird erst ein Keyframe für die Animation hinzugefügt.

Springen Sie auf der Zeitleiste zum letzten Frame 300 der Sequenz. Ändern Sie die Einstellung für die *Z-Position* auf den Wert `-680.00`.

Deaktivieren Sie die Option *Animate*.

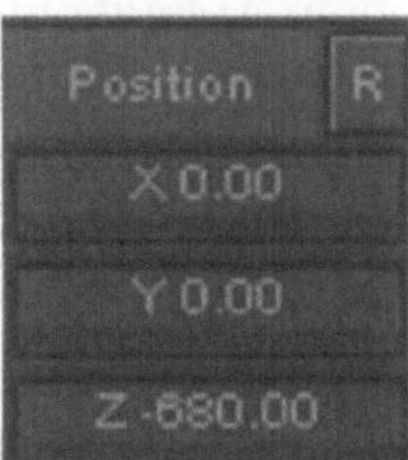

Abb. 3.4-31: Position Z

Wechseln Sie in das Menü *Timeline*, um die Kamerafahrt langsam beginnen und enden zu lassen. Erweitern Sie den Zweig des

Layers *'Camera'*. Vergewissern Sie sich, dass der Darstellungsmodus der *Timeline* auf *Graph* eingestellt ist.

Selektieren Sie die Eigenschaft *Z-Position*, im Zweig *Transformation.*

Wählen Sie beide Keyframes aus und öffnen Sie mit Rechtsklick auf einen der beiden ein Auswahlmenü.

Aktivieren Sie in diesem die Option *Ease Both*. Mit dieser Option wird der Ein- und Ausstiegspunkt der Kurve geglättet.

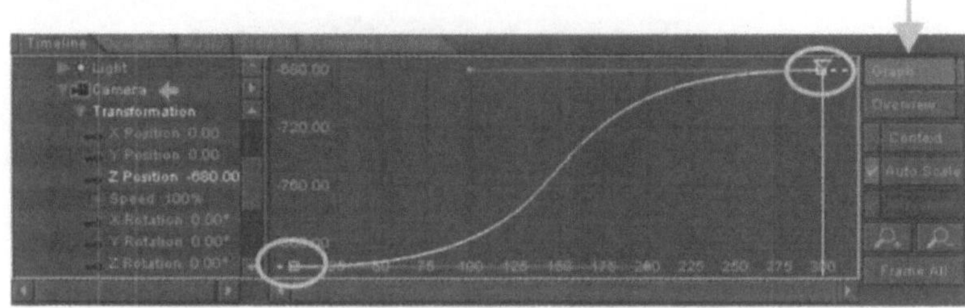

Abb. 3.4-32: Glättung der Kamerafahrt in der Timeline

Anpassen der Bewegung an den Layer *'boden'*

Aktivieren Sie alle Layer und wählen Sie mit Doppelklick 'composite – 3D Raum als angezeigten Layer an. Wenn Sie die Sequenz abspielen, bewegt sich der Boden zur Kamera ungleich schneller als der Layer *'saal'*.

Die Bewegung auf der Z-Achse muss demnach der Kamerafahrt angepasst werden.

Aktivieren Sie wieder die Option *Animate* und gehen Sie zum ersten Frame 0 der Sequenz zurück.

Geben Sie im Untermenü *Transform* der *Composite Controls* als Wert für die *Z-Position* 0 ein. Es wird automatisch ein neuer Keyframe gesetzt.

Springen Sie zum letzten Frame 300 in der Sequenz. Tragen Sie an dieser Stelle für *Z* den Wert 34.00 ein.

Damit diese Animation an die der Kamera angepasst wird, muss auch diese in der *Timeline* geglättet werden.

Selektieren Sie im erweiterten Layer *'boden'* die Eigenschaft für *Z-Position.*

Wählen Sie beide Keyframes aus und fügen Sie mit Rechtsklick auf einen dieser im Auswahlmenü *Ease Both* als Option für die Kurvenglättung hinzu.

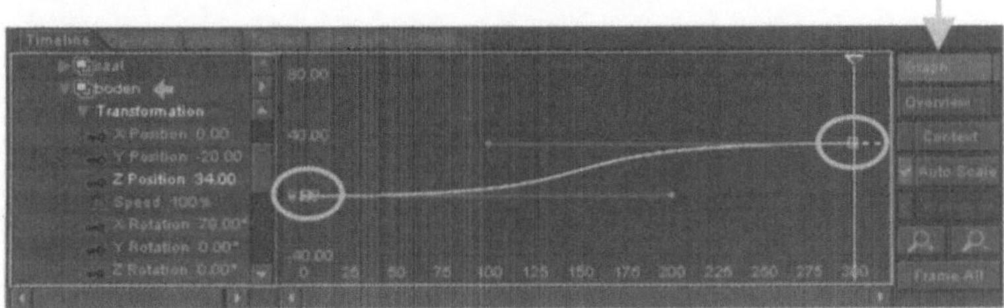

Abb. 3.4-33: Glättung der Animation der Z-Ebene in der *Timeline*

Verankern der Wolken als Hintergrund an die Kamera

Selektieren Sie im *Workspace* den Layer *'wolken'* und aktivieren Sie im Untermenü *Layer* der *Composite Controls* unter *Options* die Schaltfläche *Lock Orientation.*

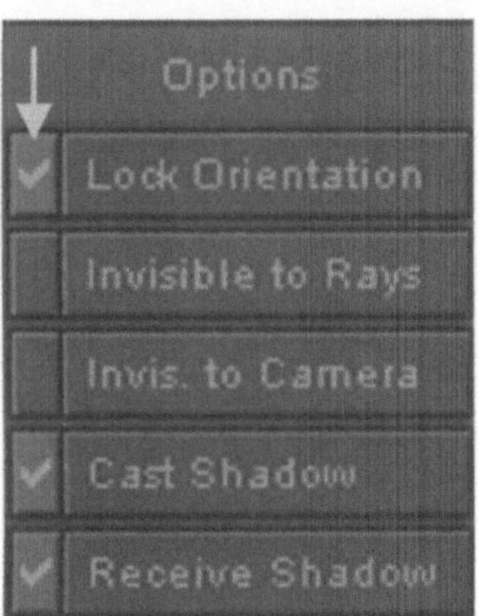

Abb. 3.4-34: *Lock Orientation*

Speichern Sie mit *File⇨Save Workspace as* das Projekt unter dem Dateinamen *'3D Composite'* ab.

Mit *File⇨Render* oder *STRG+R* kann die fertige Sequenz auch als Videodatei gerendert werden.

4 Paint

4.1 Lerneinheit 05

Person und Strasse

\\02 Paint\005 Person und Strasse

ca. 30 Minuten

Es wird in dieser Lerneinheit eine Person über eine stark befahrene Straße gehen. Dieses soll mit der Funktion *Reveal* des Painttools ermöglicht werden. Es wird eine Person aus einem späteren Zeitpunkt des Rohmaterials in einen früheren „durchgepaust", so dass es scheint, als wenn die Person bei starkem Verkehr die Strasse überquert. Als Weiteres werden Teile der Fahrbahnmarkierung nachgezeichnet.
Da der Schatten eines Autos eine Markierung zeitweise verdeckt, wird mit einer Auswahl und einer Farbkorrektur ein Schatteneffekt erzielt.

Benutzte Werkzeuge:
- *Painttool*
- Brusheinstellungen
- Option *Reveal* in *Paint*
- Auswahl, Farbkorrektur

Ziel dieser Lerneinheit

Es soll exemplarisch veranschaulicht werden, wie unterschiedliches Rohmaterial zusammengefügt werden kann. Voraussetzung ist, dass dieses aus der selben Kameraposition aufgenommen wurde. Mit unterschiedlichen Rohmaterialien und abweichenden Kamerapositionen können individuelle Effekte erzielt werden.

Erstellen eines neuen Workspaces

Erzeugen Sie mit *File⇨New* einen neuen *Workspace* mit den Einstellungen:

Type	Composite
Name	person und strasse
Format Options	PAL DV
Duration	80
Bit Depth	8 bit
Mode	2D

Importieren Sie mit *File⇨Import Footage* aus dem Unterverzeichnis *'strasse und person'* die Sequenz *'strasse und person[####].png'*. Die Sequenz ist deutlich länger als die gewählte Länge des *Workspaces*. In dem nicht sichtbaren Abschnitt befindet sich das Rohmaterial mit der Person, welches in den Vorderen reproduziert werden soll.

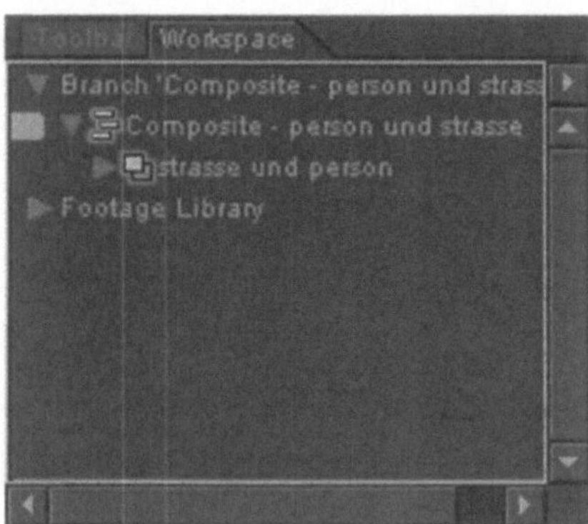

Abb. 4.1-1: Importierte Sequenz im *Workspace*

Im *Viewport* erscheint der neue Layer, der in den Frames 0-80, die Sequenz mit einer belebten Strasse beinhaltet.

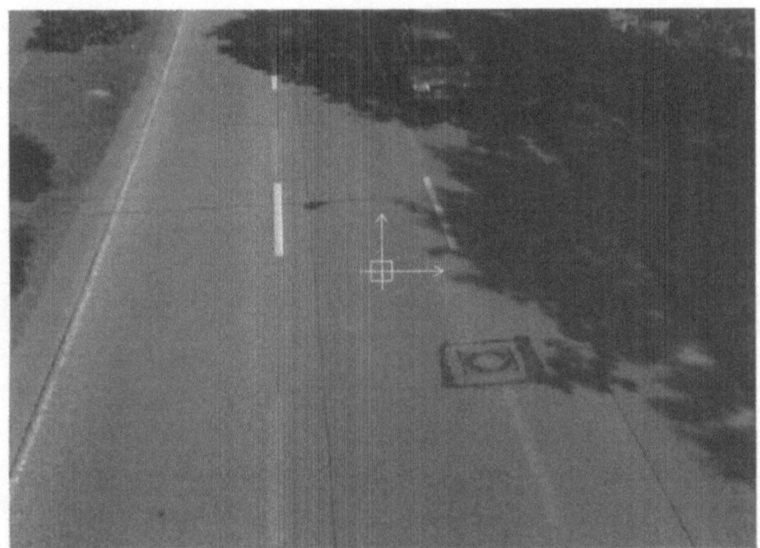

Abb. 4.1-2: Ansicht des importierten Layers im *Viewport*

Hinzufügen eines *Paint* Operators

Fügen Sie zu diesem neuen Layer einen Operator *Paint* hinzu, der für das Reproduzieren genutzt werden soll. Führen Sie dieses mit Rechtsklick auf *'strasse und person'* und *Operators⇨Paint* durch.

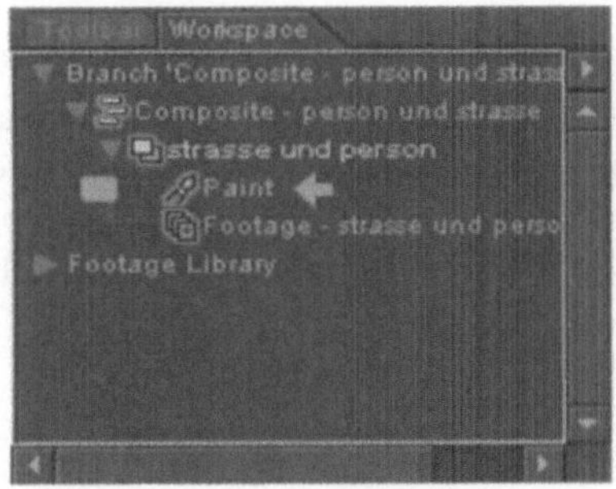

Abb. 4.1-3: Paintoperator

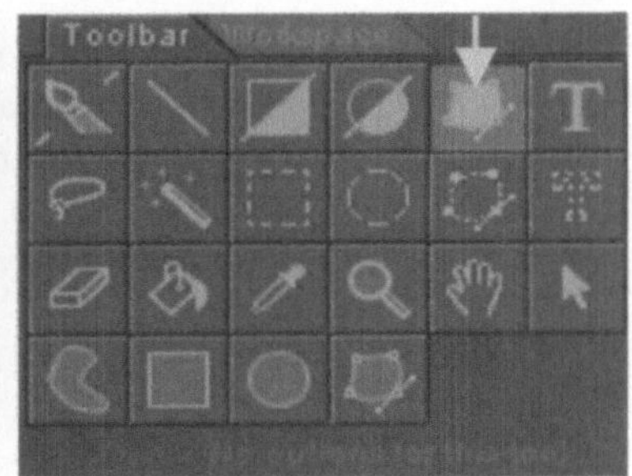

Abb. 4.1-4: *Filled Polygon Tool*

Selektieren Sie in der *Toolbar* das *Filled Polygon Tool* und zeichnen Sie im *Viewport* eine Fläche, wie sie in Abb. 4.1-5 dargestellt ist. Die Farbeinstellungen sind in diesem Fall unbedeutend, da der Pinsel als Auswahl dient und nicht in dieser Farbe deckend gezeichnet wird.

Die Fläche sollte etwa die Form, wie in Abb. 4.1-5 angezeigt, erhalten. Die Interpolation der verschobenen Kontrollpunkte bezieht sich auf die eingezeichnete Fläche.

Abb. 4.1-5: Erstellte Fläche mit dem *Filled Polygon Tool*

Ändern der Eigenschaften des Operators *Paint (Reveal Option)*

Die Option **Reveal** *kopiert Material aus einem anderen Zeitpunkt oder einer anderen Position in eine gezeichnete Fläche oder in eine Linie hinein.*

Die Fläche, die mit dem *Filled Polygon Tool* erstellt wurde, soll von einem späteren Abschnitt der Sequenz durchgepaust werden. Selektieren Sie im *Workspace* die gezeichnete Fläche *'Filled Polygon 1'* und wechseln Sie in die *Paint Controls*. Ändern Sie im Untermenü *Modes* die Eigenschaften der Füllfläche.

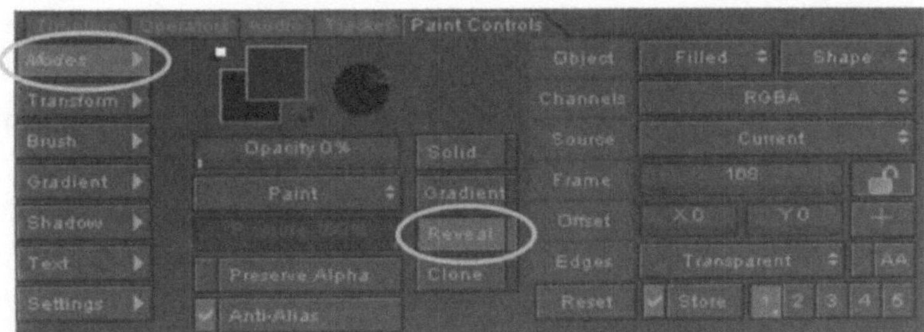

Abb. 4.1-6: *Paint Controls*, Einstellungen des *Reveal-Tools*

Es ist standardmäßig die Einstellung *Solid* angewählt. Selektieren Sie in diesem Fall die Option *Reveal*. Um die Durchpausquelle im *Viewport* anzuzeigen, drücken Sie die Taste *Alt*.

In den geöffneten Einstellungen für die Option *Reveal* tragen Sie folgende Werte ein:

Object	Filled / Shape
Channels	RGBA
Source	Current
Frame	168 (das Schlosssymbol öffnen)
Offset	X,Y : 0
Edges	Transparent

Die Dauer des gezeichneten Polygons variiert je nach Einstellung. In diesem Fall bleibt die Dauer 1 Frame. In jedem Fall sollte die Dauer auf 80 Frames angepasst werden, da ansonsten das Material nicht durchgepaust wird.

Wechseln Sie nun in das Menü *Timeline* und erweitern Sie den Operator *Paint*. Selektieren Sie da *'Filled Polygon 1'* und ändern die Länge auf den Frame 80. Mit der Maus kann, wie in Abb. 4.1-8 dargestellt, der Layer erweitert werden.

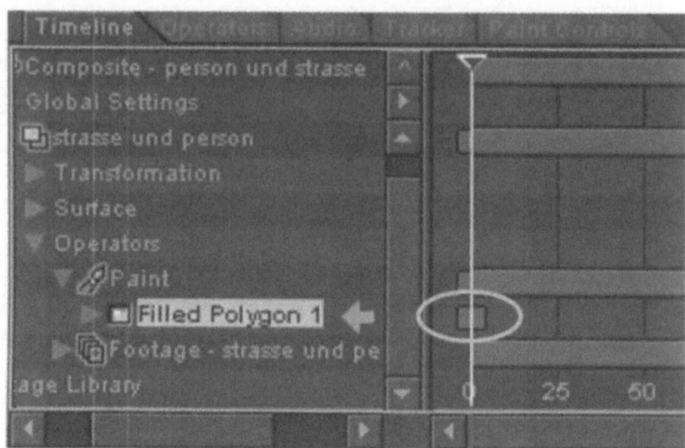

Abb. 4.1-7: *Filled Polygon 1* mit Länge 1 Frame

Abb. 4.1-8: Erweitern des Polygons bis zum Frame 80

Die Person erscheint innerhalb der gezeichneten Polygonfläche. Sobald die Sequenz abgespielt wird, wird die Person zwar in die Szene eingefügt, die Fläche verdeckt aber ungewünscht Objekte, die sichtbar bleiben sollen.

Abb. 4.1-9: Unerwünschtes Verdecken des Hintergrundes

Animation der Fläche *'Filled Polygon 1'*

Aktivieren Sie die Schaltfläche *Animate* und wählen Sie den Operator *Paint* mit Doppelklick an. Selektieren Sie das *'Filled Polygon 1'* aus und aktivieren in der *Toolbar* die Option *Edit Control Points*. Mit dieser Einstellung können die *Kontrollpunkte* der Polygonfläche einzeln verändert werden.

Ändern Sie die *Kontrollpunkte* des Polygons über die Zeit, indem Sie in der *Timeline* für eine Änderung vorwärts springen. Durch diese Arbeitsmethode werden automatisch Keyframes gesetzt und die Bewegung interpoliert. In den folgenden Abbildungen sind markante Punkte in der Veränderung des Polygons dargestellt.

Die Änderung der Fläche, sollte sehr genau erfolgen, da ab Frame 70 das Fahrzeug dicht an die Person heranfährt. Zur genaueren Anpassung der Fläche können neue Kontrollpunkte hinzugefügt werden.

Abb. 4.1-10a: Frame 5

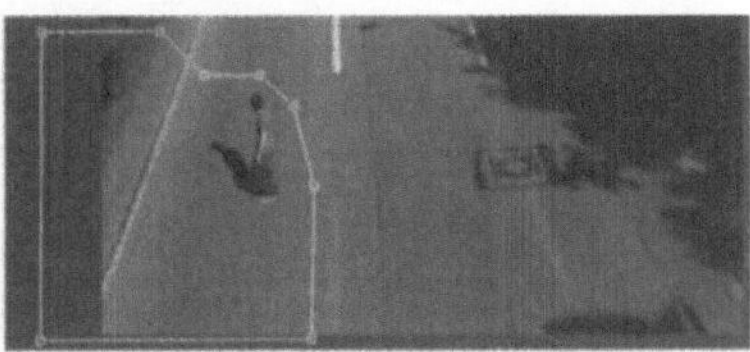

Abb. 4.1-10b: Frame 40

Abb. 4.1-10c: Frame 60

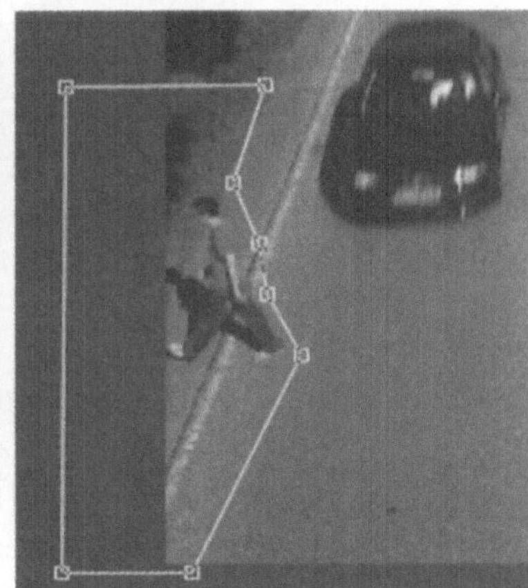

Abb. 4.1-10d: Frame 70

Abb. 4.1-10e: Frame 75

Je häufiger Keyframes hinzugefügt werden, desto höher ist ihre Anzahl in der **Timeline**.

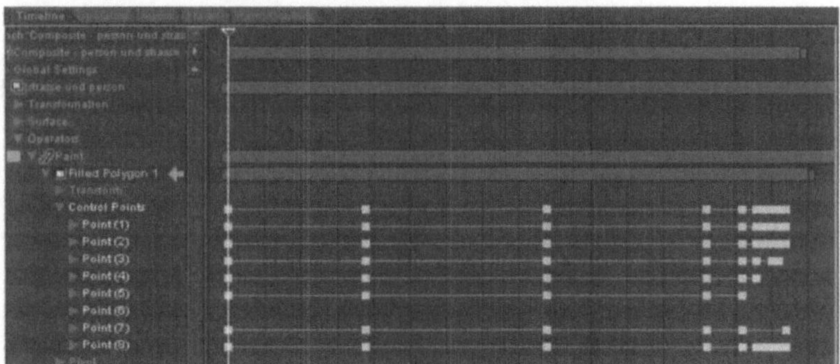

Abb. 4.1-11: hinzugefügte Keyframes in der *Timeline*

In der *Timeline* wurden für das *'Filled Polygon 1'* mehrere Keyframes hinzugefügt, als Beispiel an den Frames: 0, 19, 44, 66, 71, 73, 74, 75, 76, 77.

Diese Vorgaben sind nicht unbedingt einzuhalten. Das Polygon kann individuell animiert werden, nur so, dass keine Objekte ungewollt verdeckt werden.

Damit die Person auf der Strasse sanft eingeblendet wird, animieren Sie die Deckkraft des *'Filled Polygon 1'*.

Ändern Sie beim Frame 0 auf der Zeitleiste, in den *Paint Controls*, im Untermenü *Modes*, für *Opacity* den Wert auf `0%`. Gehen Sie in der *Timeline* 10 Frames vor. Stellen Sie an der neuen Position die *Opacity* auf `100%`. Deaktivieren Sie die Option *Animate*.

Hinzufügen von zwei neuen Paint Operatoren

Als weiteres sollen die Fahrbahnmarkierungen im Vordergrund der Szene nachgezeichnet werden. Für die linke ist dies unproblematisch, für die rechte Markierung etwas aufwendiger, da diese zeitweise von einem Schatten verdeckt wird. Dieses wird mit einer animierten Auswahl und einem *Color Correction Operator* verändert werden.

Erstellen Sie dazu in dem Layer *'strasse und person'* zwei *Paint* Operatoren. Benennen Sie diese in *'markierung rechts'* und *'markierung links'* um.

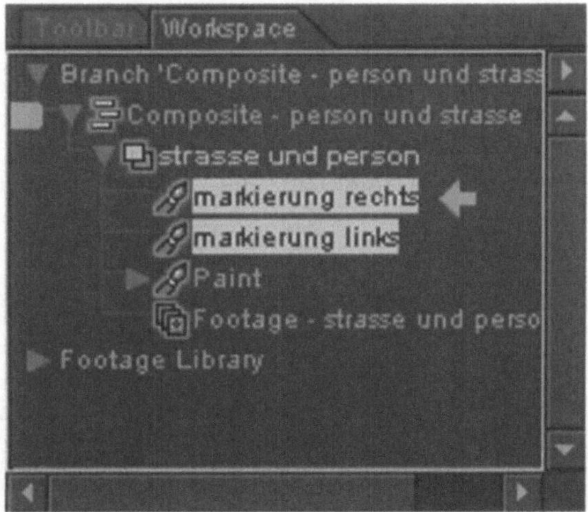

Abb. 4.1-12: umbenannte Paintoperatoren

Nachzeichnen der linken, vorderen Fahrbahnmarkierung

Selektieren Sie im *Workspace* den Operator *'markierung links'*. Wählen Sie in der *Toolbar* das *Polygon/Bezier Tool (stroked)* an und wechseln Sie in die *Paint Controls*.

Im Untermenü *Modes* ändern Sie den Wert für *Opacity* auf 85%. Nehmen Sie mit dem *Color Picker* aus der *Toolbar* die Farbe aus einer anderen Markierung auf. Als Beispiel: *Red* 79%, *Green* 83%, *Blue* 63%.

Wechseln Sie ins Untermenü *Brush*. In dieser Ansicht kann die Form und Art der Pinselspitze bearbeitet werden. Erstellen Sie einen rechteckigen Pinsel, der an den Kanten weich abfällt.

Shape	Rectangular
Width	13
Aspect	100%
Angle	0°
Spacing	13%

In der Ansicht neben den getätigten Einstellungen kann die Form der Pinselspitze verändert werden. Dort kann, wie von der Polygonkurve bekannt, durch Verändern der Kontrollpunkte die Form der Kurve und damit die Deckkraft variiert werden.

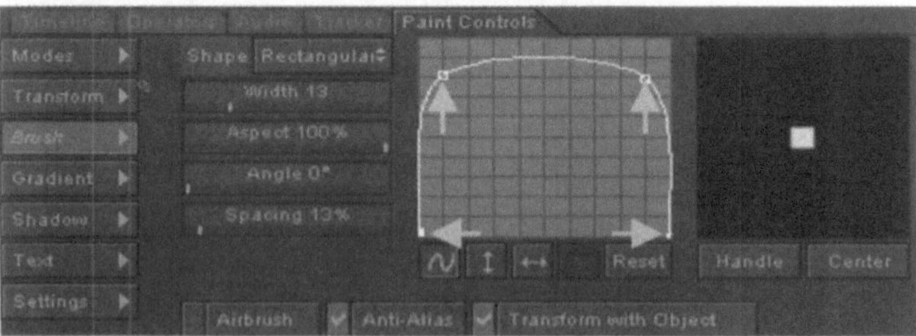

Abb. 4.1-13: Untermenü *Brush*

Zeichnen Sie mit angewähltem *Polygon Tool* die Markierung, wie in Abb. 4.1-14 gezeigt, nach.

Setzen Sie den oberen Kontrollpunkt nicht zu hoch an, da dieser sonst später die Person verdeckt.

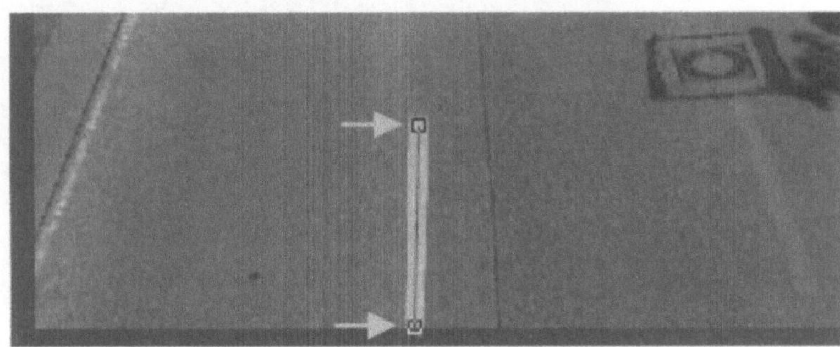

Abb. 4.1-14: Nachzeichnen der linken Fahrbahnmarkierung

Ergänzen von *Noise* und *Blur* zur gezeichneten Linie

Add Noise *fügt natürliches Rauschen zur Fahrbahnmarkierung hinzu.* **Box Blur** *zeichnet diese unscharf.*

Benennen Sie das neu erstellte Polygon im *Workspace* in *'links'* um. Um diese gezeichnete Linie dem leicht verrauschten Hintergrund anzugleichen, fügen Sie einen *Blur-* und einen *Noiseoperator* hinzu.

Fügen Sie mit Rechtsklick auf das Polygon *'links'* und *Blur/Sharpen*⇨*Box Blur* einen Unschärfeoperator hinzu. Stellen Sie in den *Box Blur Controls* für *Amount* einen Wert von `0.60` ein.

Als weiteren fügen Sie einen *Noise Operator* mit *Noise*⇨*Add Noise* hinzu. In den *Add Noise Controls* ändern Sie die folgenden Einstellungen:

Amount	`8%`
Monochrome	`aktiviert`
Type	`Uniform`
Animate	`aktiviert`
Clamp	`aktiviert`
Seed	`0.00`

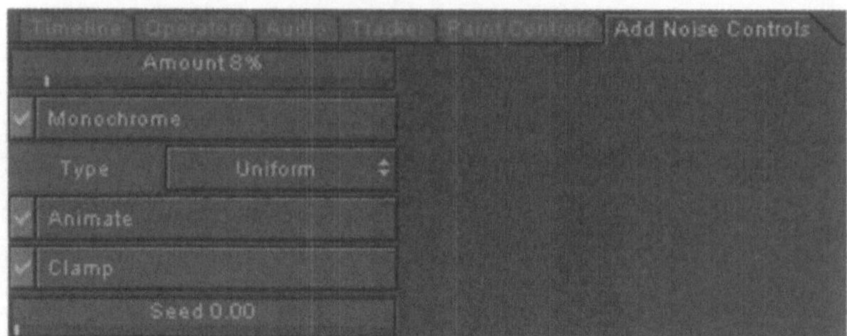

Abb. 4.1-15: *Add Noise Controls*

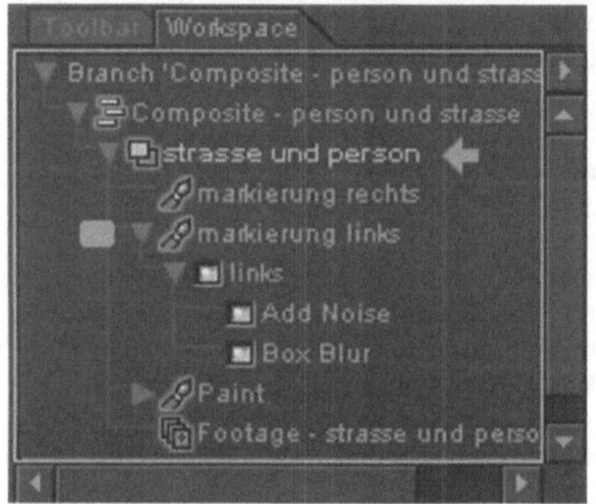

Abb. 4.1-16: Einstellungen für *'markierung links'*

Nachzeichnen der vorderen, rechten Fahrbahnmarkierung

Vergewissern Sie sich, dass, nachdem das **Color Picker Tool** *benutzt wurde, das* **Stroked Polygon Tool** *wieder angewählt wird.*

Gehen Sie bei dem Nachzeichnen für den rechten, vorderen Fahrbahnstreifen ähnlich wie bei dem linken vor. Zusätzlich muss für diese ein Schatten animiert werden.

Aktivieren Sie mit Doppelklick *'markierung rechts'* als aktuellen Operator.

Selektieren Sie in der *Toolbar* das *Stroked Polygon Tool* und wechseln Sie in die *Paint Controls.*

Ändern Sie im Untermenü *Modes* für die *Opacity* den Wert auf 57%. Selektieren Sie mit dem *Color Picker Tool* eine Farbe aus einer anderen Markierung im *Viewport.*

Als Alternative können Sie den Wert *Red:* 79%, *Green:* 83%, *Blue:* 63% direkt einstellen.

Wechseln Sie in das Untermenü *Brush* und modifizieren Sie die bestehenden Einstellungen.

Shape	Rectangular
Width	11
Aspect	100%
Angle	8°
Spacing	13%

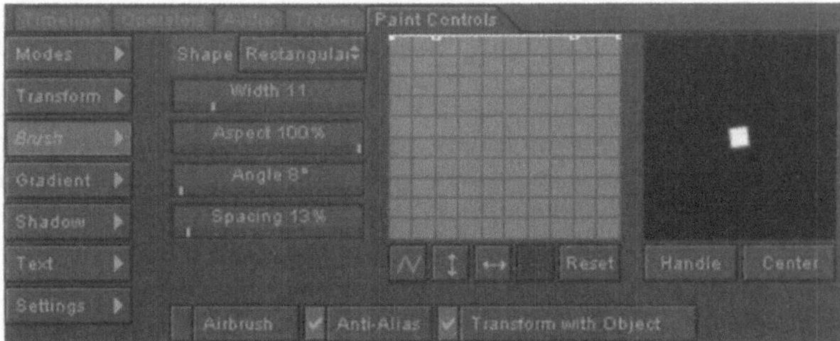

Abb. 4.1-17: Untermenü *Brush* der *Paint Controls*

Zeichnen Sie mit angewähltem *Stroked Polygon Tool* die rechte, vordere Fahrbahnmarkierung im *Viewport* nach.

Abb. 4.1-18: Nachgezeichnete Fahrbahnmarkierung

Ergänzung von *Blur*- und *Noise* zum gezeichneten Polygon

Alternativ zum Hinzufügen von neuen Operatoren, können die zuvor erzeugten in das Polygon **'rechts'** *hineinkopiert werden.*

Benennen Sie das neu gezeichnete Polygon in *'rechts' um*. Fügen Sie äquivalent zu der zuvor gezeichneten linken Markierung einen *Add Noise* und einen *Box Blur* Operator hinzu. Die Operatoren bekommen die gleichen Einstellungen, wie das Polygon *'links'*.

Erzeugen eines animierten Schattens

Ab dem Frame 26 wird die rechte Markierung von dem Fahrzeugschatten verdeckt. Die Fahrbahnmarkierung soll im Bereich des Schattens mit einer Auswahl und einem Farbkorrekturoperator abgedunkelt werden.

Fügen Sie im *Workspace* zum Layer *'strasse und person'* mit Rechtsklick und *Operators*⇨*Selections*⇨*Draw Selection* einen Auswahloperator hinzu. Benennen Sie diesen in *'auswahl'* um.

Gehen Sie auf der *Timeline* zum Frame 26.

Wählen Sie in der *Toolbar* das *Polygon/Bezier Selection Tool* aus und zeichnen Sie die Form des Schattens auf der Markierung, wie in Abb. 4.1-19 gezeigt, nach.

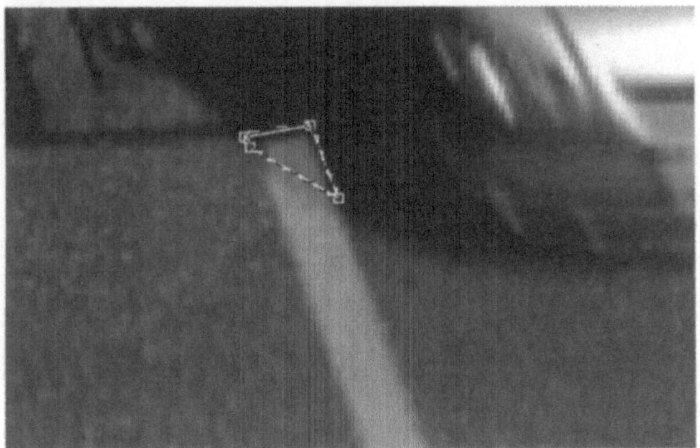

Abb. 4.1-19: gezeichnete Auswahl im *Viewport*

Aktivieren Sie die Option *Animate* und gehen Sie zum Frame 31. Vergrößern Sie, durch Ziehen der Kontrollpunkte, die Auswahl.

Abb. 4.1-20 Frame 31

Abb. 4.1-21 Frame 34

Gleichen Sie beim Frame 34 die oberen Punkte der Auswahl dem Verlauf des Schattens an (Abb. 4.1-21). Springen Sie zum Frame 40 und verkleinern Sie die Auswahl auf ein Minimum (Abb. 4.1-22).

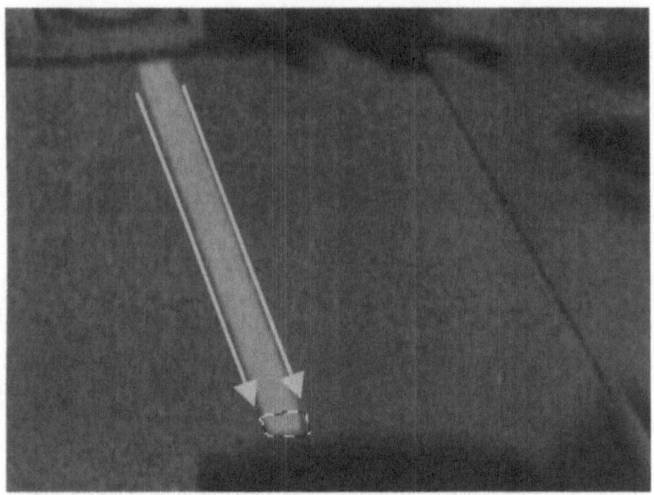

Abb. 4.1-22: Auswahl bei Frame 40

In der *Timeline* wurden durch das Verändern der Auswahl Keyframes hinzugefügt, mit deren Hilfe die Bewegung der Form interpoliert wird.

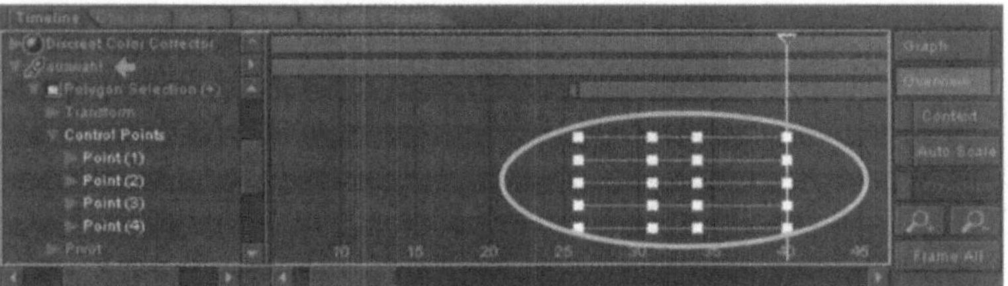

Abb. 4.1-23: Keyframes der Auswahl in der *Timelineansicht*

Deaktivieren Sie die Option *Animate* und wechseln Sie in das Untermenü *Modes* der *Selection Controls*. Ändern Sie den Wert für *Feather* auf 1. Selektieren Sie für den *Edge Gradient* die Option *In/Out* mit den Werten: *In*: 1, *Out*: 2.

Farbanpassung des Schattens

Fügen Sie im *Workspace* mit Rechtsklick auf *'strasse und person'* und *Operators⇨Color Corrector⇨Discreet CC Basics* einen Farbkorrekturoperator hinzu. Die Bereiche außerhalb der Auswahl bleiben von der Farbkorrektur unberührt.

Aktivieren Sie die Option *Animate* und wechseln in die *CC Basics Controls*. Im Farbtonbereich *Master* ändern Sie an verschiedenen Punkten der *Timeline* die Werte für *Gain* und *Gamma*. Gehen Sie auf der *Timeline* zum Frame 25:

Es müssen bei allen Positionen auf der **Timeline** *die Werte für* **RGB** *neu eingegeben werden, auch wenn diese dort bereits eingetragen sind. Ansonsten werden keine Keyframes hinzugefügt.*

Frame 25

	Gamma	*Gain*
RGB	1.00	100

Frame 26

	Gamma	*Gain*
RGB	0.38	64

Frame 39

	Gamma	*Gain*
RGB	0.38	64

Frame 40

	Gamma	*Gain*
RGB	1.00	100

Selektieren Sie im *Workspace* den Operator *Discreet CC Basics*. Wechseln Sie in die *Timelineansicht,* um die Einstellungen für die Interpolation zu ändern.

Erweitern Sie in der *Timelinansicht* den Zweig *Master* der *CC Basics* und selektieren Sie, mit gedrückter *STRG-Taste,* die Zweige *Gain* und *Gamma.*

Ändern Sie die Einstellung *Interpolation* auf *Cubic,* da *Bezier* in diesem Fall die Kurve verfälscht.

Falls bei dem Frame 0 zusätzliche Keyframes gesetzt wurden, entfernen Sie diese aus der **Timeline**.

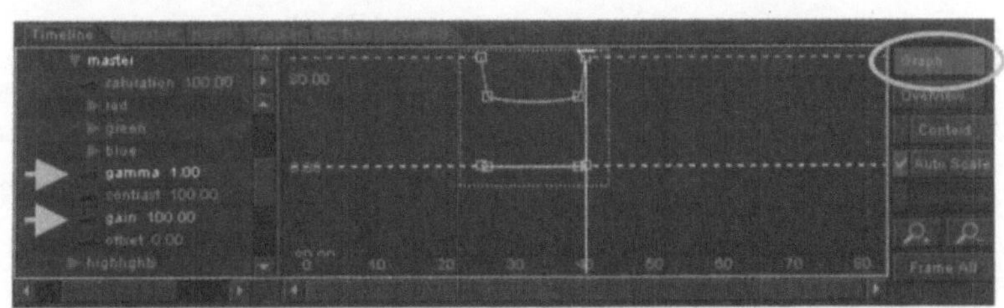

Abb. 4.1-24: Timelineansicht

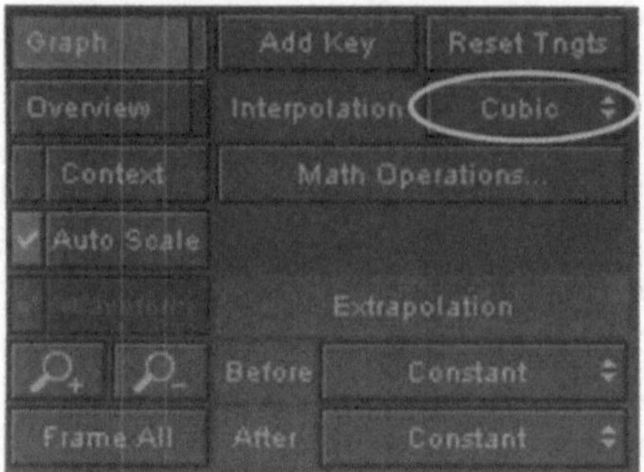

Abb. 4.1-25: Interpolation geändert auf *Cubic*

Abb. 4.1-26: Fertige Sequenz im *Viewport*

Speichern Sie den *Workspace* zum Abschluss mit *File⇨Save Workspace as* unter dem Namen *'person und strasse'* ab.

Die Szene kann auch mit *File⇨Render* als Videodatei gerendert werden.

4.2 Lerneinheit 06

Umgestalten

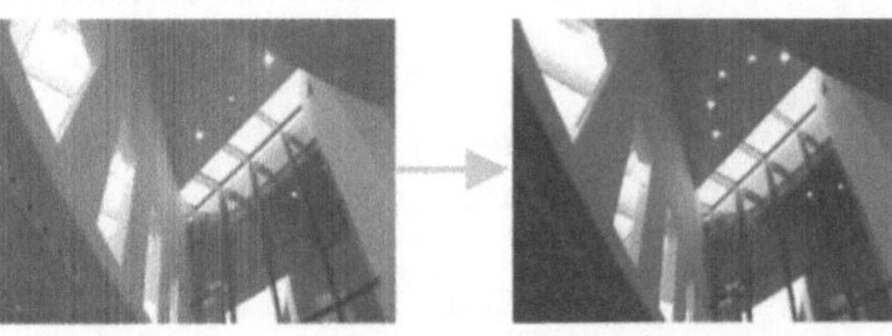

\\02 Paint\006 Umgestalten

ca. 40 Minuten

Es soll in dieser Lerneinheit die Ansicht und der „Look" einer Halle verändert werden. Als Beispiel wird von einem fiktiven Auftraggeber vorgegeben, dass eine Umgestaltung vorgenommen werden soll. Das Erscheinungsbild soll kontraststärker, die Farbstimmung soll ins orange/grünliche geändert werden, so dass ein leicht künstlicher Effekt entsteht.

Weiterhin soll anstatt der drei Strahler in der Mitte des Bildes eine Rundbogenanordnung von fünf von diesen erstellt werden, wobei die zwei Äußeren beibehalten werden können. Links unten im Bild sollen die schwarzen Löcher in der Wand, der Strahler links unten, entfernt und der Bereich etwas abgedunkelt werden. Das Fenster an der linken Seite sollte nach links heraus etwas erweitert wirken.

Benutze Werkzeuge:
- *Painttool*
- *Clone* Option
- *Color Shift, Magic Wand Tool*
- *Selection Tool, Mirror Tool*

Ziel dieser Lerneinheit

Es sollen in dieser Lerneinheit Übungen vermittelt werden, um Objekte mit *Paintoperatoren* in einer Sequenz zu entfernen oder zu vervielfältigen. Den Gesamteindruck eines Raumes zu verändern, stellt ein wichtiges Aufgabenfeld im Bereich Compositing und Paint dar.

Erstellen eines neuen Workspaces und Import von Rohmaterial

Erstellen Sie mit *File⇨New* einen neuen *Workspace* mit den Eigenschaften:

Type	Composite
Name	umgestalten
Format Options	PAL DV
Duration	40
Bit Depth	8 bit
Mode	2D

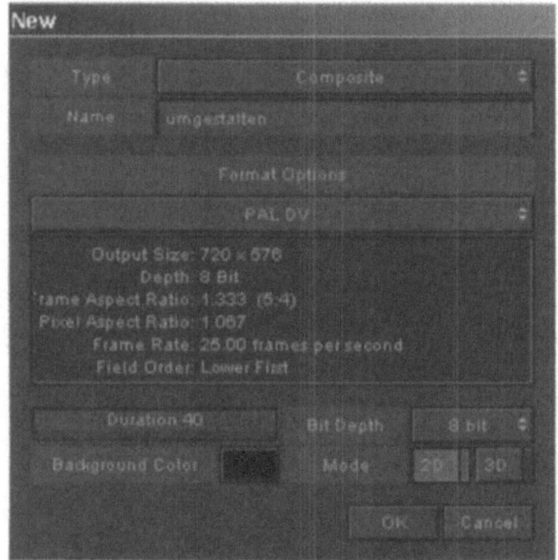

Abb. 4.2-1: Workspaceeinstellungen

Importieren Sie in den neu erstellten *Workspace* mit *File⇨Import Footage* die Sequenz *'halle[####].png'* aus dem Unterordner *'halle'*. Benennen Sie den neu importierten Layer in *'halle'* um.

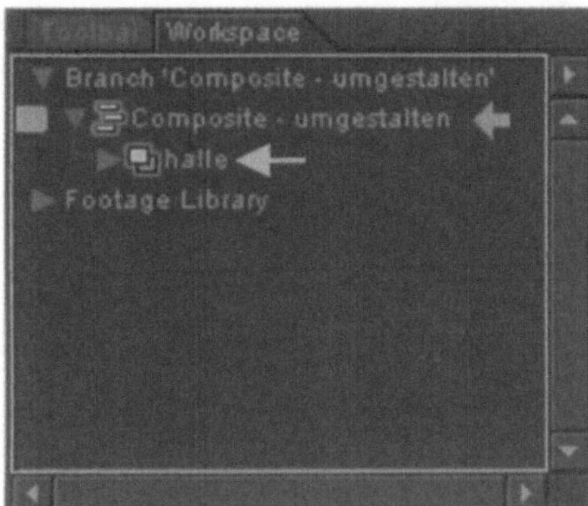

Abb. 4.2-2: Umbenannter Layer im *Workspace*

Abb. 4.2-3: Ansicht des Layers im *Viewport*

Abdunklung des linken unteren Bildbereichs

Fügen Sie mit Rechtsklick auf den Layer *'halle'* und *Operators⇨Paint* einen *Paint Operator* hinzu. Benennen Sie diesen in *'magic wand'* um.

Der Wert für **Tolerance** *muss vor der Benutzung des* Magic Wand **Selection Tools** *in der* **Toolbar** *eingetragen werden. Später eingetragene Werte wirken sich nicht auf schon eingesetzte Werkzeuge aus.*

Selektieren Sie in der *Toolbar* das *Magic Wand Selection Tool* und ändern den Wert für *Tolerance* auf 15%.

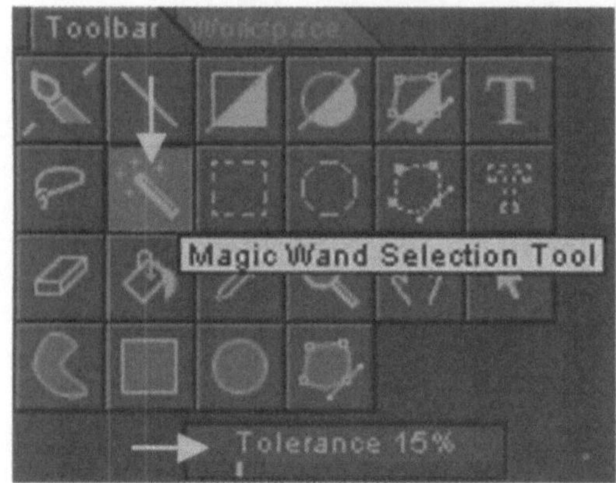

Abb. 4.2-4: *Magic Wand Selection Tool*

Der Kombinationsmodus der Masken sollte in **Add** *geändert werden, soweit dieser nicht schon standardmäßig auf dieser Eigenschaft eingestellt ist.*

Klicken Sie im *Viewport*, mit angewähltem *Magic Wand Selection Tool*, in den Bereich unterhalb der dunkleren Hohlräume in der Wand, wie in Abb 4.2-3 dargestellt.

Die dadurch dargestellte Auswahl ist im mittleren Bereich noch unterbrochen. Ändern Sie aus diesem Grund im Untermenü *Modes* der *Paint Controls* den Wert für *Feather* auf 17.

Je nach ausgewähltem Bereich sollte der Wert für die Eigenschaft **Feather** *individuell angepasst werden, bis dieser innen geschlossen ist (Abb. 4.2-5).*
Die Option **Feather** *glättet die Kanten der Polygonauswahl oder –maske.*

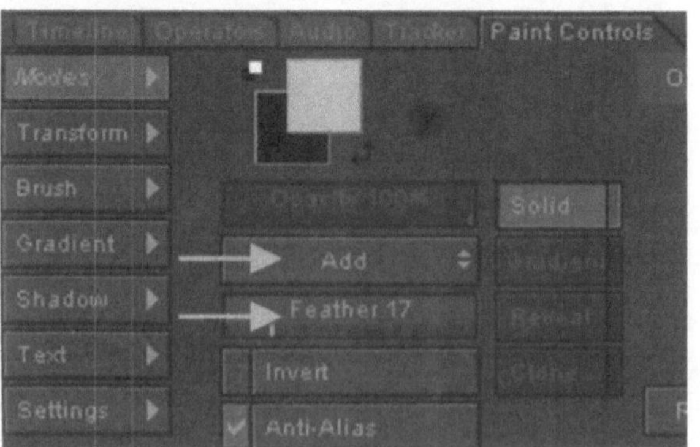

Abb. 4.2-5: Ändern des Wertes für *Feather*

Um den Bereich abzudunkeln, fügen Sie, mit Rechtsklick auf den Zweig *'Magic Wand (+)'* und *Color Correction ⇨ Gamma/ Pedestal/Gain* einen Farbkorrekturoperator hinzu.

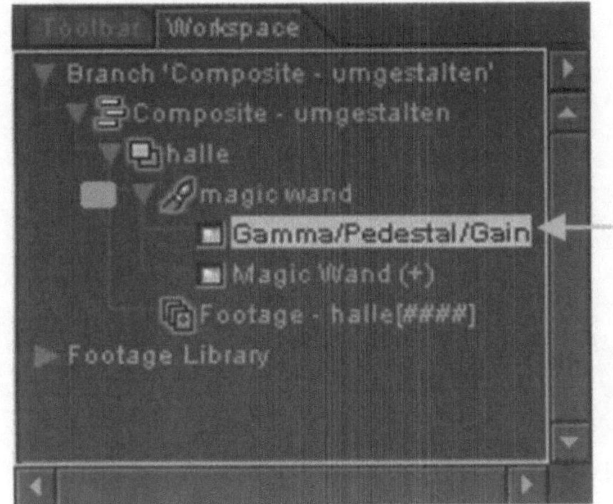

Abb. 4.2-6: Hinzugefügter Operator

Wechseln Sie in die *Magic Wand Controls* und stellen Sie für die Abdunkelung der Schräge folgendes ein:

Gamma	0.90
Pedestal	0.10
Gain	0.70

Abb. 4.2-7: Einstellungen des Gamma/Pedestal/Gain Operators

Abb. 4.2-8: Ansicht der Auswahl mit aktiviertem Operator

Entfernen der Öffnungen aus dem abgedunkelten Bereich

Fügen Sie mit Rechtsklick auf den Layer *'halle'* und *Operators⇨Paint* einen Paintoperator hinzu und benennen Sie diesen in *'öffnungen entfernen'* um.

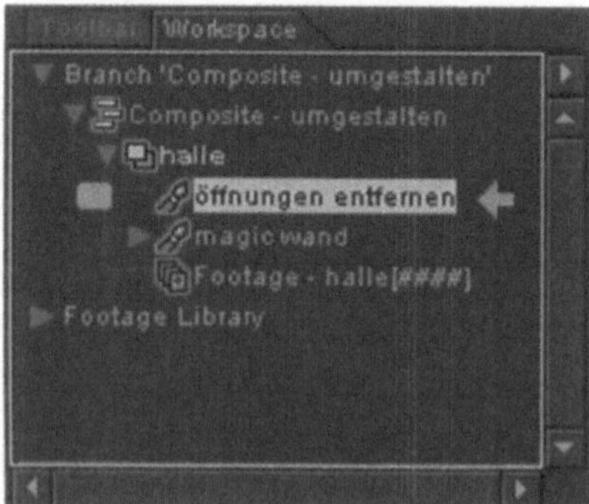

Abb. 4.2-9: Umbenannter neuer Operator

Ziehen Sie den neu erstellten Layer *'öffnungen entfernen'* im *Workspace* unter den Layer *'magic wand'*.

Wechseln Sie in die *Toolbar* und wählen Sie das *Freehand Tool (stroked)* aus. Ändern Sie im Untermenü *Brush* der *Paint Controls* die Pinselgröße. Zu Beginn ist *Diameter* 18 geeignet. Etwa ab der Hälfte kann auf *Diameter* 14 - 13 reduziert werden.

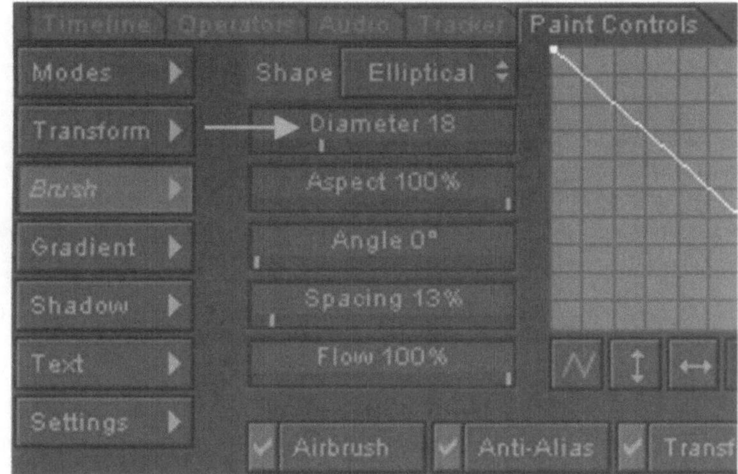

Abb. 4.2-10: Einstellungen für die Form des Pinsels

Mit der Option **Clone** *kann, wie mit einem Stempelwerkzeug, ein Bereich aus dem Bild herauskopiert und an eine andere Position in der Sequenz eingefügt werden.*

Aktivieren Sie im Untermenü *Modes* der *Paint Controls* die Option *Clone*, um die Öffnungen zu schließen (Abb. 4.2-12).

Bestimmen Sie dazu unter *Position* eine *Clonequelle*.

Klicken Sie auf das Fadenkreuz bei *Position* und bestimmen Sie, durch Klicken mit dem Mauszeiger, der die Form eines gelben Fadenkreuzes annimmt, auf die anvisierte Stelle im *Viewport*, eine *Clonequelle*.

Selektieren Sie für jede weitere Öffnung einen neuen Pinsel und eine neue Quelle für den **Clone** *Operator.*

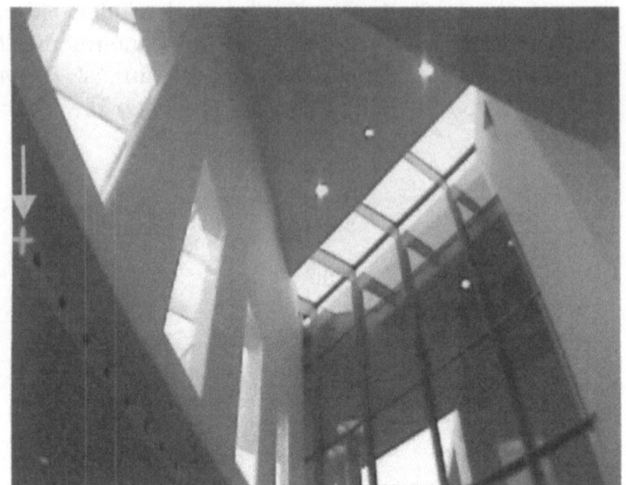

Abb. 4.2-11: *Viewport* mit Clonequellenposition (gelbes Kreuz)

Zeichnen Sie mit dem angewähltem *Freehand Tool (stroked)* über die erste Öffnung rechts neben dem gelben Kreuz, wie in Abb 4.2-11 dargestellt.

Der Pinsel nutzt als Deckfarbe, die Quellfarbe des Clonepositionszeigers.

Die Darstellung der Mausposition befindet sich im linken unteren Bildschirmrand unter dem **Workspace**.

Beispielpositionen für die Öffnungen von links nach rechts (*Brush Strokes* 1-4)

Position Clone:

Öffnung 1	X: 8	Y: 271
Öffnung 2	X: 36	Y: 320
Öffnung 3	X: 63	Y: 359
Öffnung 4	X: 92	Y: 407

Für die weiteren Öffnungen sollte in der selben Weise verfahren werden, bis alle verdeckt sind.

Es ist darauf zu achten, dass bei neu erstellten **Operatoren** *nicht ungewünschte Einstellungen in anderen Untermenüs übernommen werden. Dies sollte auch in den anderen Lerneinheiten überprüft werden.*

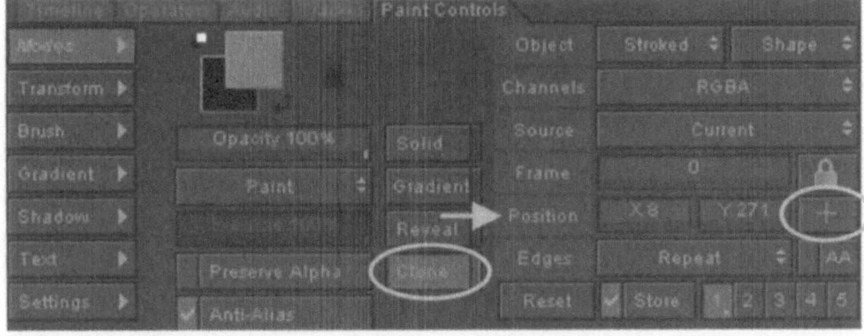

Abb. 4.2-12: *Clonetool* in den *Paint Controls* (hier für Öffnung 1)

Für diese und alle folgenden Einsätze mit dem **Freehand Brush Tool** *empfiehlt sich eine starke Vergrößerung der Ansicht im* **Viewport** *zu wählen.*

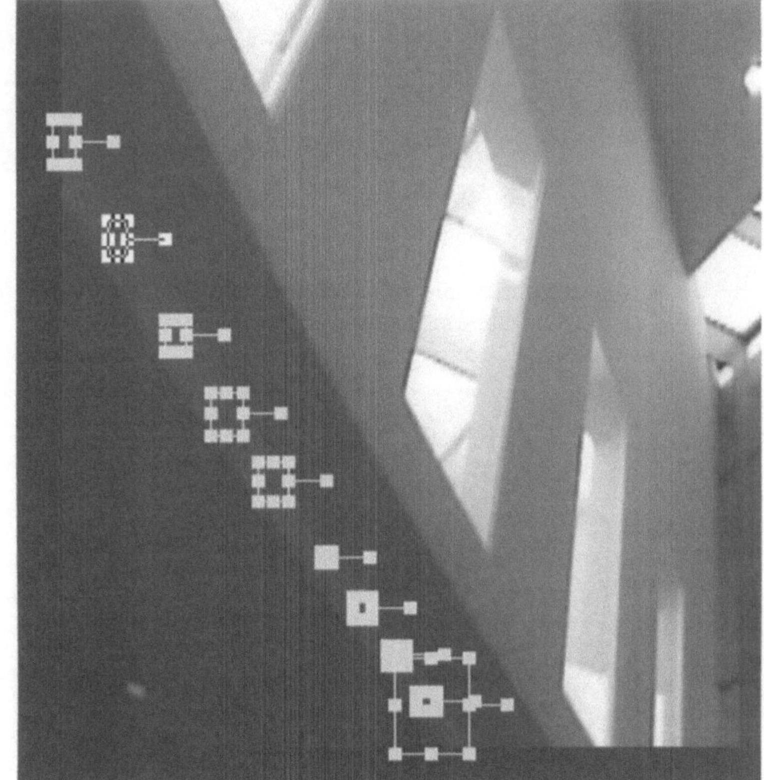

Abb. 4.2-13: Mit dem *Clonetool* überzeichnete Öffnungen

Entfernen von Schatten

Fügen Sie mit Rechtsklick auf den Layer *'halle'* und *Operators⇨Paint* einen weiteren *Paintoperator* hinzu und benennen Sie diesen in *'schatten von Öffnungen entfernen'* um.

Selektieren Sie in der *Toolbar* das *Polygon/Bezier Selection Tool.*

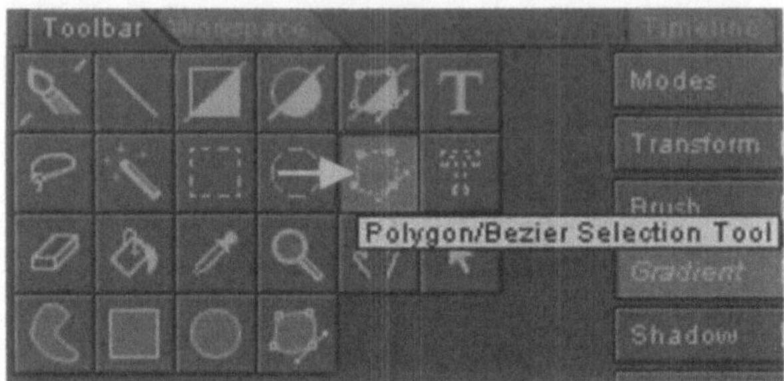

Abb. 4.2-14: *Polygon/Bezier Selection Tool*

Zeichnen Sie im *Viewport*, wie in Abb. 4.2-15 dargestellt, eine Auswahl um die angrenzende Schräge.

Später hinzugefügte Operatoren wirken sich nur auf die Fläche der Auswahl aus

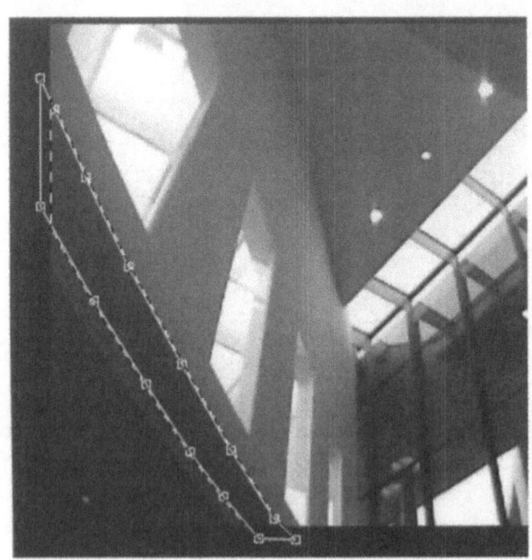

Abb. 4.2-15: Gezeichnete Auswahl im *Viewport*

Wechseln Sie in das Untermenü *Gradient* der *Paint Controls* und aktivieren die Einstellung *Edge Gradient*. Ändern Sie die Option auf *In/Out* und tragen Sie bei *Out* den Wert 5 ein.

Mit **Edge Gradient** *laufen die Kanten der Auswahl weich aus. Mit der Option* **Out** *vergrößert sich dadurch die Auswahl proportional mit.*

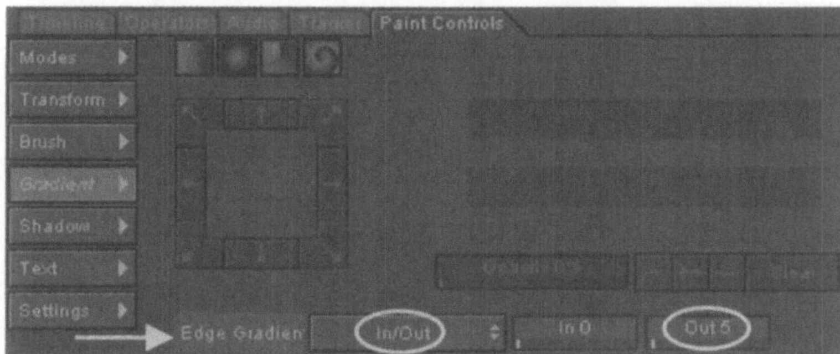

Abb. 4.2-16: Einstellen des Kantengradienten

Selektieren Sie mit Rechtsklick im *Workspace* die *Polygon Selection* und fügen Sie im geöffneten Auswahlfenster mit *Color Correction*⇨*Brightness/Contrast* einen Farbkorrekturoperator hinzu.

Tragen Sie in den *Brightness/Contrast Controls* für *Brightness* -11% und für den *Contrast* -50% ein.

Abb. 4.2-17: Brightness/Contrast Controls

Entfernen zweier Strahler aus dem *Viewport*

Es sollen als nächstes zwei Beleuchtungen aus dem Bild entfernt werden.

Fügen Sie dafür mit Rechtsklick auf den Layer *'halle'* und *Operators*⇨*Paint* einen weiteren *Paintoperator* hinzu. Benennen Sie diesen in *'objekte entfernen'* um.

Um einen Paintknoten zu aktivieren muss dieser im **Workspace** *mit Doppelklick angewählt werden. Ansonsten stehen in der* **Toolbar** *die geeigneten Werkzeuge nicht zur Verfügung.*

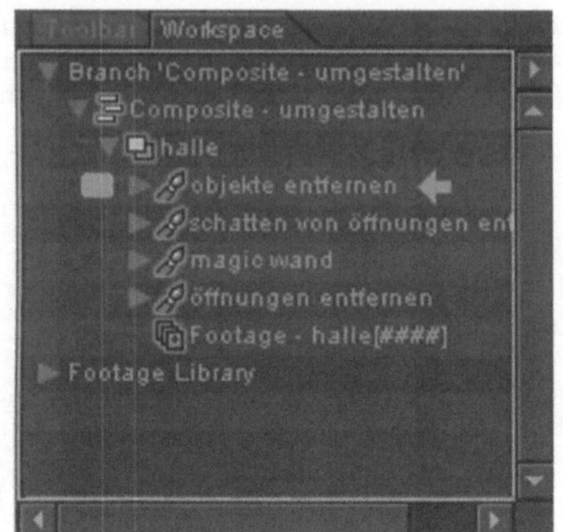

Abb. 4.2-18: Umbenannter Layer *'objekte entfernen'*

Überzeichnen Sie wie beim Entfernen der Öffnungen die zwei Strahler mit dem *Clone-Tool.* Jeder Strahler mit einem neuen Pinsel. Wählen Sie dazu in der *Toolbar* das *Freehand Tool* aus und aktivieren Sie im Untermenü *Modes* der *Paint Controls* die Option *Clone.*

Mit der Eigenschaft *Position* muss für jeden Strahler eine neue *Clone-Quelle* bestimmt werden.

Strahler Mitte oben	X: 402	Y: 174
Strahler links unten	X: 22	Y: 528

Ändern Sie im Untermenü *Brush* die Einstellung *Diameter* auf 14, um eine genügend große Fläche überzeichnen zu können.

Zeichnen Sie mit jeweils einem neuen *Freehand Tool* und der neu zugeordneten Clonequellenfarbe über die zwei Strahler, bis diese verdeckt sind.

Für die Entfernung der Strahler können für jeden auch mehrere Pinselstriche angesetzt werden, bis das Ergebnis zufriedenstellend ist.

Abb. 4.2-19: Entfernung der Strahler mit dem Clone-Tool

Entfernen einer Spiegelung

In der Glasscheibe ist die Spiegelung des entfernten Strahlers noch vorhanden. Diese soll nun auch mit dem *Clonetool* überzeichnet werden.

Es ist nicht nötig, so viele Paintknoten zu erzeugen. Dies kann aber dazu beitragen, eine bessere Übersicht zu erhalten.

Fügen Sie mit Rechtsklick auf den Layer *'halle'* und *Operators⇨Paint* einen weiteren *Paintoperator* hinzu und benennen Sie diesen in *'spiegelung entfernen'* um.

Wechseln Sie in das Untermenü *Brush* der *Paint Controls* und ändern Sie den Wert für *Diameter* auf 5. Aktivieren Sie im Untermenü *Modes* die Option *Clone*.

Abb. 4.2-20: Lokalisation der Spiegelung

Die Spiegelung befindet sich teilweise auf der Glasscheibe und auf dem Metallrahmen (s. Abb. 4.2-21). Aus diesem Grund benötigen Sie zwei Pinselstriche mit zwei unterschiedlichen *Clonequellen.*

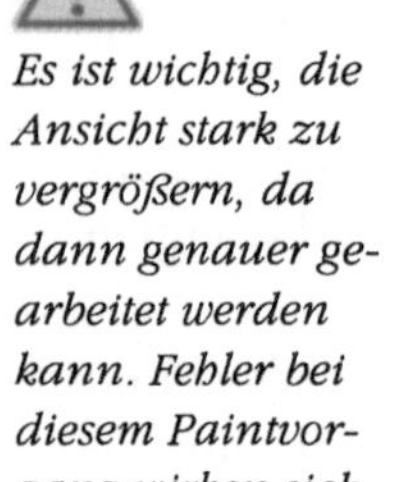

Es ist wichtig, die Ansicht stark zu vergrößern, da dann genauer gearbeitet werden kann. Fehler bei diesem Paintvorgang wirken sich negativ auf das Gesamtbild aus.

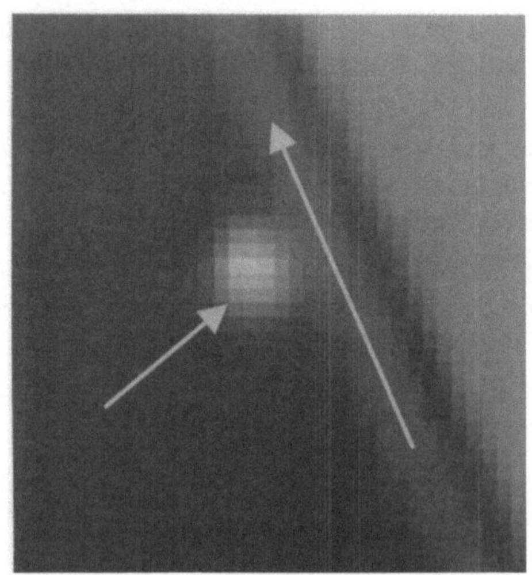

Abb. 4.2-21: Detailansicht der Spiegelung (DVD)

Wählen Sie für die Spiegelung in der Glasscheibe eine *Clonequelle* links neben dieser und zeichnen Sie sorgfältig mit dem *Freehand Tool* bis an die Metallkante heran.

Beispielclonequelle	X: 584	Y: 298

Selektieren Sie für den Metallrahmen eine neue *Clonequelle*. Jetzt liegt diese auf dem Metallrahmen. Zeichnen Sie mit einem neu angewählten *Freehand Tool* und neu eingegebener *Clonequelle* entlang dem Metallrahmen, so dass die Verfärbung der Spiegelung verschwindet.

Beispielclonequelle	X: 603	Y: 295

In der Abb. 4.2-22 sind die Pinselstriche als zusammenhängende Objekte ausgewählt. Bei dem Zeichnen der Striche werden die Linien als Polygone dargestellt.

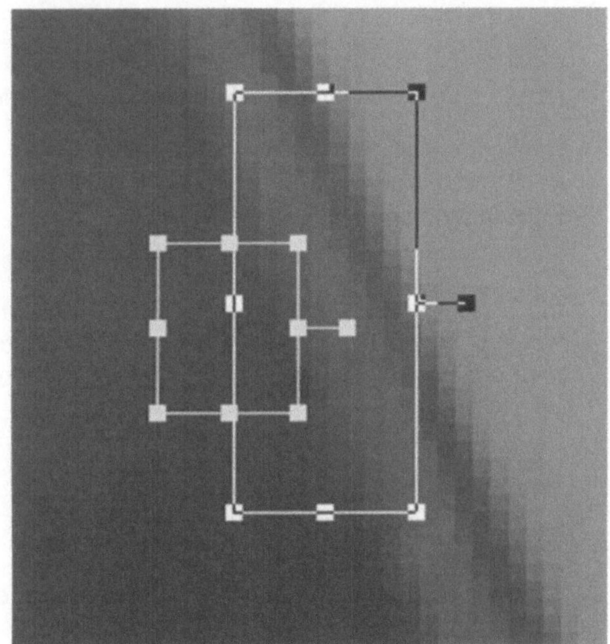

Abb. 4.2-22: Entfernte Spiegelung (DVD)

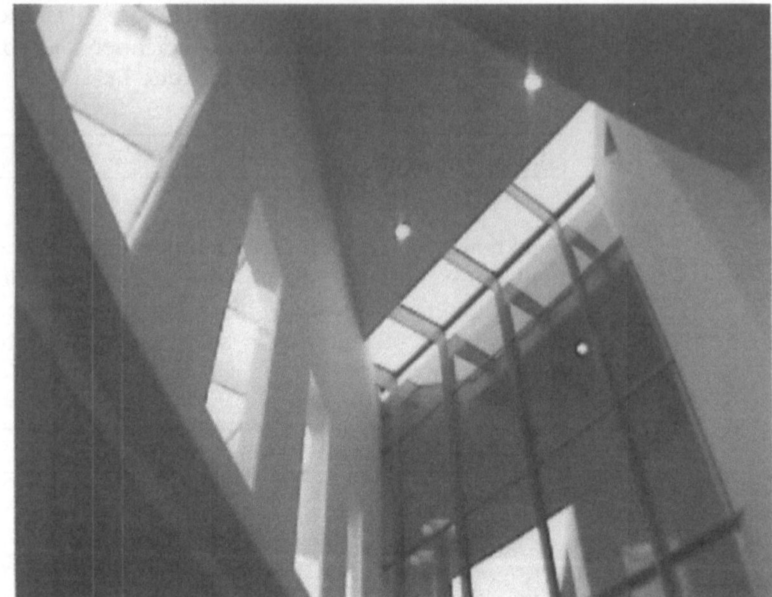

Abb. 4.2-23: derzeitige Ansicht nach dem Entfernen der Strahler

Um mit einem Pinselstrich das gewünschte Ergebnis zu erzielen, ist es ratsam, eine etwas größere Pinselstärke **(Diameter bzw. Size)** *zu wählen.*

Hinzufügen von neuen Strahlern

Als nächster Schritt sollen drei Strahler als Rundbogen ergänzt werden. Fügen Sie mit Rechtsklick auf den Layer *'halle'* und *Operators⇨Paint* einen neuen *Paintoperator* hinzu und benennen Sie diesen in *'strahler hinzufügen'* um.

Selektieren Sie in der *Toolbar* das *Freehand Tool (stroked)* und aktivieren Sie im Untermenü *Modes* der *Paint Controls* die Option *Clone.*

Es soll nun mit dem *Clone-Tool* kein Objekt entfernt, sondern hinzugefügt werden.

Ändern Sie im Untermenü *Brush der* Paint Controls den Wert für *Diameter* auf den Wert 27.

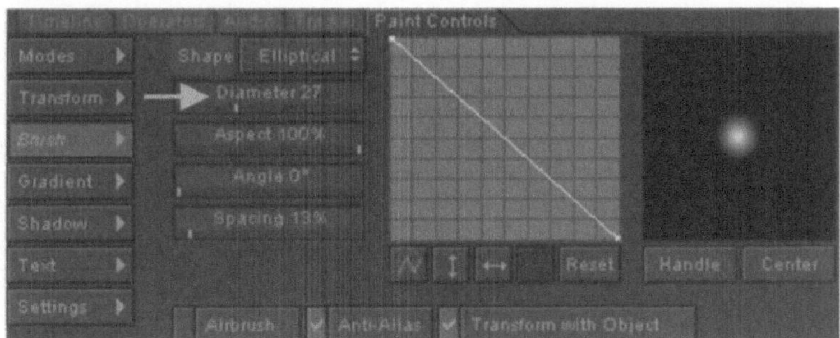

Abb. 4.2-24: Untermenü Brush der *Paint Controls*

Die Einstellungen im Untermenü *Brush* bleiben für alle drei Strahler, die neu hinzugefügt werden, gleich.

Bestimmen Sie im Untermenü *Modes*, mit angewähltem *Freehand Tool*, in den *Clone-Tools* die *Position* der Clonequelle.

Die Quelle soll der Strahler links darstellen. Selektieren Sie mit dem Fadenkreuz die Position im *Viewport*.

Beispielposition	X: 368	Y: 220

Diese Position wird für alle drei Strahler benötigt.

Die Ellipse kann mit dem **Ellipse Tool** *aus der* **Toolbar** *im* **Viewport** *erzeugt werden.*

Um mit den Strahlern einen Rundbogen anzuordnen, kann mit einer Ellipse eine Hilfslinie erstellt werden. Auf dieser Linie können Sie nun die Strahler positionieren.

Abb. 4.2-25: Hilfsellipse zur Positionierung der Strahler

Als Beispielpunkte können für die Strahler die folgenden Werte angenommen werden:

strahler 01	X: 358.00	Y: 159.00
strahler 02	X: 379.00	Y: 104.00
strahler 03	X: 433.00	Y: 74.00

Jeder Strahler wird an der gewählten Position mit einem Mausklick gesetzt.

Entfernen Sie die Hilfsellipse nach dem Positionieren der Strahler, da diese nicht mehr benötigt wird.

Die in den Rändern der hinzugefügten Strahler enthaltenen Unreinheiten werden später mit Hilfe eines **Paintoperators** *ausgeglichen.*

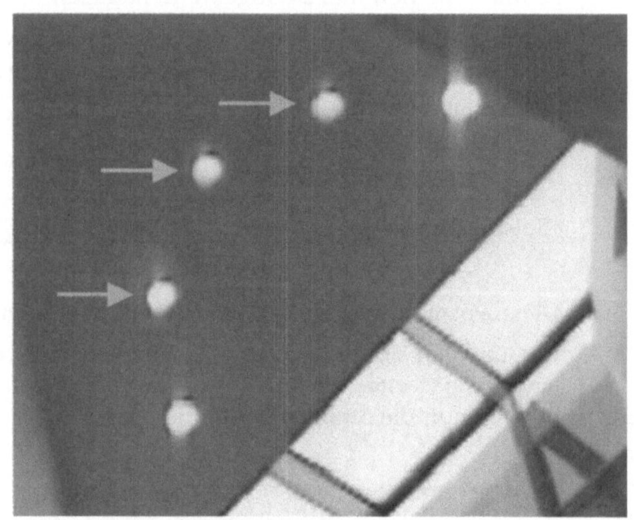

Abb. 4.2.-26: Hinzugefügte Strahler

Hinzufügen einer Spiegelung

In der Glasscheibe, in der zuvor eine Spiegelung entfernt wurde, muss nun eine neue hinzugefügt werden.

Der zweite Strahler von links sollte sich in dieser spiegeln. Die übrigen Strahler werden von der Glasscheibe nicht reflektiert.

Fügen Sie mit Rechtsklick auf den Layer *'halle'* und *Operators⇨Paint* einen weiteren *Paintoperator* hinzu und benennen Sie diesen in *'spiegelung hinzufügen'* um.

Selektieren Sie in der *Toolbar* ein weiteres *Freehand Tool* mit aktivierter Option *Clone*. In diesem Fall soll die schon vorhandene Spiegelung in der Scheibe als *Clonquelle* genutzt werden. Diese kann wieder mit dem Fadenkreuz aus der Option *Position* bestimmt werden, oder es können die vorgegebenen Werte eingetragen werden.

Beispielquellposition	X: 539	Y: 333

Ändern Sie im Untermenü *Brush* den Wert für *Diameter* auf 14 und fügen Sie mit angewähltem *Freehand Tool* die Spiegelung hinzu.

Zeichnen Sie den Strahler mit kleinen Kreisbewegungen ein. Die Position liegt in der parallelen Verlängerung des zweiten Strahlers.

Beispielquellposition	X: 595	Y: 318

Die in Abb. 4.2-27 dargestellten Geraden sind Hilfslinien zur Verdeutlichung der Position der Spiegelung.

Abb. 4.2-27: Hinzugefügte Spiegelung (DVD)

Gestaltung der Randbereiche der Strahler

Fügen Sie mit Rechtsklick auf den Layer *'halle'* und Operators⇨Paint einen weiteren *Paintoperator* hinzu und benennen Sie diesen in *'unschärfe'* um.

Wählen Sie in der *Toolbar* das *Freehand Tool* an und ändern Sie im Untermenü *Brush* der *Paint Controls* die Einstellung *Diameter* auf 12. Wählen Sie im Untermenü *Modes* den Zeichenmodus *Blur* aus und stellen Sie den Wert für *Opacity* auf 80%. Aktivieren Sie die Einstellung *Solid.* Damit wird die Einstellung *Clone* automatisch deaktiviert.

Zeichnen Sie mit kleinen kreisförmigen Pinselstrichen um die Strahler herum, so dass die Farbe gleichmäßig leicht unscharf gezeichnet wird.

Bei starkem Zoom können noch Unreinheiten erkannt werden. Diese fallen aber bei normalgroßer Darstellung nicht weiter auf.

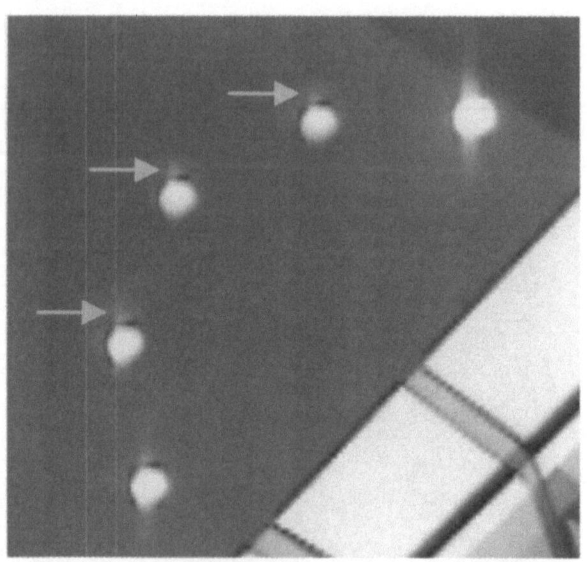

Abb. 4.2-28: Unscharf gezeichnete Ränder der Strahler

Erweiterung des Ausblicks vom linken Fenster

Fügen Sie mit Rechtsklick auf den Layer *'halle'* und *Operators⇨Paint* einen letzten *Paintoperator* hinzu und benennen Sie diesen in *'fenster erweitern'* um.

Wählen Sie in der *Toolbar* das *Polygon/Bezier Selection Tool* aus und zeichnen Sie eine Auswahl, wie in Abb. 4.2-29 gezeigt, um das linke Fenster.

Es wird im weiteren nicht das Fenster, sondern der dargestellte Ausblick erweiternd dargestellt.

Abb. 4.2-29: Auswahl um das linke Fenster

Um den Eindruck des vergrößerten Fensters zu erzeugen, fügen Sie im *Workspace* mit Rechtsklick auf die Auswahl *Polygon Selection (+)* und *Distort⇨Mirror* einen Spiegeloperator hinzu.

Passen Sie die *Mirror Controls* an, so dass das Fenster nach hinten erweitert wirkt.

Angle	212°	
Center	X: 98	Y: 15

Abb. 4.2-30: *Mirror Controls*

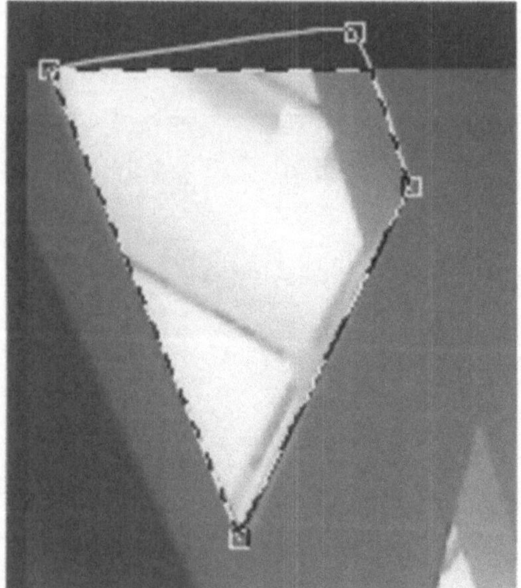

Abb. 4.2-31: Erweitertes Fenster

Farbkorrektur der Szene

Um die gewünschte rot/grünliche Farbstimmung zu erhalten, fügen Sie im *Workspace* mit Rechtsklick auf den Layer *'halle'* und *Operators*⇨*Color Correction*⇨*Color Shift* einen Farbkorrekturoperator hinzu.

Wechseln Sie in die *Color Shift Controls* und ändern Sie die Werte für *Yellow* und *Cyan*:

	Yellow	*Cyan*
Hue	-13°	-169°
Saturation	0%	17%
Lightness	-28%	1%

Mit dem Operator **Color Shift** *kann die Farbstimmung in einem Bild durch Helligkeit, Farbton und Farbsättigung verändert werden.*

Abb. 4.2-32: Ergebnis des Color Shift Operators

Die Werte für **Temp.**, **Mag-Grn** *und* Value *in den* **CC Basics Controls** *verändern sich durch die Einstellungen von* **Gain** *verknüpfend mit.*

Hinzufügen von Kontrast und Farbsättigung

Fügen Sie mit Rechtsklick auf den Layer *'halle'* und *Operators⇨Color Correction⇨Discreet CC Basics* einen weiteren Farbkorrekturoperator hinzu.

Einstellungen des Farbtonbereichs *Master* im Untermenü *Basics* der *CC Basics Controls:*

Saturate	144
Contrast	117

	Gamma	*Gain*
RGB	0.84	
B	0.50	90

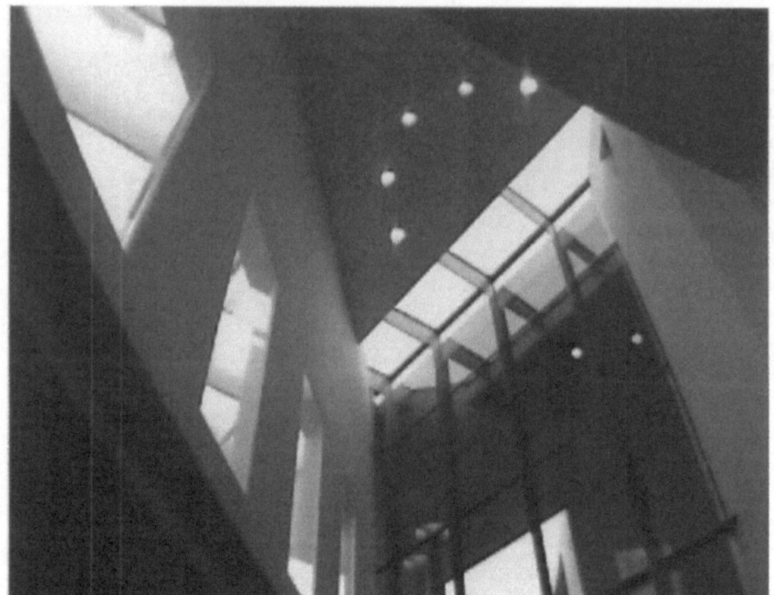

Abb. 4.2-33: Ergebnis des *CC Basics Operators*

Entfernen von störendem Rauschen

Um das unerwünschte Rauschen zu vermindern, fügen Sie im *Workspace* mit Rechtsklick auf den Layer *'halle'* und *Operators*⇨*Grain Management*⇨*Remove Grain* einen solchen Operator hinzu.

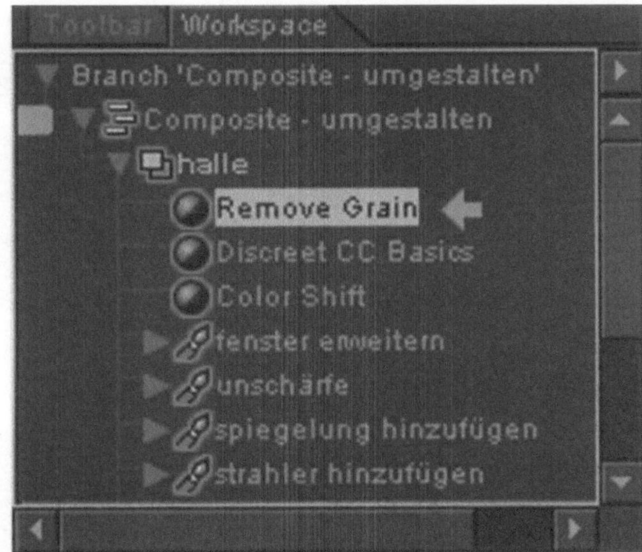

Abb. 4.2-34: *Remove Grain* Operator

Wechseln Sie in die *Remove Grain Controls.* Mit diesen kann die Intensität des Rauschens verringert werden. In diesem Beispiel besteht das Rauschen zu einem hohen Prozentsatz aus roten und grünen Rauschanteilen.

Remove Grain:
Average *verringert das Rauschen und zeichnet das Bild unscharf.*
Sharpen *zeichnet das vom Entrauschen unscharfe Bild wieder scharf. Diese Einstellungen sind an die Farbwerte R,G und B gebunden.*

Deaktivieren Sie in der Einstellung *RGB Average* die Option *Proportional.* Jetzt können die Einstellungen für *RGB Average* unabhängig voneinander eingestellt werden.

Red Average	32.00	*Red Sharpen*	88.00
Green Average	32.00	*Green Sharpen*	88.00
Blue Average	10.00	*Blue Sharpen*	88.00

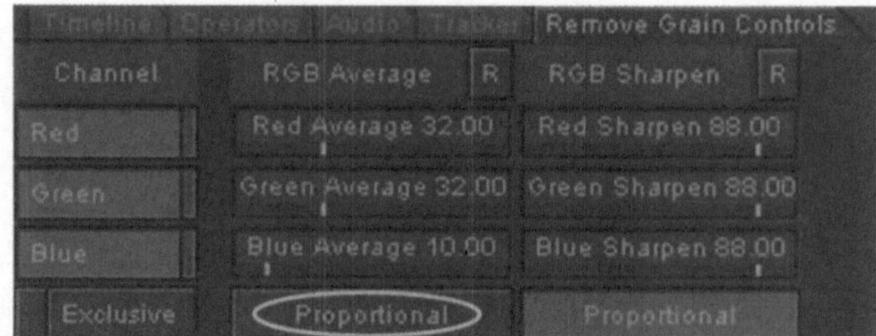

Abb. 4.2-35: ***Remove Grain*** Controls

Abb. 4.2-36: Ansicht der fertigen Szene im *Viewport*

Speichern Sie das Projekt mit *File⇨Save Workspace as* unter dem Namen *'umgestalten'* ab.

Unter *File⇨Render* kann die Szene auch als Videodatei gerendert werden.

4.3 Lerneinheit 07

Digital Make up

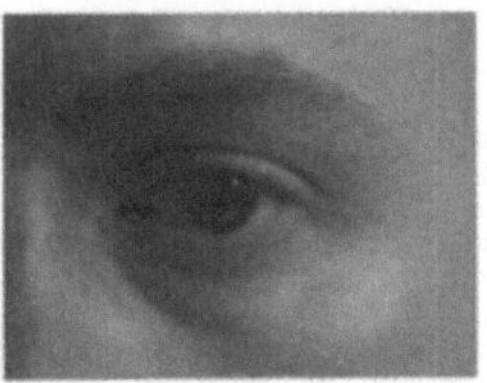

\\02 Paint\007 Digital Make up

ca. 30 Minuten

Mit den Standardwerkzeugen von Combustion sollen in einem Gesichtsausschnitt Hautunreinheiten geglättet und störende Pigmente entfernt werden. Zudem sollen die natürlichen Strukturen der Haut möglichst erhalten bleiben.

Benutzte Werkzeuge:
- *Freehand Brush Tool*
- *Dust and Scratches Tool*
- *Mask Tool* und *Color Correction*

Ziel dieser Lerneinheit

Es soll in dieser Lerneinheit erlernt werden, wie das Erscheinungsbild der Haut mit den Standardwerkzeugen von Combustion verändert werden kann. Häufig sollen störende Hautunreinheiten entfernt oder die Haut geglättet werden. Dafür soll diese Lerneinheit einen Einblick geben.

Erstellen eines neuen Workspaces

Erstellen Sie mit *File⇨New* einen neuen *Workspace* mit den Werten:

Type	Composite
Name	digital make up
Format Options	PAL DV
Duration	1
Bit Depth	8 bit
Mode	2D

Wechseln Sie im neu erstellen *Workspace* in die *Composite Controls* und ändern Sie im Untermenü *Output* die Einstellung *Fields* auf *no Fields*. Diese Einstellung wird durchgeführt, da das Rohmaterial ein Standbild ist und keine Halbbilder aufweist.

Die Halbbildpriorität kann auch direkt bei der Erstellung des **Workspaces** *vorgenommen werden.*

Abb. 4.3-1: Einstellung der Halbbilder in den *Composite Controls*

Fügen Sie mit *File⇨Import Footage* das Bild *'gesicht.png'* aus dem Unterordner *'gesicht'* in den *Workspace* ein.

Kopieren Sie mit Rechtsklick auf den neu importierten Layer und *Copy* den Layer in die Zwischenablage. Fügen Sie zweimal nacheinander mit Rechtsklick auf *'Composite – digital make up'* und *Paste* den kopierten Layer zweimal ein.

Benennen Sie von oben abwärts die Layer in *'auge maske'; gesicht' und 'gesicht smear'* um.

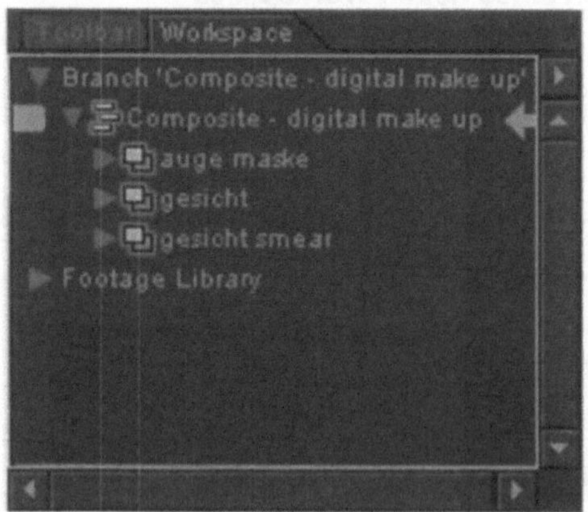

Abb. 4.3-2: *Workspace* mit erzeugten Layern

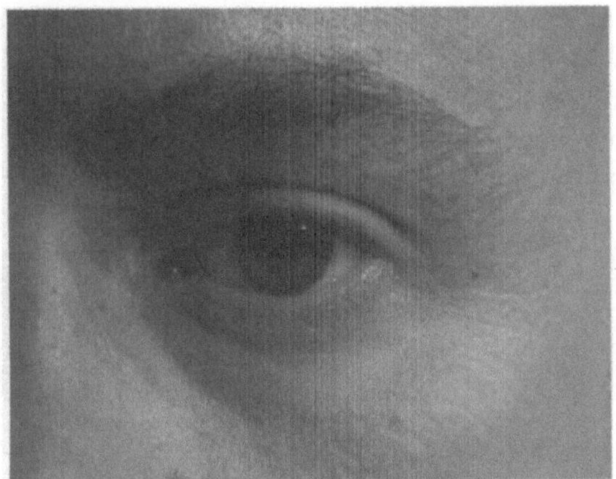

Abb. 4.3-3: Aktuelle Ansicht im *Workspace (DVD)*

Glätten des Gesamthautbildes mit *Dust and Scratches*

Blenden Sie im *Workspace* die oberen zwei Layer aus, da zuerst an dem Layer *'gesicht smear'* Veränderungen vorgenommen werden sollen.

Selektieren Sie im *Workspace* diesen Layer und fügen Sie mit Rechtsklick und *Operators⇨Noise⇨Dust and Scratches* einen neuen Operator hinzu.

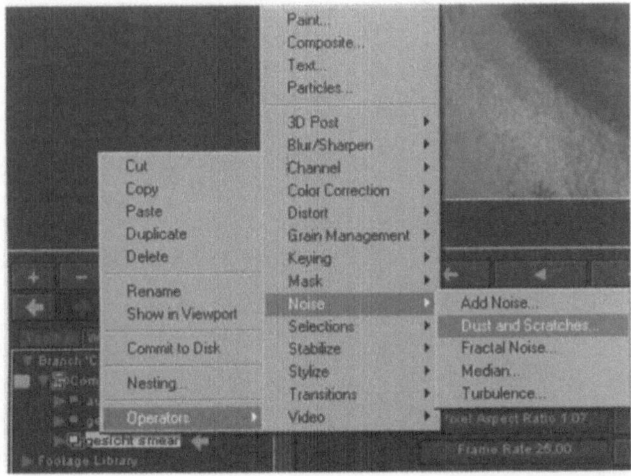

Abb. 4.3-4: Hinzufügen des *Dust and Scratches* Operators

Ändern Sie in den *Dust and Scratches Controls* die Einstellungen für *Radius* und *Tolerance.*

Stellen Sie den *Radius* auf 8.20, um die Ausweitung des Operators anzugeben, und ändern Sie den Regler *Tolerance* auf 0%, um die Helligkeitsunterschiede zu minimieren.

Mit dem Operator **Dust and Scratches** *können Bildfehler in das Bild eingebracht werden. In diesem Beispiel wird dieser Operator aber dazu verwendet, um das Gesamtbild der Haut zu glätten, indem der Wert für* **Tolerance** *auf 0 gesetzt wird.*

Abb. 4.3-5: *Dust and Scratches Controls*

Im *Viewport* wurde durch den Einsatz dieses Operators die Hautoberfläche geglättet. Die lebendige Oberflächenstruktur ging dadurch etwas verloren. Bei Details ist die Darstellung leicht unscharf gezeichnet worden. Dies wird im weiteren Vorgehen ausgeglichen.

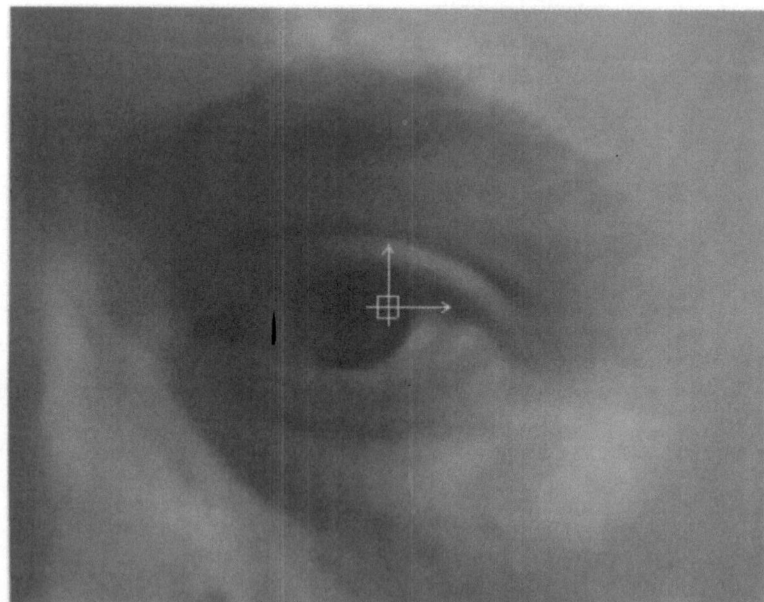

Abb. 4.3-6: Angewendeter *Dust and Scratches* Operator (DVD)

Verwischen von Unreinheiten mit dem Painttool

Die Option **Opacity** *ändert die allgemeine Deckkraft des Pinsels.*

Der Regler **Pressure** *bestimmt den Druck, mit dem der Pinsel das Hintergrundmaterial beeinflusst.*

Fügen Sie mit Rechtsklick auf *'gesicht smear'* und *Operators⇨Paint* einen *Paintoperator* hinzu und benennen Sie diesen in *'smear'* um.

Selektieren Sie in der *Toolbar* das *Freehand Tool (stroked)* und wechseln Sie in die *Paint Controls*. Ändern Sie im Untermenü *Brush* der *Paint Controls* den Wert für *Diameter* auf den Wert 55, um eine mittelgroße Pinselspitze zu erhalten.

Ändern Sie im Untermenü *Modes* den Zeichenmodus von *Paint* auf *Smear* um. Um die Deckkraft etwas zu verringern, stellen Sie *Opacity* auf 83%. Ändern Sie die Einstellung für *Pressure* auf den Wert 78%.

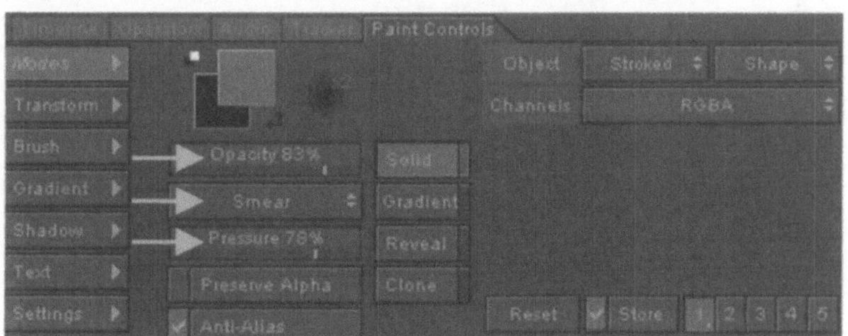

Abb. 4.3-7: Untermenü *Modes* in den *Paint Controls*

Die Hauptregionen mit unsauberen Hautanteilen sind die Stirn, die Nase und der Bereich unterhalb des Auges.

In Abb. 4.3-8 werden die *Paintstrokes* der Beispielbereiche dargestellt. Diese können je nach Grad der Glättung individuell variiert werden.

Wischen Sie im Viewport *mit dem* **Freehand Tool Brush** *kleine, kreisförmige Striche über die unsauber dargestellten Gesichtszüge.*
Es ist wichtig, mehrere neue Pinselstriche anzusetzen. Damit wird bei jedem neuen Strich neues Quellmaterial angewählt.

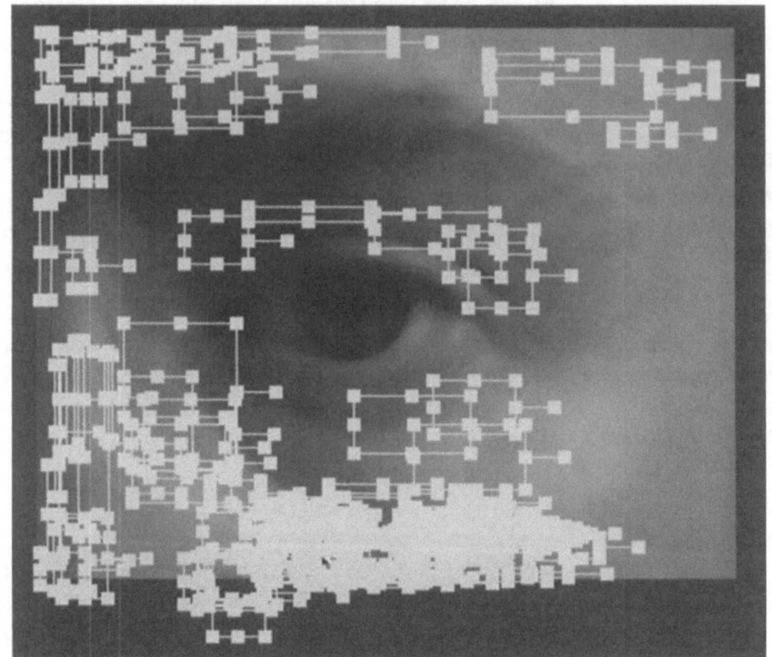

Abb. 4.3-8: Auswahl der Pinselstriche für das Verwischen

Hinzufügen eines Farbkorrekturoperators

Ein zu hoch eingestellter Wert für die Option **Amount** *lässt die Hautoberfläche künstlich erscheinen*

Fügen Sie mit Rechtsklick auf den Layer *'gesicht smear'* und *Operators⇨ Color Correctors⇨ Movie Color* einen Farbkorrekturoperator hinzu. Stellen Sie in den *Movie Color Controls* die Stärke *Amount* auf 8% ein, um die blasse Hautfarbe aufzufrischen.

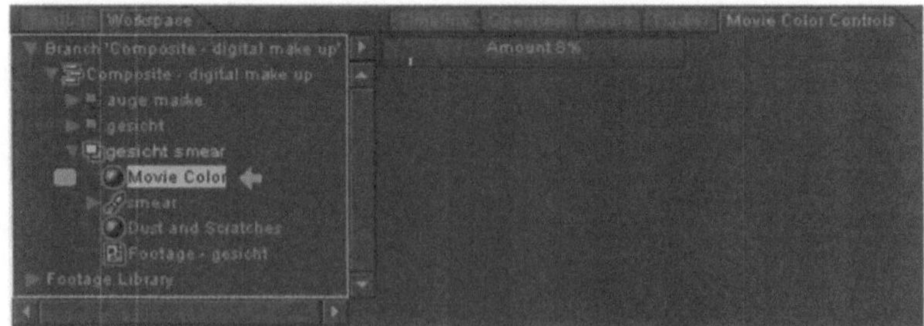

Abb. 4.3-9: *Workspace* und *Movie Color Controls*

Bearbeiten des Layers '*gesicht*'

Das Rohmaterial in dem Layer '*gesicht*' liegt noch unverändert vor. Aktivieren Sie, um eine natürliche Struktur der Haut im *Composite* zurückzugeben, diesen Layer und stellen im Untermenü *Layer* der *Composite Controls* die *Opacity* auf den Wert 45%. Damit wird erreicht, dass zu einem gewissen Prozentsatz die natürliche Struktur der Haut in das Composite zurückkehrt.

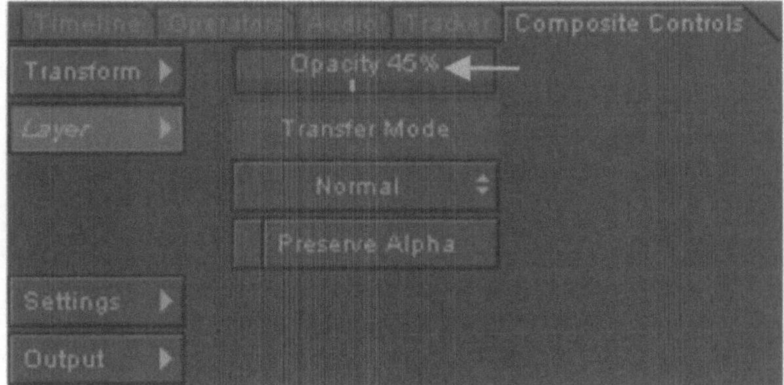

Abb. 4.3-10: Einstellung der Deckkraft des Layers '*gesicht*'

Fügen Sie mit Rechtsklick auf den Layer '*gesicht*' und *Operators*⇨*Paint* einen neuen *Paintoperator* hinzu. Benennen Sie diesen in '*entfernen von pigmenten*' um.

Benutzen Sie für dieses Werkzeug die gleichen Einstellungen für *Brush* und *Modes*, wie bei dem Operator '*smear*' in dem Layer '*gesicht smear*'. Wischen Sie, mit angewähltem *Freehand Tool*, kurze Strichfolgen über die pigmentierten Hautflächen.

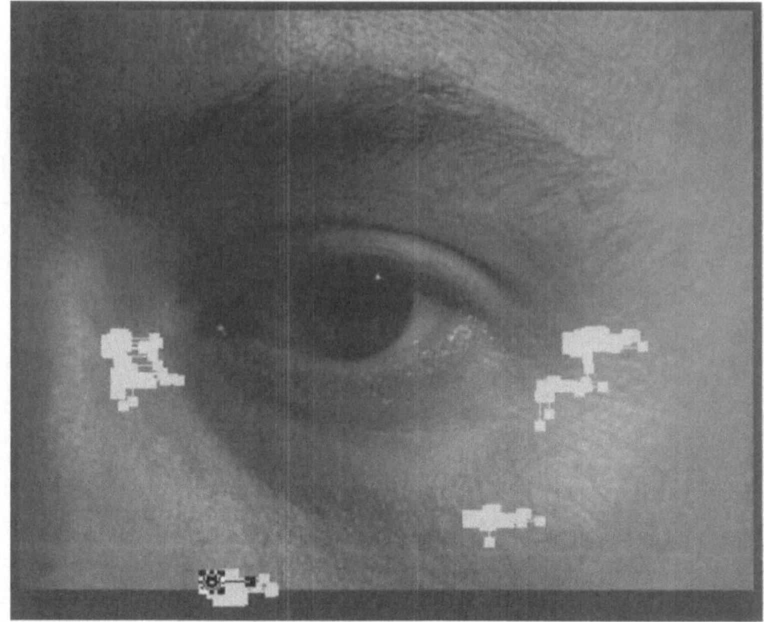

Abb. 4.3-11: Pinselstrichfolgen für das Entfernen von Pigmenten

Bearbeiten des Layers *'auge maske'*

Selektieren Sie den Layer *'auge maske'* und fügen Sie mit Rechtsklick auf diesen und *Operators⇨Paint* einen weiteren *Paintoperator* hinzu. Ändern Sie die Bezeichnung des Layers in *'masken'*.

Wechseln Sie in die *Toolbar* und selektieren Sie das *Polygon/Bezier Mask Tool.*

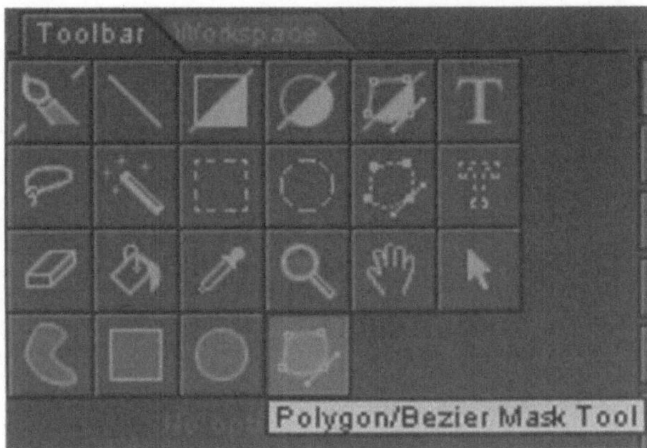

Abb. 4.3-12: *Polygon/Bezier Mask Tool*

Zeichnen Sie im *Viewport* eine Maske um das Auge herum, wie in Abb. 4.3-13 dargestellt.

Im Abschnitt 3.1 2D Composite wird der Einsatz von Masken einleitend erläutert.

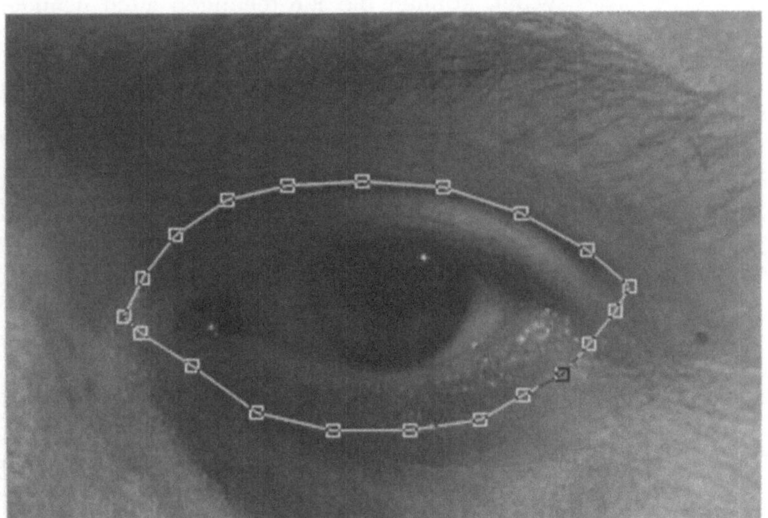

Abb. 4.3-13: Gezeichnete Polygonmaske um das Auge

Zeichnen Sie mit einem neu angewählten *Polygon/Bezier Mask Tool* eine weitere Maske ein. In diesem Fall zeichnen Sie eine solche um die Augenbrauen herum.

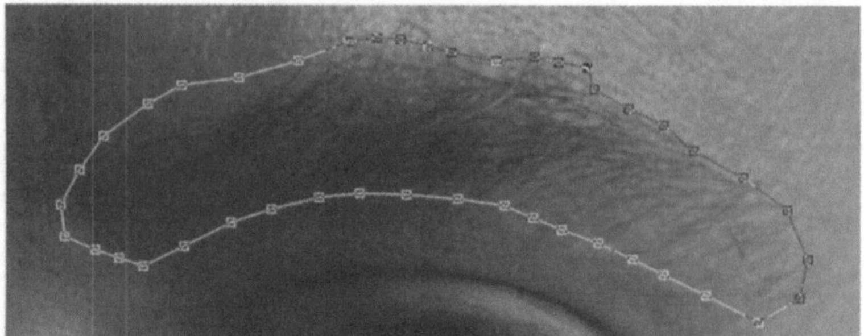

Abb. 4.3-14: Eingezeichnete Maske für die Augenbrauen

Ändern Sie für die Maske '*Polygon Mask 2*' im Untermenü *Modes* der *Mask Controls* den Kombinationsmodus auf *Add* und für die Maske '*Polygon Mask 1*' auf *Replace*.

Die Maske, die auf den Modus *Add* eingestellt ist, wird in der Bezeichnung durch ein (+) ergänzt. Es ist wichtig, dass direkt die Masken angewählt werden. Wird der Knoten '*masken*' angewählt, können die Einstellungen auch geändert werden, haben aber keine Wirkung.

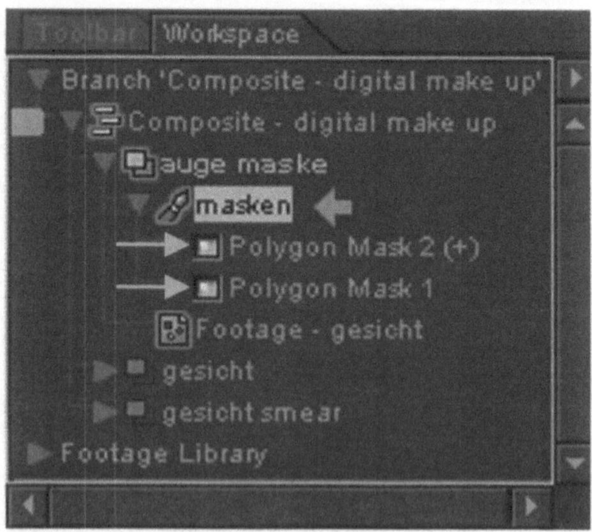

Abb. 4.3-15: Ansicht des *Workspaces*

Ändern Sie weiterhin im Untermenü *Modes* bei beiden Masken den Wert *Feather* auf 5 und achten Sie darauf, dass der Wert für Opacity auf 100% eingestellt ist.

Wechseln Sie in das Untermenü *Gradient* und aktivieren Sie bei beiden Masken den *Edge Gradient* und ändern Sie diesen auf die Einstellung *In/Out.* Tragen Sie für *Out* den Wert 22 ein, um einen weichen Kantenübergang zu erhalten.

Selektieren Sie danach im *Workspace* den Layer *'auge maske'* und ändern Sie im Untermenü *Layer* der *Composite Controls* den Wert für *Opacity* auf 68%. Damit wird die Deckkraft reduziert, um die Verschmelzung mit den zwei unteren Layern zu ermöglichen.

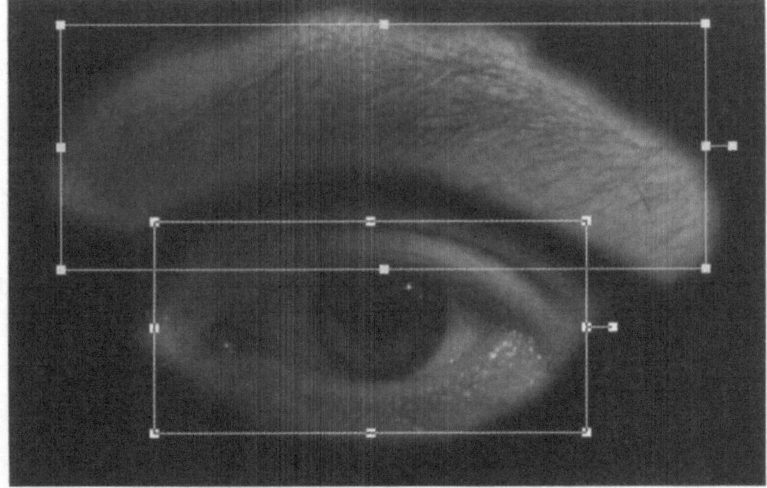

Abb. 4.3-16: Beide Masken aktiviert

Überzeichnen des Glanzes am unteren Augenlid

Fügen Sie im *Workspace* mit Rechtsklick auf den Layer *'auge maske'* und *Operators⇨Paint* einen neuen *Paintoperator* hinzu und benennen Sie diesen in *'glanz entfernen'* um.

Selektieren Sie in der *Toolbar* das *Freehand Tool.*

Wechseln Sie in das Untermenü *Modes* der *Paint Controls* und klicken Sie auf das Farbfeld für die Vordergrundfarbe. Ändern Sie die Farbeinstellungen in *Red* 57%; *Green*: 34%; *Blue* 29%, oder wählen mit dem *Color Picker Tool* aus der *Toolbar* einen Farbton nahe des unteren Augenlids aus.

Stellen Sie für den Zeichenmodus die Eigenschaft *Colorize* ein und den Wert für *Opacity* auf 56%.

Tragen Sie im Untermenü *Brush* bei der Eigenschaft *Diameter* den Wert 26 ein, um damit die Pinselstärke festzusetzen.

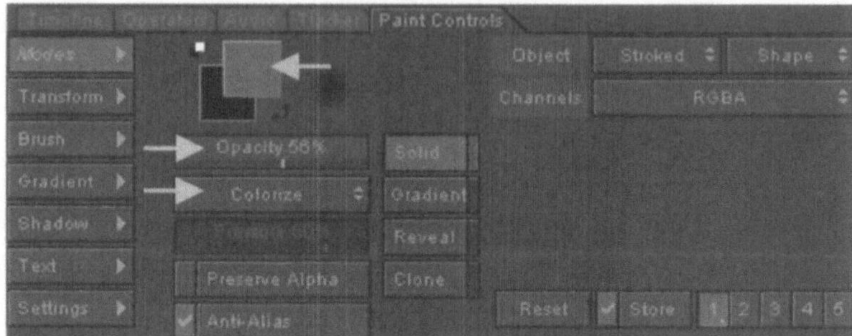

Abb. 4.3-17: Untermenü *Modes* der *Paint Controls*

Zeichnen Sie, um den Glanz zu entfernen, mit diesen Einstellungen im Viewport kurze Strichfolgen am unteren Augenlid. Setzen Sie des öfteren mit dem Pinselwerkzeug neu an.

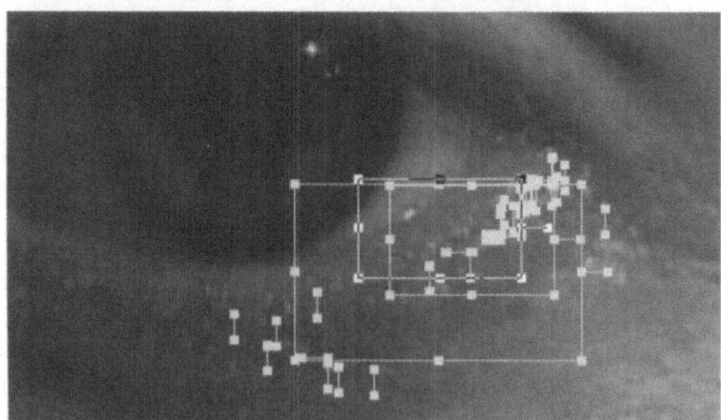

Abb. 4.3-18: Auswahl aller Colorize-Pinselstriche (DVD)

Hinzufügen eines Blendenflecks im Auge

Aktivieren Sie alle drei Layer und beurteilen Sie das Ergebnis im Viewport. Der Blendenfleck im Auge ist durch die verschiedenen Arbeitsschritte schwächer geworden.

Fügen Sie im *Workspace* mit Rechtsklick auf den Layer *'auge masken'* und *Operators⇨Paint* einen weiteren *Paintoperator* hinzu, um den Blendenfleck nachzuzeichnen. Benennen Sie den neu erstellten *Operator* in *'reflektion im auge'* um.

Vergrößern Sie im *Viewport* die Ansicht und wählen Sie in *Toolbar* das *Freehand Tool* aus und wechseln Sie in das Untermenü *Modes* der *Paint Controls*.

Ein Blendenfleck im Auge erhöht die Lebendigkeit in einem Gesicht. Würde dieser entfernt werden, erscheint das Gesicht ausdruckslos.

Ändern Sie den Zeichenmodus auf *Additive* und tragen Sie für die Werte *Opacity* 60% und *Pressure* 100% *ein*. Die Pinselfarbe kann wieder mit dem *Color Picker Tool* im *Viewport* aus dem bestehenden Blendenfleck erfasst werden, oder tragen Sie in das Farbfeld für die Vordergrundfarbe die folgenden Werte ein: *Red* 68%; *Green:* 66%, *Blue* 69%.

Wechseln Sie in das Untermenü *Brush* und tragen Sie, um die Pinselstärke zu verändern, für die Eigenschaft *Diameter* den Wert 12 ein.

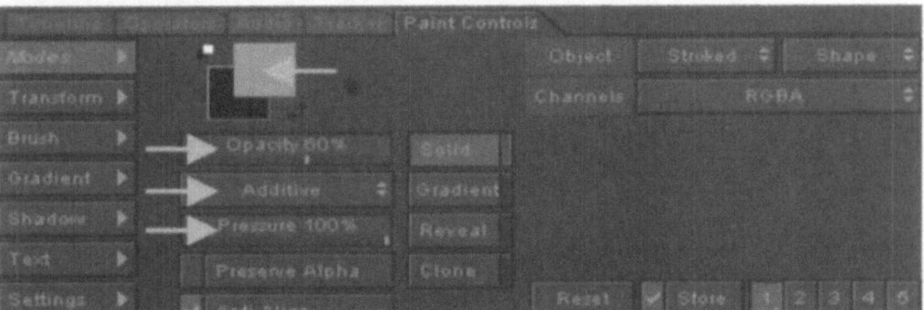

Abb. 4.3-19: Untermenü *Modes* in den *Paint Controls*

Klicken Sie nun im *Viewport* einmal auf den Blendenfleck um den Pinselstrich einzuzeichnen. Ist die gewünschte Stärke nicht erreicht worden, so klicken Sie ein zweites Mal auf die selbe Stelle im *Viewport*.

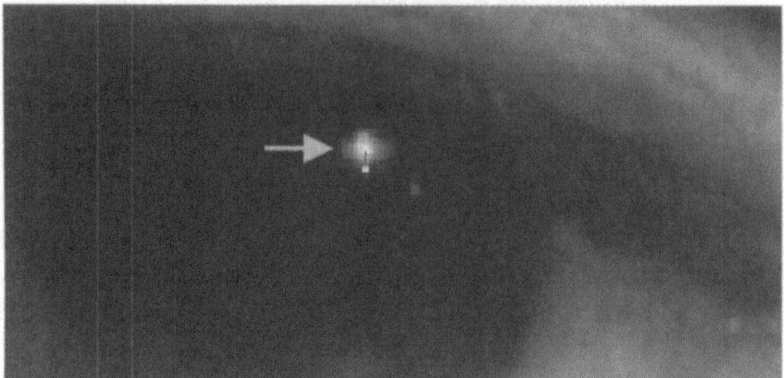

Abb. 4.3-20: Vergrößerter Blendenfleck im Auge

Aktivieren Sie im *Workspace* alle Layer und beurteilen Sie im *Viewport* das Ergebnis.

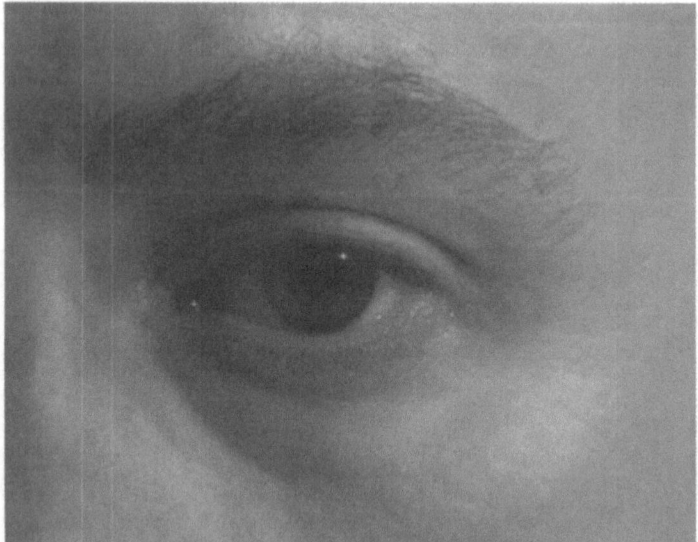

Abb. 4.3-21: Ansicht im *Viewport (DVD)*

Speichern Sie das Projekt mit *File⇨Save Workspace as* unter dem Namen *'digital make up'* ab.

Das fertige Image kann auch mit *File⇨Save Image* als Bilddatei exportiert werden.

4.4 Lerneinheit 08

Werbebreak

\\02 Paint\008 Werbebreak

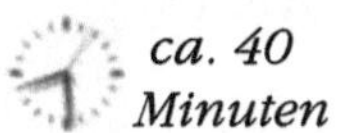
ca. 40 Minuten

Es soll eine typische Werbeunterbrechung erstellt werden. Einem Hintergrundbild wird durch *Paintoperatoren* mit veränderten *Transfermodi* erweiterte Dynamik hinzugefügt. Ein Schriftzug wird mit imitierter Paint-On-Technik erstellt und täuscht einen animierten Paintbrush vor. Eine animierte Alphamaske verbindet den Werbebreak mit dem laufenden TV-Programm und der nachfolgenden Werbung.

Benutze Werkzeuge:
- *Painttool*
- Animation von *Paint Strokes*
- Alphakanal

Ziel dieser Lerneinheit

Das Animieren und Gestalten von TV-Grafiken gehört zu den Haupteinsatzgebieten von Compositing und Paint. Diese Lerneinheit stellt ein Beispiel für unterschiedlichste Bereiche dar, indem Animationen von Flächen und Text benötigt werden.

Erstellen eines neuen Workspaces und Import der TV-Sequenz

Erzeugen Sie mit *File⇨New* einen neuen *Workspace* mit den folgenden Einstellungen:

Type	Composite
Name	werbebreak
Format Options	PAL DV
Duration	400
Bit Depth	8 bit
Mode	2D

Fügen Sie mit *File⇨Import Footage* aus dem Unterverzeichnis *'tv_programm'* die Sequenz *'tv_programm[####].png'* zum *Workspace* hinzu und benennen Sie diese, als neuer Layer dargestellt, in *'tv_programm* um'.

Die importierte Sequenz **'tv_programm'** *füllt mit der Dauer von 111 Frames nicht die gesamte* **Timeline** *aus. Diese Sequenz soll als laufendes TV-Programm dienen und wird von der Werbeunterbrechung verdeckt.*

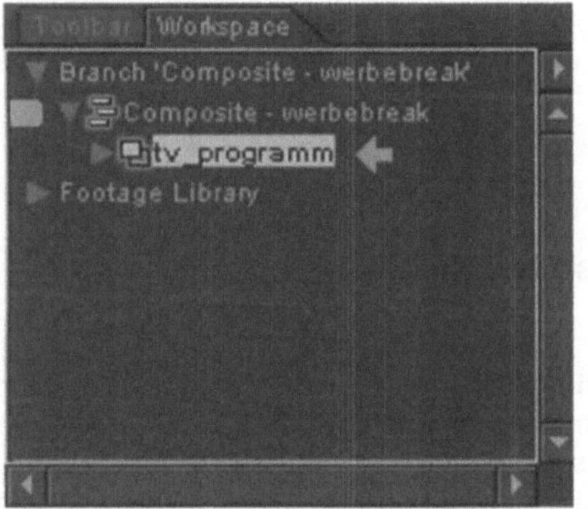

Abb. 4.4-1: *'tv_programm'* als neuer Layer

Import von Rohmaterial für den Werbebreak

Fügen Sie mit *File⇨Import Footage* aus dem Unterverzeichnis *'hintergrundsequenz'* die Sequenz *'hintergrund[####].png'* zum *Workspace* hinzu. Benennen Sie den neu importierten Layer mit *Rename* in *'animierter hintergrund'* um.

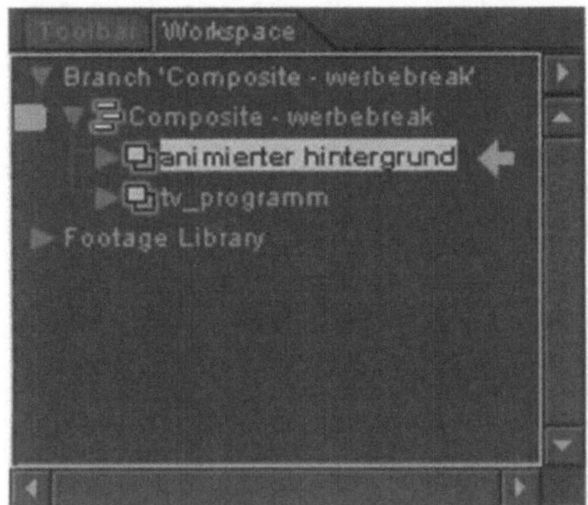

Abb. 4.4-2: *Workspace* mit zwei Layern

Die Abspielgeschwindigkeit der importierten Sequenz ist für die Darstellung zu hoch. Erweitern Sie im *Workspace* den Zweig des Layers *'animierter hintergrund'* und selektieren Sie das Rohmaterial *'footage - hintergrund[####]'*. Wechseln Sie in das Untermenü *Output* der *Footage Controls* und ändern Sie die *Duration* auf 500. Aktivieren Sie zusätzlich die Option *Frame Blending*. Mit dieser Funktion wird der Übergang der Frames weich interpoliert.

Die Einstellung für **Speed** *ändert sich proportional. Je größer der eingetragene Wert für* **Duration** *ist, desto niedriger fällt der Wert für* **Speed** *aus.*

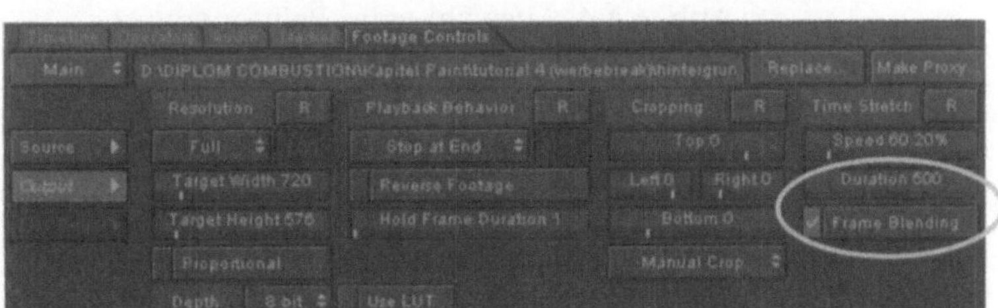

Abb. 4.4-3: Ändern der *Duration* in den *Footage Controls*

Hinzufügen von Rechtecken mit dem Painttool

Fügen Sie, um den Hintergrund dynamischer zu gestalten, animierte Rechtecke hinzu. Fügen Sie mit Rechtsklick auf den Layer *'animierter hintergrund'* und *Operators⇨Paint* einen neuen *Paintoperator* hinzu.

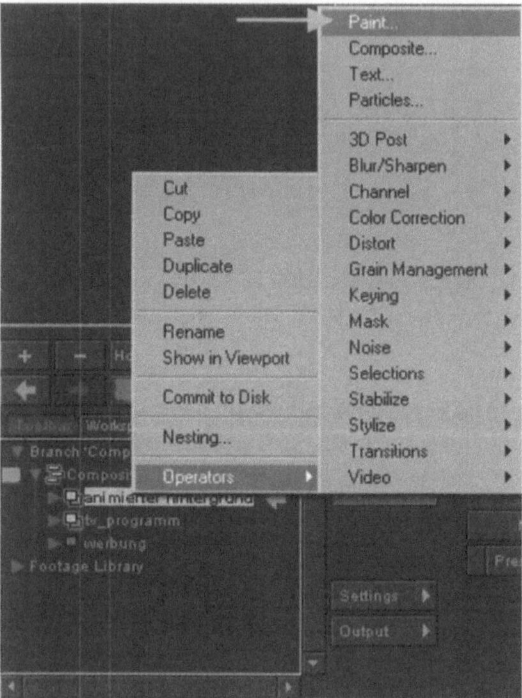

Abb. 4.4-4: Auswahl eines Paintoperators

Nach dem Hinzufügen ist der Paintoperator automatisch als aktiver Layer angewählt. Benennen Sie den neuen Paintoperator in *'rechtecke'* um.

In der *Toolbar* stehen die Werkzeuge für den *Paintoperator* zur Verfügung.

Durch wiederholtes Klicken mit der Maus auf das **Rectangle Tool** *wechselt das Werkzeug zwischen den Einstellungen* **Stroked** *und* **Filled**.

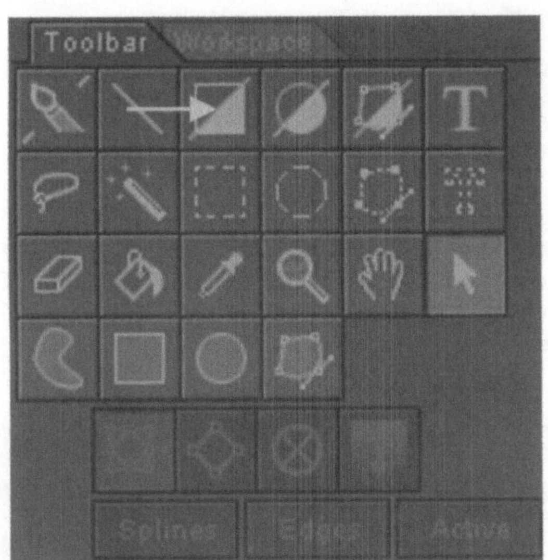

Abb. 4.4-5: *Toolbar*

Selektieren Sie in der *Toolbar* das *Rectangle Tool* mit der Option *filled*. Mit diesem sollen ausgefüllte Rechtecke im *Viewport* erzeugt werden. Wenn Sie mit dem Mauszeiger auf den *Viewport* wechseln, bildet dieser die Form eines Fadenkreuzes.

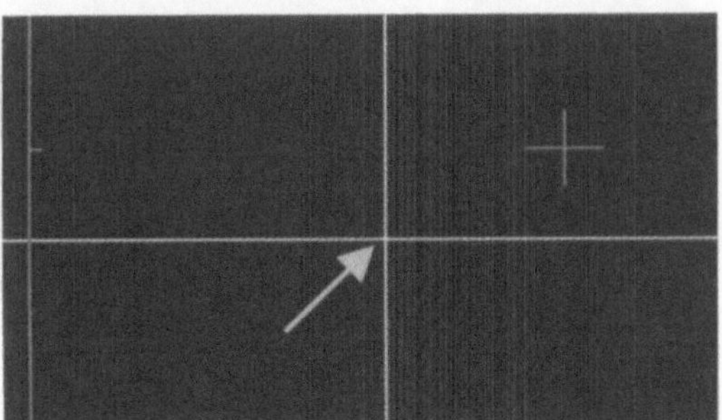

Abb. 4.4-6: Fadenkreuz des *Rectangle Tools*

Die Rechtecke sollten über den sichtbaren Bereich des Bildes hinausragen. Verkleinern Sie mit der *Zoom Out Option*, über dem *Workspace*, die Viewportansicht.

Abb.4.4-7: Zoom Out Option

Zeichnen Sie sieben Rechtecke mit dem *Rectangle Tool,* indem Sie diese mit der Maus im *Viewport* aufziehen. Die Abbildungen Abb. 4.4-7a-g veranschaulichen die Lage und Größe der Rechtecke.

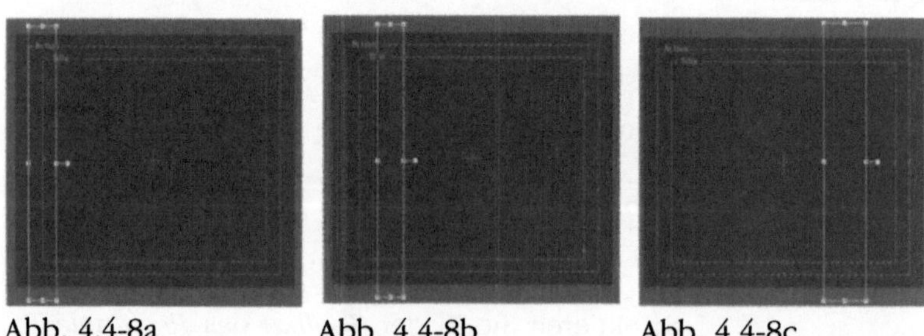

Abb. 4.4-8a Abb. 4.4-8b Abb. 4.4-8c

Die Anzahl und Lage der Rechtecke kann individuell bestimmt werden. Damit ein gleiches Ergebnis erzielt werden kann, sollten die Beispielangaben eingehalten werden.

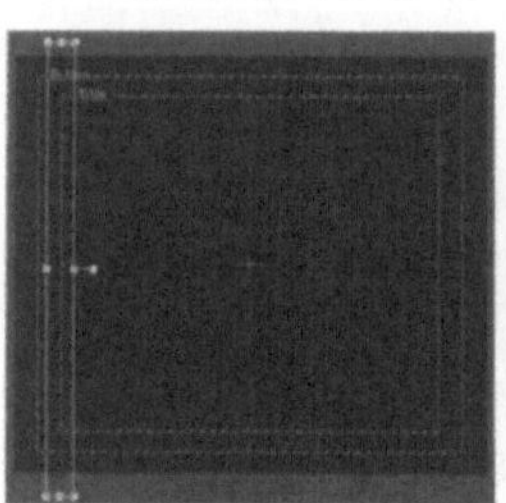

Abb. 4.4-8d

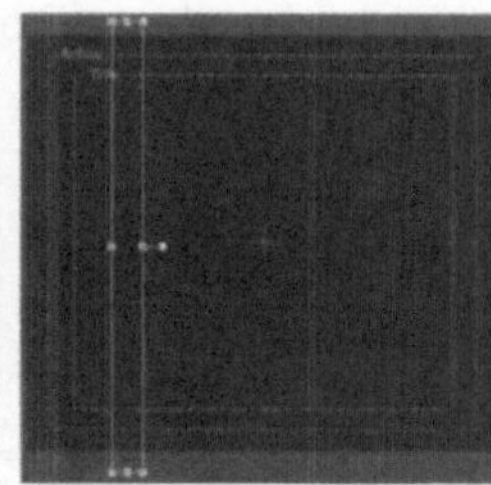

Abb. 4.4-8e

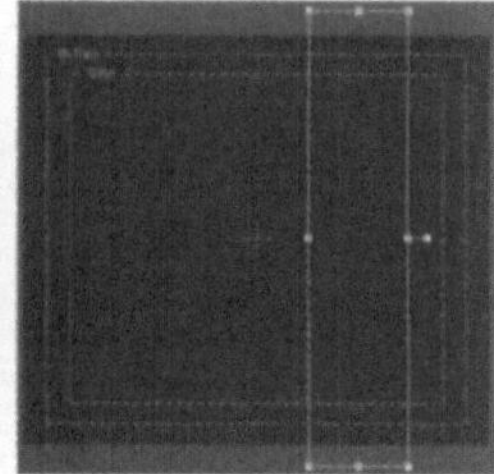

Abb. 4.4-8f

Abb. 4.4-8g

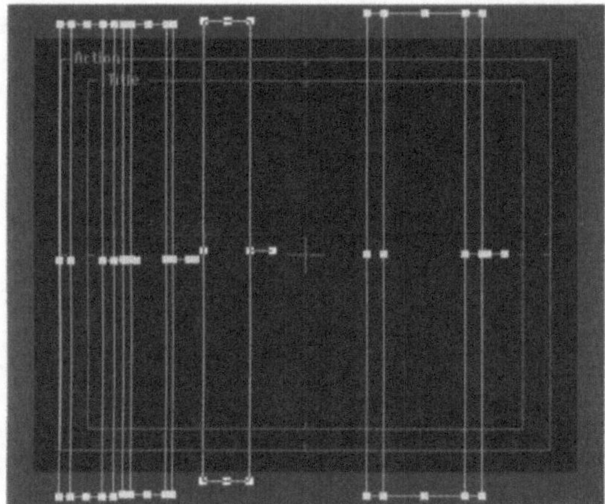

Abb. 4.4-9: Gesamtansicht der hinzugefügten Rechtecke

Durch das Zeichnen der Rechtecke hat sich für jedes Rechteck ein neuer Zweig an dem Knoten *'rechtecke'* gebildet. Benennen Sie diese neu erzeugten *'Filled Rectangles 1-7'* von unten aufsteigend in *'dodge 01'* bis *'dodge 06'* um.

Ändern Sie die des obersten Zweigs in *'alpha'* um. Dieses Rechteck wird später, durch Animation der Deckkraft, in eine Blende umgewandelt.

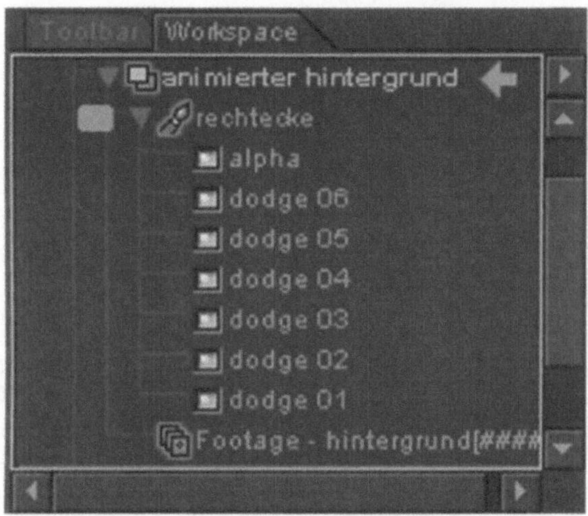

Abb. 4.4.10: Umbenannte Rechtecke im *Workspace*

Ändern der Transfereigenschaften der Rechtecke

Es ist darauf zu achten, dass die Vordergrundfarbe auf Schwarz eingestellt ist.

Nehmen Sie, durch Selektieren der jeweiligen Paint-Zweige in den *Paint Controls*, Änderungen der Transfereigenschaft vor. Wechseln Sie dafür in das Untermenü *Modes*:

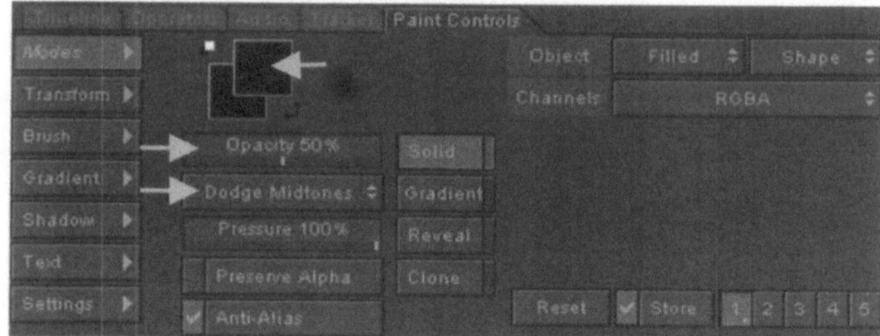

Abb. 4.4-11: Einstellungen im Untermenü Modes (dodge 01)

Im folgenden sind die Änderungen für die Rechtecke aufgelistet. Jedes Rechteck muss im Zweig neu angewählt werden. Ändern Sie für die Rechtecke *'dodge 01'* bis *'dodge 06'* die *Transfereigenschaft* auf *Dodge Midtones*.

	Opacity
'dodge 01'	50%
'dodge 02'	40%
'dodge 03'	25%
'dodge 04'	50%
'dodge 05'	35%
'dodge 06'	20%

Für das Rechteck *'alpha'* werden andere Einstellungen benötigt. Ändern Sie im Untermenü *Modes* die Transfereigenschaft auf Paint und den Regler für *Opacity* auf 100%. Verändern Sie die Einstellung für *Channels* auf Alpha, damit für dieses Rechteck nur der Alphakanal dargestellt wird. Das Farbfeld für die Vordergrundfarbe muss auf schwarz (RGB: 0%) eingestellt sein.

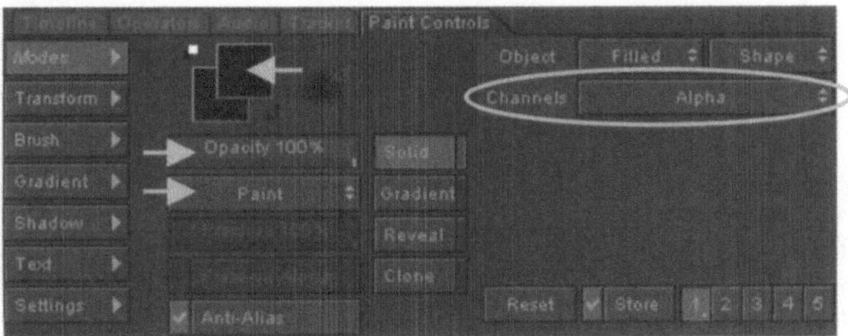

Abb. 4.4-12: *Paint Controls* für das Rechteck *'alpha'*

Animation der Rechtecke

Die statischen Rechtecke sollen in diesem Abschnitt animiert werden. Durch das Hinzufügen von Keyframes wird durch Interpolation eine Animation erstellt werden. Aktivieren Sie dafür die Schaltfläche *Animate*. Selektieren Sie im *Workspace* das Rechteck *'dodge 01'* und wechseln Sie in die *Paint Controls*. Gehen Sie auf der *Timeline* zum Frame 0 und stellen Sie die folgenden Werte im Untermenü *Transform* ein:

X-Position	69.00
Y-Position	293.25
X-Scale	120.00%
Y-Scale	100.00%

Gehen Sie auf der *Timeline* zum Frame 161. Verändern Sie, mit aktivierter Option *Animate*, die folgenden Einstellungen im Untermenü *Transform*. Bei Angabe einer neuen Frameposition springen Sie zu dieser und tragen die nachfolgenden Einstellungen ein.

Frame 161

X-Position	499.62

Frame 390

X-Position	601.56

Frame 499

X-Position	-63.90

Die Positionsangaben für die Rechtecke sind frei gewählt. Diese können je nach Belieben abweichend eingetragen werden. Die Y-Werte sollten aber nicht weit variiert werden.

Um das eigene Ergebnis an dem der Lerneinheit anzupassen, ist es ratsam, genau diese Werte einzugeben, um das gleiche Ergebnis zu erzielen.

Wenn Sie in die *Timelineansicht* wechseln und die Eigenschaft *X Position* aktivierten, kann die durch die hinzugefügten Keyframes entstandene Interpolationsanimation beurteilt werden. In den verschiedenen Darstellungsmethoden der *Timeline* können unterschiedliche Formen der Interpolation betrachtet werden.

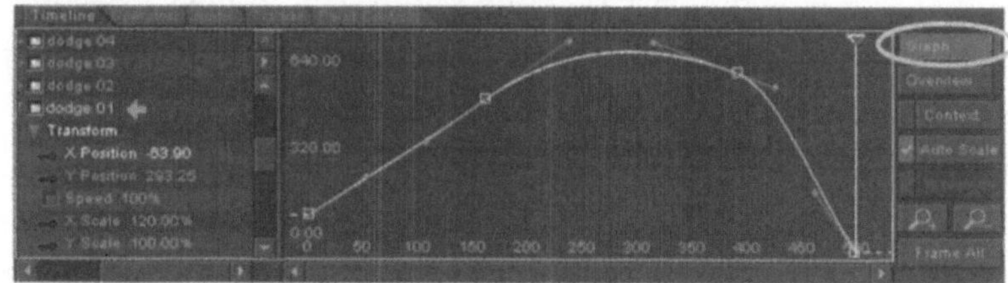

Abb. 4.4-13: Ansicht der Animation im Modus *Graph*

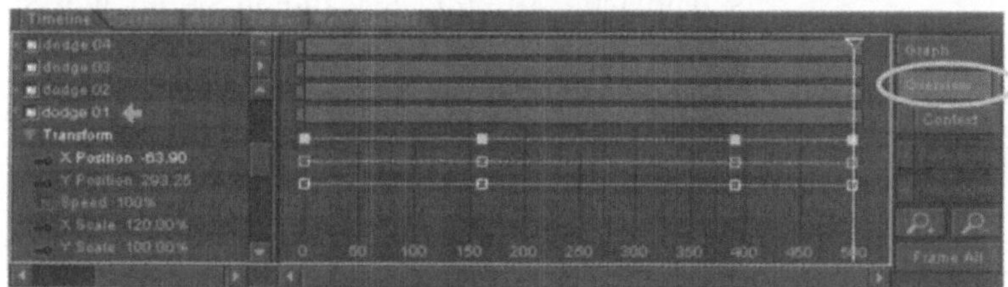

Abb. 4.4-14: Ansicht der Animation im Modus *Overview*

Verfahren Sie für die weiteren Rechtecke, *'dodge 02-06'* auf die gleiche Weise. Im folgenden werden der jeweilige anzuwählende Zweig, die Position auf der Timeline (Frame) und die Veränderungen in den *Paint Controls* angegeben.

dodge 02

Frame 0

X-Position	151.19
Y-Position	291.75
X-Scale	130.00%
Y-Scale	100.00%

Frame 53

X-Position	68.08

Frame 178

X-Position	473.74

Frame 439

X-Position	46.43

Frame 499

X-Position	688.51

dodge 03

Frame 0

X-Position	516.93
Y-Position	285.00
X-Scale	50.50%
Y-Scale	100.00%

Frame 238

X-Position	335.52

Frame 346

X-Position	290.84

Frame 499

X-Position	-185.01

Frame 499

X-Position	688.51

dodge 04

Frame 0

X-Position	69.00
Y-Position	293.25
X-Scale	70.00%
Y-Scale	100.00%

Frame 85

X-Position	500.83

Frame 241

X-Position	600.79

Frame 370

X-Position	416.25

Frame 499

X-Position	-63.91

dodge 05

Frame 0

X-Position	151.19
Y-Position	291.75
X-Scale	90.00%
Y-Scale	100.00%

Frame 103

X-Position	68.19

Frame 118

X-Position	96.55

Frame 203

X-Position	473.91

Frame 362

X-Position	46.14

Frame 499

X-Position	688.53

dodge 06

Frame 0

X-Position	516.93
Y-Position	285.00
X-Scale	70.50%
Y-Scale	100.00%

Frame 91

X-Position	430.99

Frame 191

X-Position	335.95

Frame 429

X-Position	290.93

Frame 499

X-Position	-184.99

Für das Rechteck *'alpha'* wird zusätzlich die *X-Scale* animiert, um eine Blende zu erhalten.

alpha

Frame 0

X-Position	255.65
Y-Position	280.50
X-Scale	1574.00%
Y-Scale	100.00%

Frame 66

X-Scale	213.37%

Frame 108

X-Scale	127.39%

Frame 135

X-Position	401.01

Frame 249

X-Position	1.24

Frame 354

X-Position	647.65
X-Scale	2714.89

Wechseln Sie in der *Timelineansicht* in den Modus *Graph*. Selektieren Sie für das Rechteck *'alpha'* die Eigenschaft *X Position*. Ziehen Sie mit der Maus eine Auswahl über die letzten drei Keyframes auf.

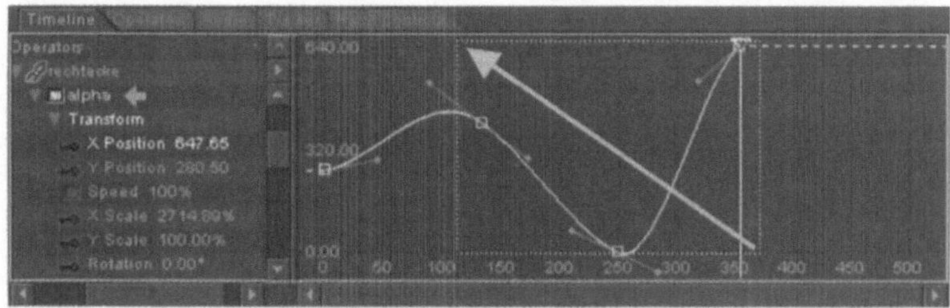

Abb. 4.4-15: Auswahl der drei Keyframes

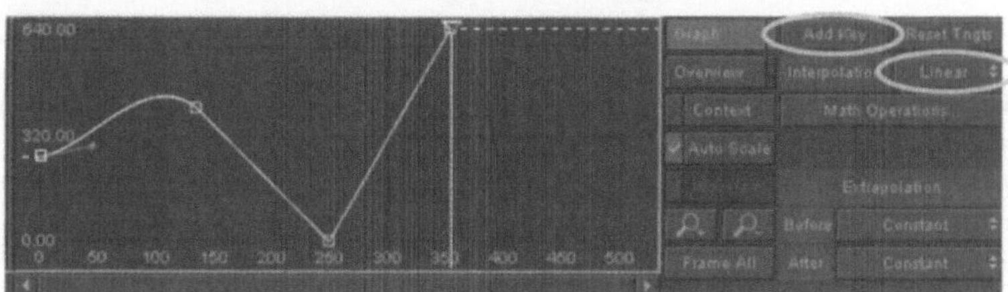

Abb. 4.4-16: Ändern der Interpolationseinstellungen

Ändern Sie, mit den zuvor angewählten Keyframes, die Eigenschaft *Interpolation* auf *Linear*.

Animation der Deckkraft des Rechtecks *'alpha'*

Wechseln Sie in die *Timelineansicht* und gehen Sie zum Frame 50. Selektieren Sie die Eigenschaft *Opacity* des Rechtecks *'alpha'*. Die Schaltfläche *Interpolation* steht weiterhin auf *Linear*. Setzen Sie mit der Option *Add Key* einen neuen Keyframe. Für die weiteren Keyframes verfahren Sie auf die selbe Weise.

Frame 66

Opacity	100%

Frame 108

Opacity	21%

Frame 125

Opacity	0%

Frame 315

Opacity	0%

Frame 341

Opacity	100%

Deaktivieren Sie die Option *Animate*.

Erzeugen einer Textauswahl mit dem Painttool

Paint On-Funktion: *Mit diesem Werkzeug kann eine Animation des Zeichenvorgangs direkt aus einem Pinselstrich heraus erzeugt werden.*

Als nächstes soll nun die Imitation einer *Paint On-Funktion* erfolgen, die den Schriftzug *'werbung'* auf den Screen schreibt. Durch Zeichnen einer Auswahl und Animieren der Strichlänge des *Polygon/Bezier Tools* kann eine *Paint On-Funktion* nachgebildet werden.

Fügen Sie mit Rechtsklick auf den Layer *'animierte hintergrund'* und *Operators⇨Paint* einen neuen *Paintoperator* hinzu und benennen Sie diesen in *'werbung'* um. Gehen Sie auf der *Timeline* zum Frame 115 und öffnen Sie die *Toolbar*. Selektieren Sie dort das *Text Selection Tool*. Tragen Sie im *Text Editor* der *Paint Controls* das Wort *'werbung'* ein. Im *Viewport* wird die Textauswahl angezeigt.

Mit Rechtsklick auf den **Viewport** *und der Option* **Show Safezones** *können die Grenzen eingeblendet werden, die anzeigen, bis zu welchem Bereich ein Text auf jeden Fall auf einem TV-Monitor angezeigt wird. (Abb. 4.4-18)*

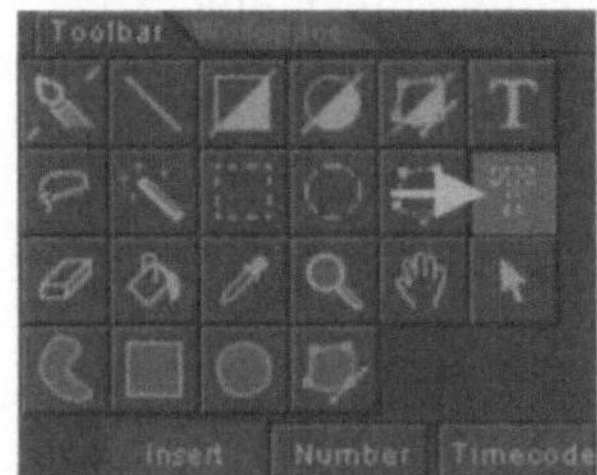

Abb. 4.4-17: *Toolbar*

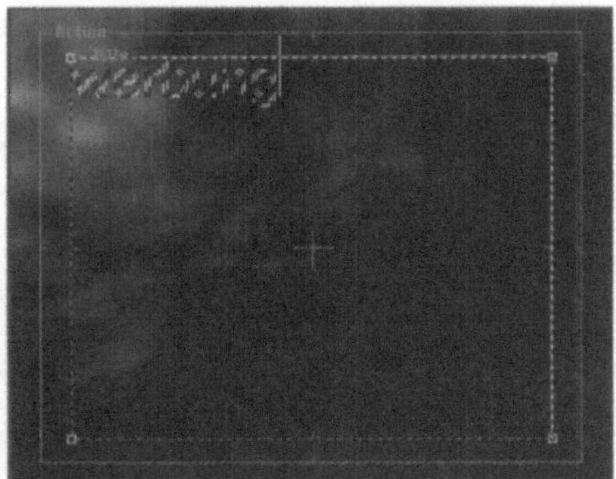

Abb. 4.4-18: Textauswahl im *Viewport*

Mit dem Eintrag in das Textfeld wird im *Workspace* ein neuer Zweig mit der Bezeichnung *'text'* erzeugt. Skalieren und Positionieren Sie die *Textauswahl* im Untermenü *Transform* der *Paint Controls*.

X-Position	465.43
Y-Position	449.25
X-Scale	104.00%
Y-Scale	104.00%

Ändern Sie im Untermenü *Text* die Schrifteinstellungen. Stellen Sie die *Font Size* auf den Wert 95 und die Eigenschaft *Font* auf Verdana.

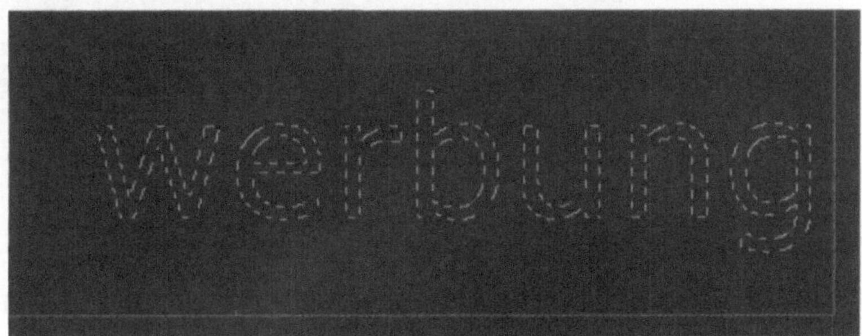

Abb. 4.4-19: Vergrößerte Ansicht der Textauswahl (DVD)

Animieren der Paintfunktion

Gehen Sie auf der *Timeline* zum Frame 139. Wählen Sie in der Toolbar das *Polygon/Bezier Tool* in der Einstellung *stroked* aus

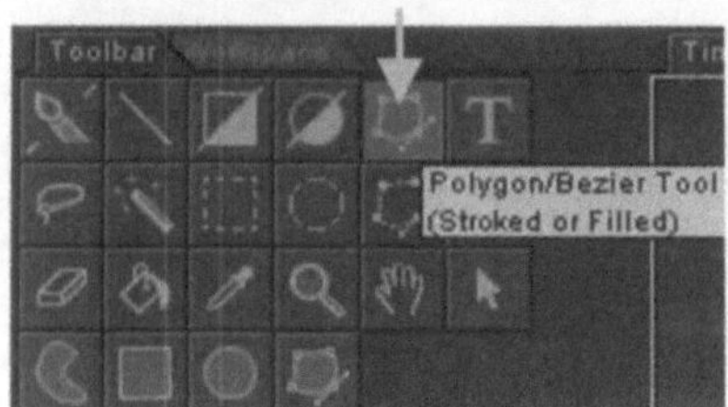

Abb. 4.4-20: Polygon/Bezier Tool

Ändern Sie im Untermenü *Brush* der *Paint Controls* die Eigenschaft für die Pinselspitze.

Shape	Elliptical	*Diameter*	20
Aspect	100%	*Angle*	0°
Spacing	13%	*Flow*	100%

Um die Kontrollpunkte verschieben zu können aktivieren Sie vor jeder Änderung im **Workspace** *den jeweiligen Paintzweig und in der* **Toolbar** *die Option* **Edit Control Points**.

Aktivieren Sie die Option *Animate* und zeichnen Sie über dem 'w' im *Viewport,* wie in Abb.4.4-20 dargestellt, eine Polygonlinie.

Abb. 4.4-21: Polygonlinie im *Viewport* (DVD)

Gehen Sie auf der *Timeline* zum Frame 145. Ziehen Sie den unteren Kontrollpunkt der Polygonlinie, wie in Abb. 4.4-22 dargestellt, unterhalb des Buchstaben 'w'.

Abb. 4.4-22: Verlängerter Polygonstrich

Gehen Sie auf der Timeline zum Frame 142 und zeichnen Sie, mit neu angewähltem *Polygon/Bezier Tool,* die zweite Polygonlinie, wie in Abb. 4.4-23 dargestellt. Gehen Sie danach zum Frame 148 und verlängern, wie schon bei der ersten Linie gezeigt, diese über den Buchstaben hinaus. Für den Buchstaben vw' sind demnach vier Polygonlinien erforderlich.

Es wird darauf verzichtet, jedes Hinzufügen einer Polygonline des Textes zu erläutern. Die Vorgehensweise ist bei allen Polygonen gleich.

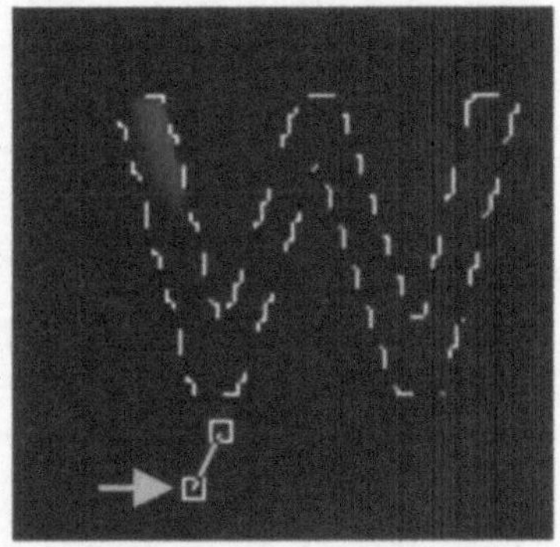

Abb. 4.4-23: Beginn der Linie

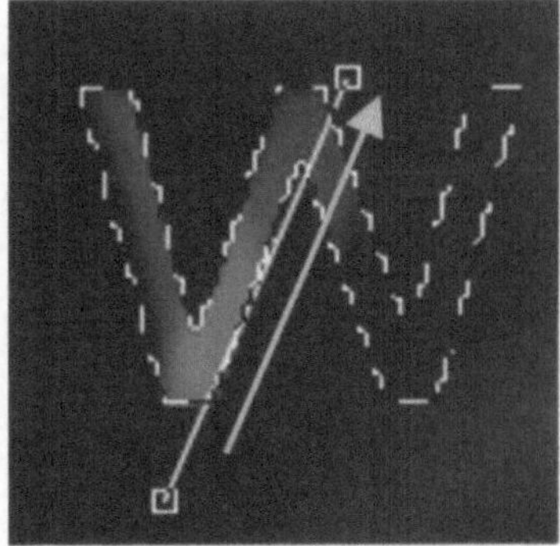

Abb. 4.4-24: Verlängerte Linie

Im folgenden sind die Arbeitsschritte für die Fertigstellung der animierten Polygonlinien aufgeführt:

1. Wählen Sie für jede neue Linie ein neues *Polygon/Bezier Tool* an
2. zeichnen Sie eine kurze Linie vor den auszumalenden Buchstabenteil
3. Gehen Sie 6 Frames auf der Zeitleiste vorwärts

4. Selektieren Sie im Workspace den aktuellen Textzweig und danach in der *Toolbar* die Option *Edit Control Points*
5. Verlängern Sie die Linie, so dass der Buchstabenausschnitt in voller Länge ausgefüllt wird
6. Gehen Sie auf der *Timeline* 3 Frames zurück
7. Selektieren Sie in der *Toolbar* ein neues *Polygon/Bezier Tool* und beginnen wieder mit Punkt 1, bis alle Buchstaben des Schriftzuges abgedeckt sind.

In diesem Beispiel besteht die Animation aus 25 Polygonen, die einzeln animiert werden müssen.

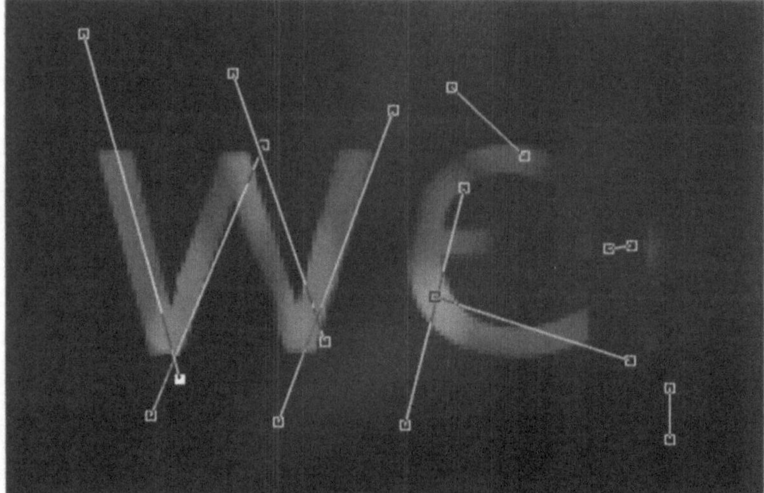

Abb. 4.4-25: Detailansicht der ersten neun Polygonlinien (DVD)

Wechseln Sie in die Ansicht *Timeline* und erweitern Sie den Zweig *'werbung'*. Verlängern Sie jedes Polygon, durch Ziehen mit der Maus am Griffpunkt des Layerendes, bis zum Frame 320. Deaktivieren Sie die Schaltfläche *Animate*.

Durch Selektieren sämtlicher Polygongriffpunkte können diese in einem Arbeitsschritt auf die gewünschte Länge erweitert werden.

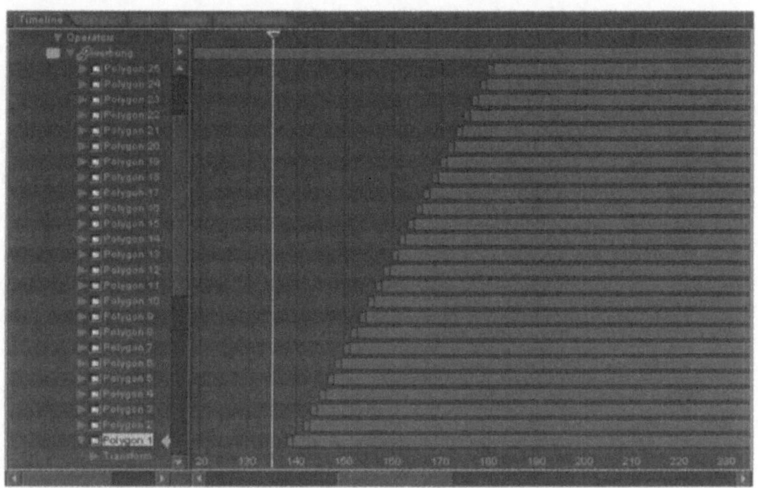

Abb. 4.4-26: Ansicht der Polygone(Vergrößert mit Umschalt+F11)

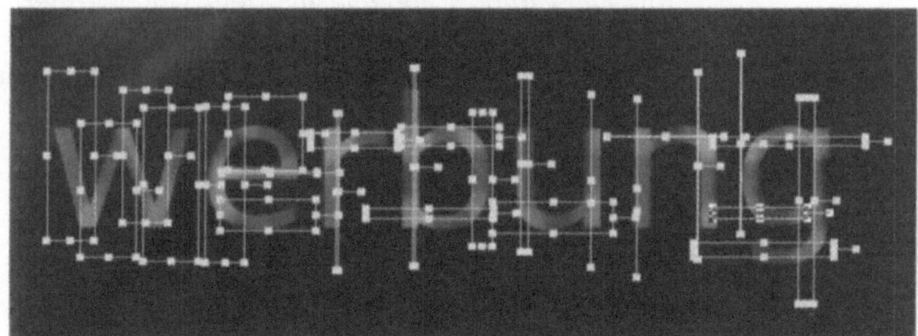

Abb. 4.4-27: Ansicht aller angewählten Polygone im *Viewport*

Einstellen des Transfermodus

Selektieren Sie im *Workspace* alle Polygone und ändern Sie im Untermenü *Modes* der *Paint Controls* die Transfereigenschaft auf *Screen*.

Stellen Sie für die Vordergrundfarbe die Farbwerte *R*: 47%, *G*: 39% und *B*: 28% ein.

Ausblenden der Schrift

Gehen Sie auf der *Timeline* zum Frame 294 und aktivieren Sie die Schaltfläche *Animate*. Achten Sie darauf, dass weiterhin sämtliche Polygone angewählt sind. Wechseln Sie in das Untermenü *Modes* der *Paint Controls* und tragen Sie für *Opacity* den Wert 100% ein.

Dieser sollte neu eingegeben werden, damit ein neuer Keyframe gesetzt wird. Springen Sie auf der Timeline zum Frame 320 und setzen Sie den Wert für *Opacity* auf den Wert 0%.

Einblenden der nachfolgenden Werbung

Gehen Sie auf der *Timeline* zum Frame 280 und importieren Sie mit *File⇨Import Footage* aus dem Unterordner *'werbung'* die Sequenz *'fresh lemon[####].png'* und ändern Sie dessen Bezeichnung in *'werbung'* um. Das importierte Rohmaterial wird als oberster Layer ins Composite eingefügt.

Um eine Verdeckung der Layer zu vermeiden, ziehen Sie den Layer *'werbung'* unter die anderen.

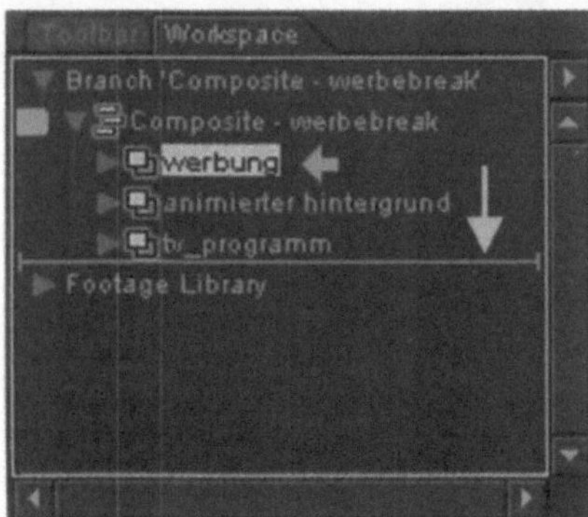

Abb. 4.4-28: Verändern der Hierarchie im *Workspace*

Speichern Sie zum Abschluss mit *File⇨Save Workspace as* die Sequenz unter dem Namen *'werbebreak'* ab.

Mit der Option *File⇨Rendern* kann die Sequenz als Videodatei exportiert werden.

5 Text

5.1 Lerneinheit 09

Textpfad

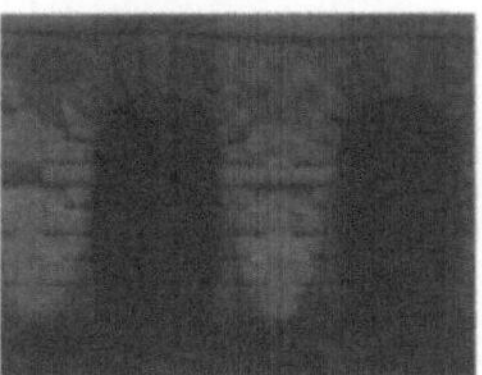

\\03 Text\009 Textpfad

ca. 25 Minuten

Es soll in dieser Lerneinheit eine Textpfadanimation erstellt werden. Der Text soll an dem Mauerwerk und durch einen Rundbogen hindurch animiert werden. Mit dem Einsatz eines *Bump Map Operators* erhält das Mauerwerk eine tiefere Struktur. Mit Lichteinsatz und Aktivierung der Option *Shading* werden Beleuchtungen hinzugefügt, die das Mauerwerk von unten anstrahlen.

Benutzte Werkzeuge:
- *Texttool*
- Option *Path*
- *Masktool*
- *Bump Map*
- *Shading*

Ziel dieser Lerneinheit

Durch dieses Beispiel soll vermittelt werden, wie ein Text entlang eines Pfades animiert werden kann. Diese Funktion ist in vielen Fällen nützlicher als die Keyframeanimation, da der Text sich an Kurven der Kurve anpasst.

Erstellen eines neuen Workspaces

Erstellen Sie mit *File⇨New* und den folgenden Angaben einen neuen Workspace:

Type	Composite
Name	textpfad
Format Options	PAL DV
Duration	500
Bit Depth	8 bit
Mode	3D

Import der Hintergrundsequenz

Importieren Sie in den neu erstellten *Workspace* mit *File⇨Import Footage* die Sequenz *'rundbogen[####].png'* aus dem Unterordner *'hintergrund'*.

Kopieren Sie den importierten Layer mit Rechtsklick und *Copy*. Fügen Sie mit Rechtsklick au *'Composite – textpfad'* und *Paste* die Kopie als neuen Layer ein.

Benennen Sie den oberen Layer in *'rundbogen maske'* und den unteren in *'rundbogen hintergrund'* um.

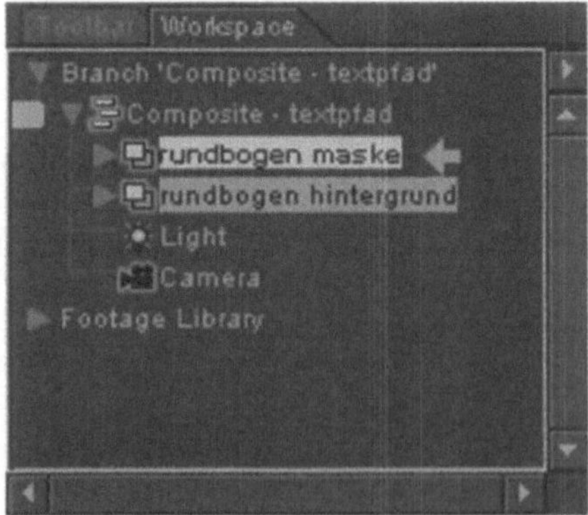

Abb. 5.1-1: Umbenannte Layer im *Workspace*

Erstellen von Masken

Der Layer wurde kopiert und umbenannt, da zu dem Layer *'rundbogen maske'* Masken hinzugefügt werden sollen. Mit diesen wird später die Schrift hinter dem Mauerwerk verdeckt.

Fügen Sie mit Rechtsklick auf den Layer *'rundbogen maske'* und *Operators⇨Mask⇨Draw Mask* diesem Layer einen Maskenoperator hinzu.

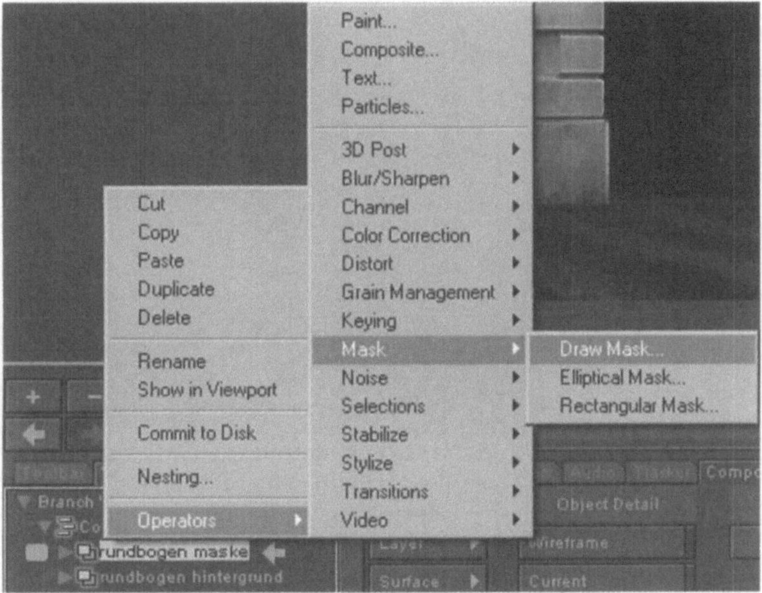

Abb. 5.1-2: Hinzufügen des *Draw Mask* Operators

Zeichnen Sie im *Viewport* mit je einem neu angewählten *Polygon/Bezier Mask Tool* drei Masken ein. Schließen Sie die Masken, indem Sie jeweils zum ersten Kontrollpunkt zurückkehren und bei Gelbfärbung des Mauszeigers auf den Kontrollpunkt klicken.

Abb. 5.1-3: *Polygon/Bezier Mask* Tool

Vergrößern Sie die Ansicht im **Viewport**, *um die Masken an den Kanten des Mauerwerks genauer zeichnen zu können.*

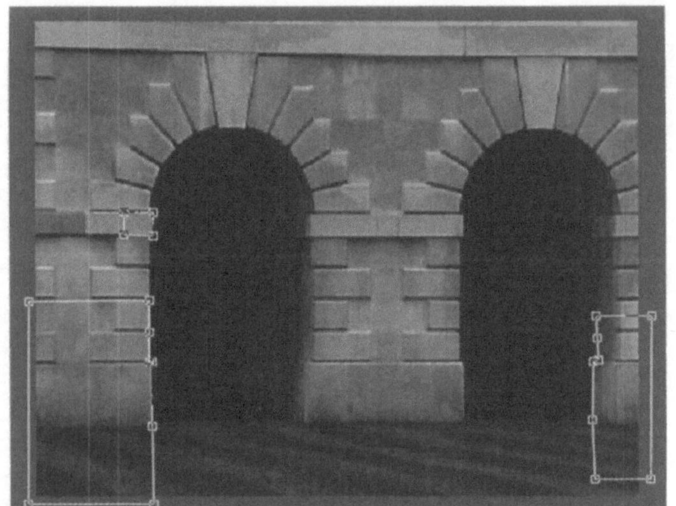

Abb. 5.1-4: Drei eingezeichnete Masken im *Viewport*

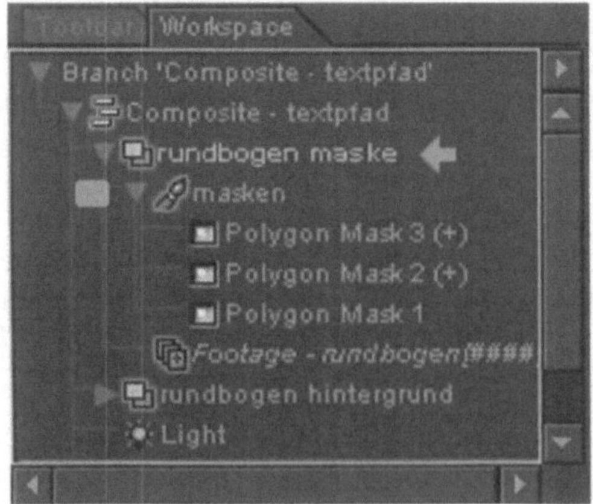

Abb. 5.1-5: Masken im *Viewport*

Selektieren Sie die drei Masken im *Workspace* und wechseln Sie in das Untermenü *Modes* der *Mask Controls*. Ändern Sie die Einstellung für *Edge Gradient* auf *In/Out*. Tragen Sie bei der Option *Out* den Wert 2 ein.

Der *Kombinationsmodus* bleibt bei den drei Masken auf *Add* eingestellt und *Invert* bleibt deaktiviert.

Um die drei Masken auszustanzen, ändern Sie den *Global Apply Mode* in den *Mask Controls* auf die Einstellung *Substact*.

Die Eigenschaft **Global Apply Mode** *bestimmt die Verbindung der Masken auf der globalen Workspaceebene.*

Abb. 5.1-6: *Global Apply Mode* in den *Mask Controls*

Deaktivieren Sie den Layer *'rundbogen hintergrund'*, um die Auswirkungen der Masken sichtbar zu machen.

Abb. 5.1-7: Masken mit Option *Substract* im *Global Apply Mode*

Erstellen des Textes

Um den Text und den Pfad zu erstellen, deaktivieren Sie die Masken im *Viewport*, damit der Text nicht durch diese verdeckt wird.

Mit Rechtsklick auf *'rundbogen maske'* und *Operators⇨Text* fügen Sie einen neuen Textoperator hinzu und benennen Sie diesen in *'textpfad'* um.

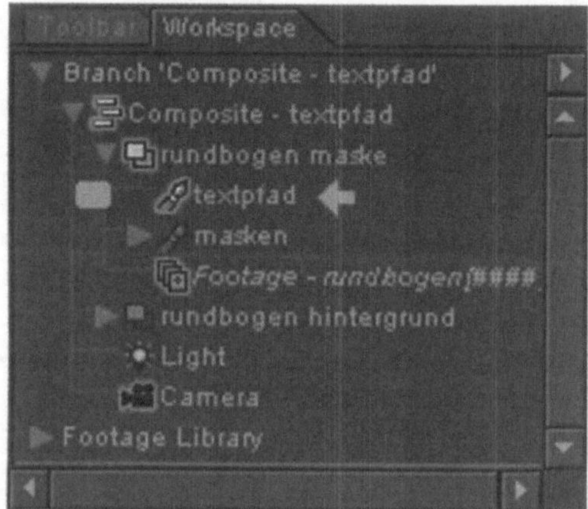

Abb. 5.1-8: Textoperator im *Workspace*

Wechseln Sie in die *Text Controls* und tragen Sie im *Text Editor* das Wort *'combustion'* ein.

Ändern Sie im Untermenü *Text* mit angewählter Option *Basics* die Einstellungen *Font Size* und *Font*.

Font	Garamond
Font Size	59

Im Untermenü Modes *der* **Text Controls** *sollte sichergestellt werden, dass der Wert für* **Opacity** *auf* `100%` *und die Vordergrundfarbe auf Weiß (RGB* `100%`*) eingestellt sind.*

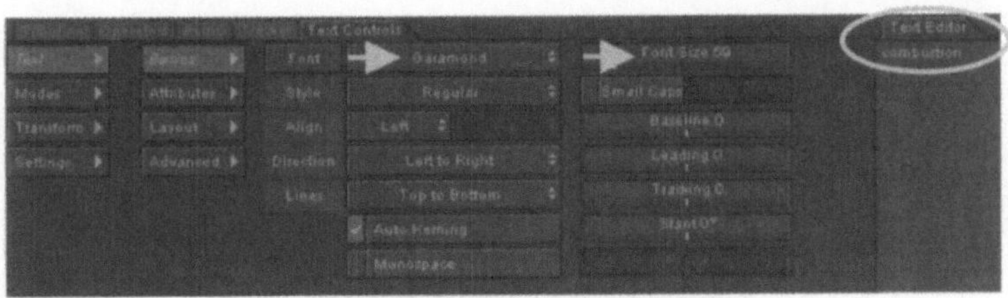

Abb. 5.1-9: Untermenü *Basics* der *Text Controls*

Aktivieren Sie die Option *Attributes* und wählen Sie für die Einstellung *Source* die Quelle *Texture*.

Selektieren Sie im Auswahlfeld *Source* die Einstellung *Current*, so wird der selbe Layer als Texturquelle genutzt.

Ändern Sie die Einstellung *Frame* auf 242. Das Schlosssymbol bleibt verriegelt, da die Quelle ein Standbild sein soll. Tragen Sie für die *Position* die Werte *X:* 367; *Y:* 95, um die Quellposition in dem Frame zu bestimmen.

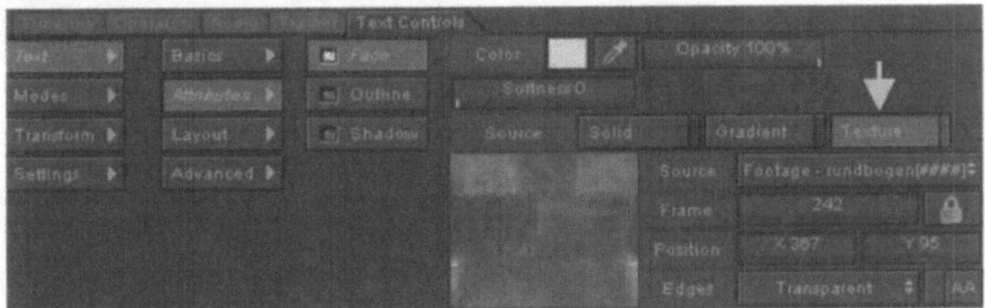

Abb. 5.1-10:Einstellungen für die Option *Texture*

Text- und Pfaderstellung

Aktivieren Sie die Option *Advanced* im Untermenü *Text* der *Text Controls*.

Ändern Sie die Einstellung *Type* unter *Path Options* in *Path*. Mit der Option *Path Offset* kann durch Verschieben des Reglers der Text im *Viewport* proportional dazu bewegt werden. Später wird mit dieser Option der Text entlang des Pfades animiert.

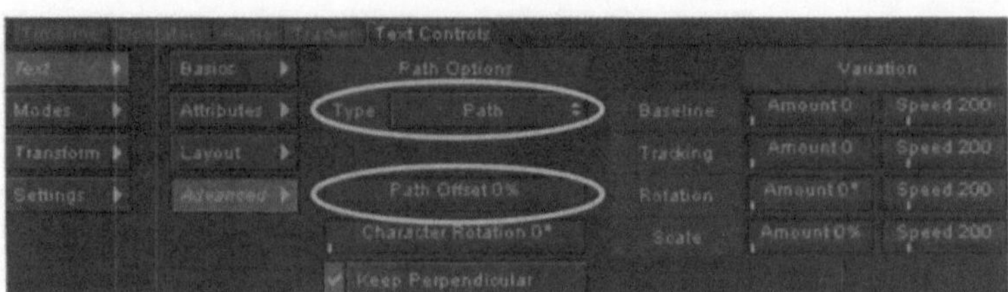

Abb. 5.1-11: *Advanced* Steuerelemente in den *Text Controls*

Wechseln Sie, um den Pfad des Textes bearbeiten zu können, in die *Toolbar* und selektieren Sie das *Text Tool.*

Abb. 5.1-12: *Text Tool*

Bounding Box: *Begrenzungsrahmen für ein Objekt in einem Composite*

Durch diese Auswahl ändert sich die Darstellung der *Bounding Box* des Textes in eine Polygonlinie mit drei Kontrollpunkten. Die vorhandenen Kontrollpunkte können verändert und neue hinzugefügt werden.

Abb. 5.1-13: Ansicht im *Viewport* mit voreingestelltem Textpfad

Durch Ziehen der Kontrollpunkte mit der Maus können Sie die Gestalt des Pfads verändern. Wenn Sie die Maus über die Polygonlinie führen, ändert sich die Farbe des Mauszeigers in die Farbe grün. In diesem Zustand können durch Mausklick neue Kontrollpunkte zur Linie hinzugefügt werden.

Beginnen Sie für den Pfad auf der linken Seite, wie in Abb. 5.1-14 gezeigt.

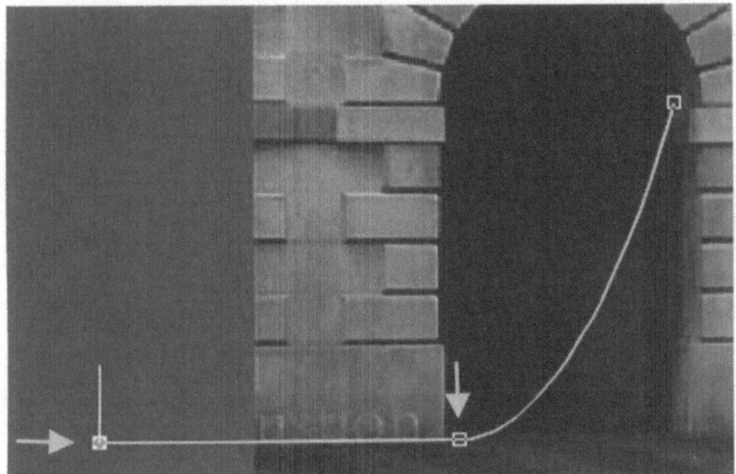

Abb. 5.1-14: Beginn des Pfades

Anpassen des Pfades an den Rundbogen

Fügen Sie für das Formen der Rundung einige neue Kontrollpunkte zum Pfad hinzu und formen Sie, wie in Abb. 5.1-15 dargestellt, die Halbkreisform.

Durch Ändern der Tangentenziehpunkte kann der Kurvenradius verändert werden.

Die Tangentenziehpunkte beeinflussen direkt die Richtung und Krümmung der Kurve. Dies ist beim Rundbogen von Vorteil, damit eine einheitliche Krümmung entsteht.

Abb. 5.1-15: Krümmung des Pfades

Erweitern Sie die Kurve bis zum rechten Bildrand, so dass die Grundlinie auf Höhe der Rasenoberkante verläuft.

Abb. 5.1-16: Textpfad über den rechten Bildrand verlängert

Der erste und der letzte Kontrollpunkt sollen, wie in Abb. 5.1-16 dargestellt, außerhalb des sichtbaren Bereiches liegen.

Vergrößern Sie die Ansicht im *Viewport,* um die Krümmungen der Kurve mit den Kontrollpunkten und Tangentenziehpunkten zu bearbeiten und eine gleichmäßige Krümmung zu erhalten.

Durch die Änderung des Wertes in der Option **Path Offset** *kann die Krümmung überprüft werden.*

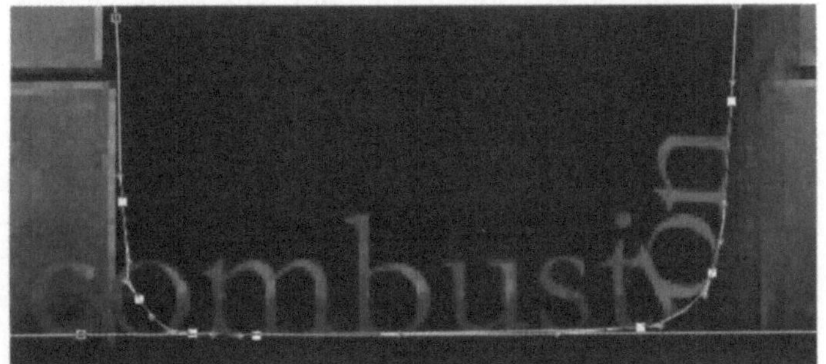

Abb. 5.1-17: Detailansicht der Krümmungen (*Path Offset* 14%)

Textanimation

Aktivieren Sie die Option *Animate* und wechseln Sie in die Steuerelemente *Advanced* im Untermenü *Text* der *Text Controls.*

Für den Startpunkt gehen Sie auf der *Timeline* zum Frame 0 und ändern Sie den Wert für *Path Offset* auf 90%.

Um den Endpunkt festzulegen gehen Sie zum letzten Frame 499 und tragen für *Path Offset* den Wert 0% ein.

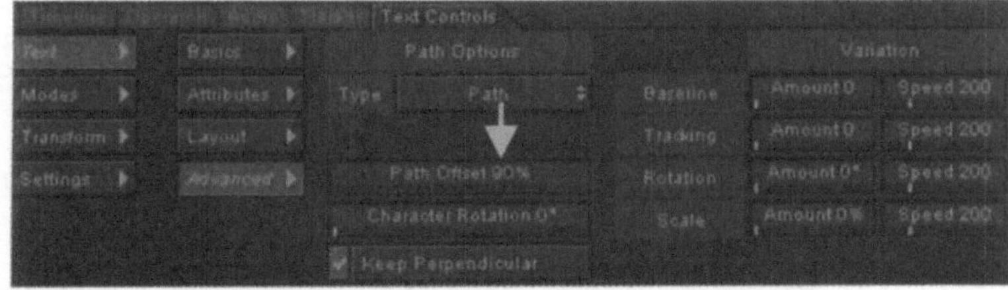

Abb. 5.1-18: Parameter *Path Offset* (hier bei Frame 0)

Verschieben der Operatoren in der Hierarchie

Aktivieren Sie im *Workspace* den Operator '*masken*'. Da diese im *Workspace* in der Hierarchie unterhalb des Textoperators stehen, wirken sich die Masken nicht auf den Text aus. Ziehen Sie mit der Maus den Operator '*masken*' über den Textknoten '*textpfad*'.

Der Text wird jetzt durch die Masken beeinflusst und somit an diesen Positionen von dem Mauerwerk verdeckt.

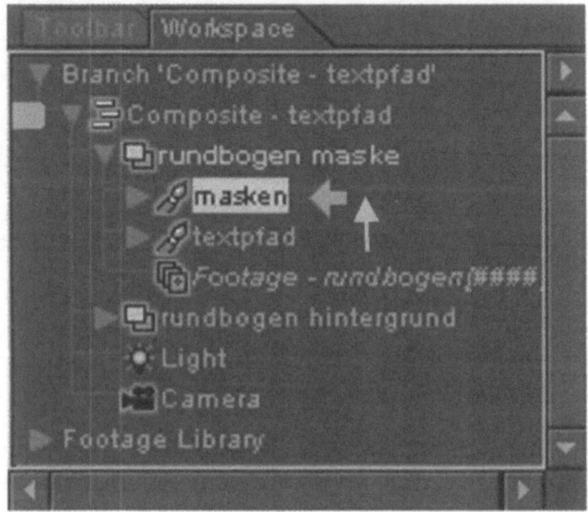

Abb. 5.4-19: Verschieben der Masken

Ändern der Beleuchtung

Selektieren Sie im *Workspace* den Layer '*Light*' und wechseln Sie in die *Composite Controls*. In diesen ist zum Einstellen der Lichtoptionen das Untermenü *Light* verfügbar.

Es sollen drei Strahler erstellt werden, die vom Boden aus das Mauerwerk anstrahlen.

Light Type	Spot
Intensity	100%
Cone Angle	29.00°
Soft Edge	100.00°
Amient Intensity	50%
Color&Amient Color	*White: R,G,B*: 100%

Abb. 5.1-20: Untermenü *Light* in den *Composite Controls*

Im Viewport zeigen diese Einstellungen aber noch keine Auswirkungen. Um dies zu erreichen wechseln Sie in das Untermenü *Settings* der *Composite Controls* und aktivieren Sie in den *Render Effects* die Option *Shading*.

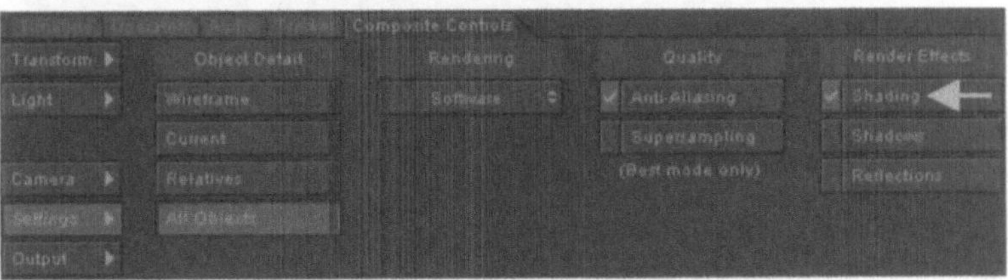

Abb. 5.1-21: Aktivieren der *Shading-Option*

Positionieren Sie das Spotlight im Untermenü *Transform* der *Composite Controls*.

X-Position	-323.50
Y-Position	-343.50
Z-Position	-98.00
X-Rotation	-72.00°

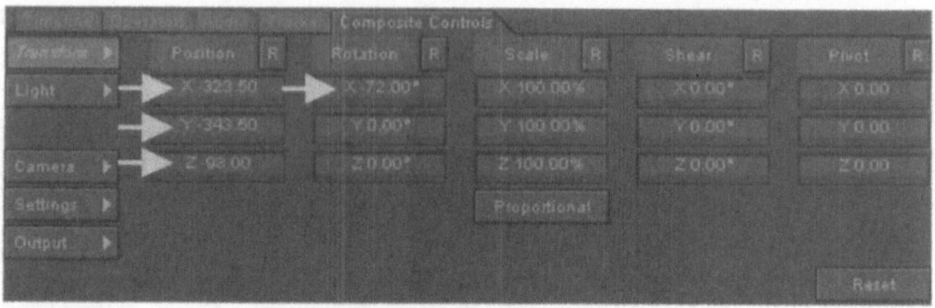

Abb. 5.1-22: Position des Spotlights im Untermenü *Transform*

Abb. 5.1-23: Ansicht im *Viewport*

Erzeugen von zwei weiteren Strahlern

Kopieren Sie im *Workspace* mit Rechtsklick auf *'Light'* und *Duplicate* den ersten Beleuchtungslayer. Führen Sie diesen Vorgang ein zweites Mal durch, um einen Dritten zu erstellen.

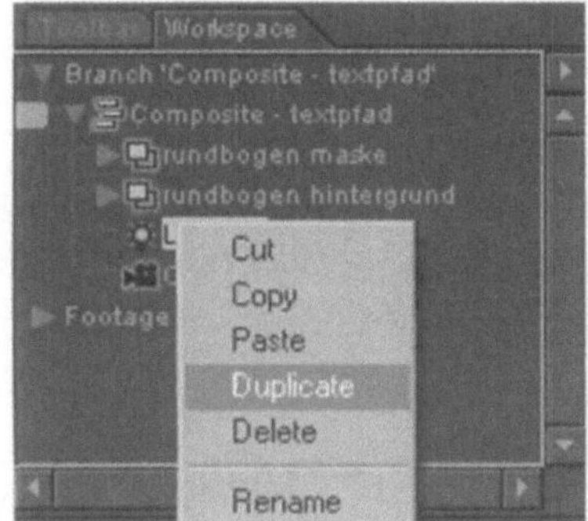

Abb. 5.1-24: *Duplicate* Funktion

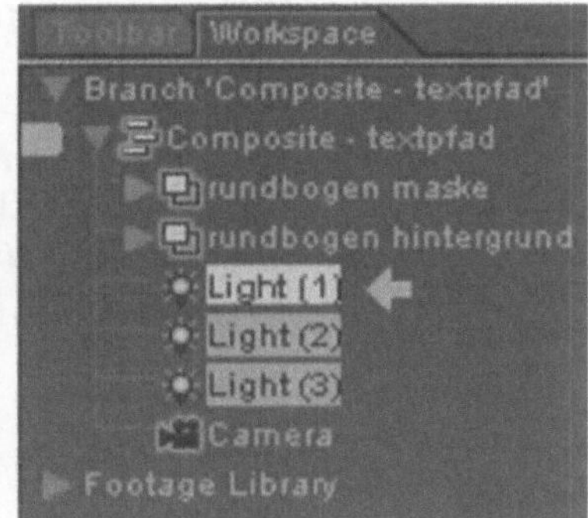

Abb. 5.1-25: Beleuchtungen

Wechseln Sie in das Untermenü *Transform* der jeweiligen Spotlights und ändern Sie die Position auf der X-Achse.

Light (2)	*X-Position*	60.50
Light (3)	*X-Position*	464.50

Im *Viewport* beleuchten diese drei Strahler das Mauerwerk vom Boden aus, als ob diese in die Rasenfläche eingelassen wären.

Abb. 5.1-26: Position der drei Spotlights

Bump Map Operator

Um dem Mauerwerk eine stärkere Struktur zu verleihen, fügen Sie mit Rechtsklick auf den Layer *'rundbogen hintergrund'* und *Operators⇨Stylize⇨Bump Map* einen Strukturoperator hinzu.

Ändern Sie in den *Bum Map Controls* die folgenden Einstellungen:

Bump Map: *Mit diesem Operator kann auf einem angewählten Layer eine Reliefstruktur hinzugefügt werden. Diese kann abhängig vom ausgewählten Quelllayer eingezeichnet werden.*

Layer	'footage rundbogen[xxxx]'
Channel	Value
Height	8%
Smoothness	3.30
Ambient	60%
Diffuse	28%
Specular	9%
Shininess	10.00
Source Latitude	54°
Source Longitude	0°
Source Color	white

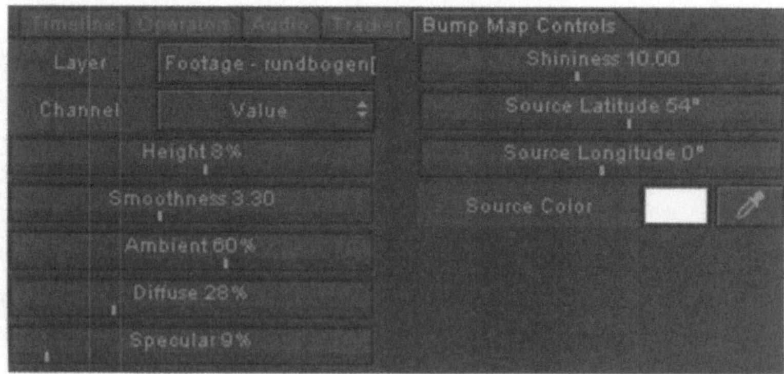

Abb. 5.1-27: *Bump Map Controls*

Kopieren Sie im *Workspace* mit Rechtsklick auf den Operator *'Bump Map'* diesen in die Zwischenablage. Fügen Sie diesen mit Rechtsklick auf *'rundbogen maske'* und *Paste* in diesen Layer ein.

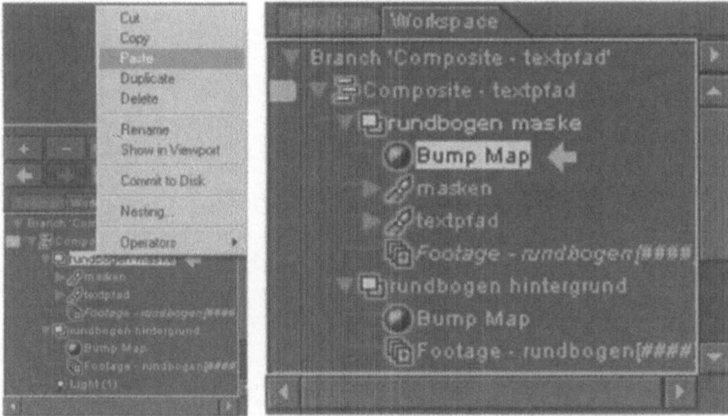

Abb. 5.1-28: *Paste* Abb. 5.1-29: *Paste* (*Bump Map*)

Stellen Sie jetzt mit Doppelklick auf *'composite – textpfad'* die gesamte Sequenz im *Viewport* dar.

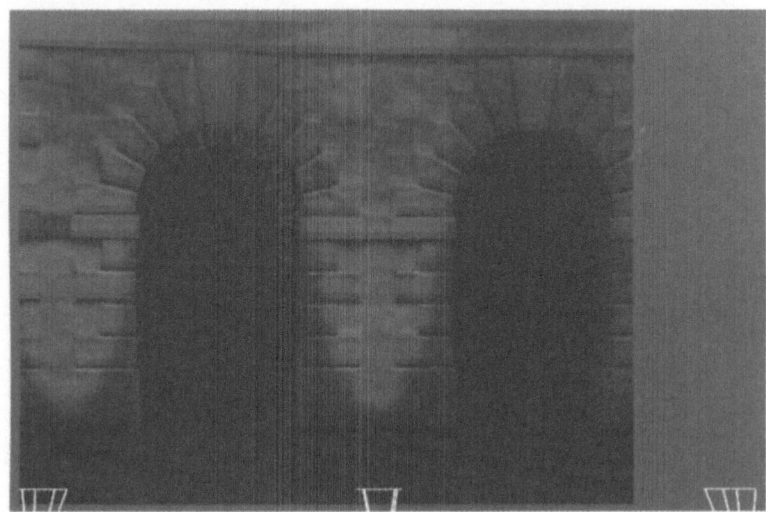

Abb. 5.1-30: Ansicht des fertigen Composites (Frame 322)

Speichern Sie das Projekt mit *File⇨Save Workspace as* unter der Bezeichnung '*textpfad*' ab.

Mit *File⇨Render* kann die Sequenz auch als Videodatei berechnet und ausgegeben werden.

5.2 Lerneinheit 10

Texttracking

\\03 Text\010 Texttracking

ca. 30 Minuten

Ein Text soll auf Mauerwerk verankert und mit dem Tracker die Bewegung des Hintergrundbildes verfolgt werden. Die Trackerdaten werden exportiert und auf den Text angewendet. Da das Referenzfeld für den Tracker aus dem Bild wandert, muss die Bewegung für den Text aus zwei Trackerdaten zusammengesetzt werden.

Benutzte Werkzeuge:
- *Texttool*
- *Tracking*
- *Color Emboss*
- Farbanpassung, Texturauswahl

Ziel dieser Lerneinheit

In dieser Lerneinheit soll veranschaulicht werden, wie eine Schrift an einen Hintergrund angepasst werden kann. Als Weiteres wird gezeigt, wie der Text an den Hintergrund mit der Bewegungsverfolgung fixiert wird. Diese Technik ist im Arbeitsalltag von großem Nutzen, da häufig Objekte mit anderen verankert werden sollen.

Erstellen eines neuen Workspaces

Erstellen Sie mit *File⇨New* einen neuen *Workspace* mit den folgenden Dimensionen:

Type	Composite
Name	texttracking
Format Options	PAL DV
Duration	80
Bit Depth	8 bit
Mode	2D

Import von Rohmaterial

Importieren Sie mit *File⇨Import Footage* aus dem Unterverzeichnis *'hintergrund'* die Sequenz *'bogengang[####].png'*. Ändern Sie die Bezeichnung des neu importieren Layers in *'bogengang'*.

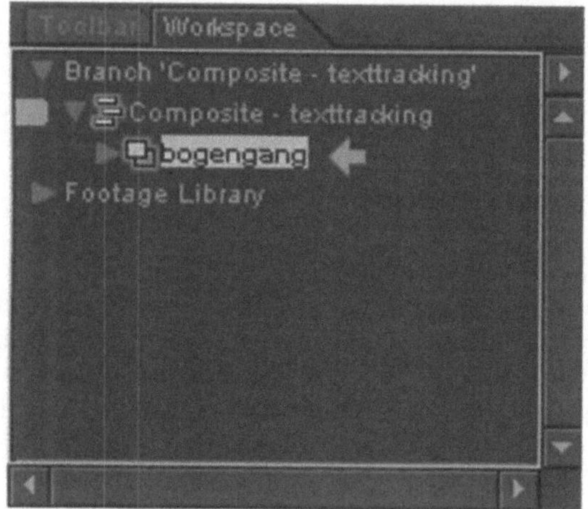

Abb. 5.2-1: *Workspace*

Bewegungsverfolgung des Hintergrundes

Um die Bewegung des Hintergrundes zu erfassen, selektieren Sie im *Workspace* den Layer *'bogengang'* und wechseln Sie in das Menü *Tracker*.

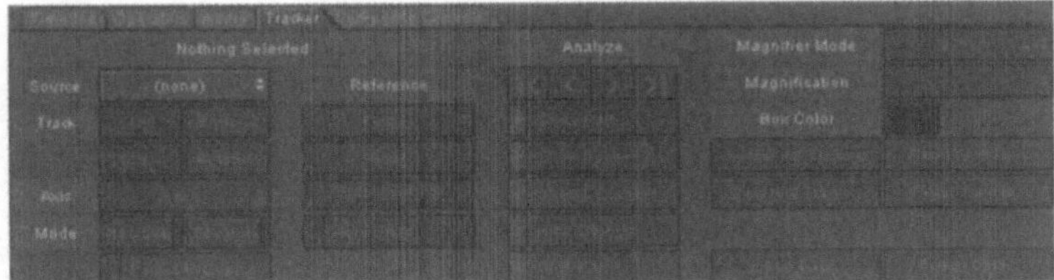

Abb. 5.2-2: *Tracker* in der Standardeinstellung

Wählen Sie unter *Source* den Layer aus, welcher in der Bewegung verfolgt werden soll. In diesem Fall selektieren Sie in der Auswahl den Layer *'bogengang'* und aktivieren Sie im Optionsfeld *Track* die Einstellung *Position*.

Im *Viewport* erscheinen die Felder für die Referenz und das Tracking.

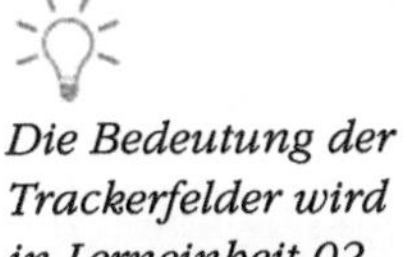

Die Bedeutung der Trackerfelder wird in Lerneinheit 02 eingehend erläutert.

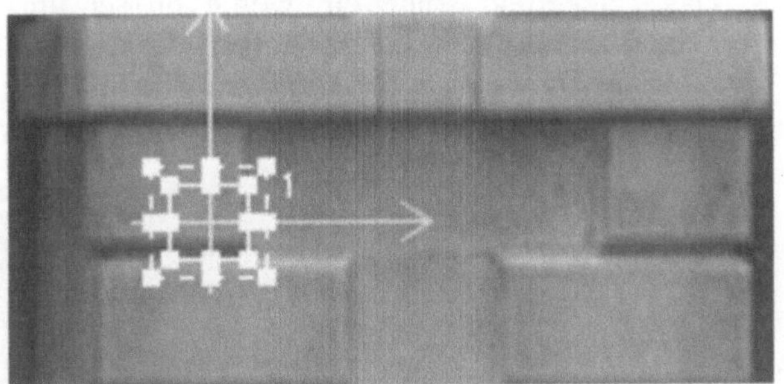

Abb. 5.2-3: aktivierter *Tracker* im *Viewport*

Wenn die Sequenz in voller Länge wiedergeben wird, würde ein an dem mittleren Pfeiler verankerter Tracker seine Referenz verlieren, da dieser den sichtbaren Bildbereich verlässt.

Um dieses Problem zu vermeiden, teilen Sie den Erfassungsvorgang in zwei Tracker auf.

Der erste Tracker soll die Bewegung vom Frame 0 bis 55, der zweite von Frame 55 bis 80 erfassen.

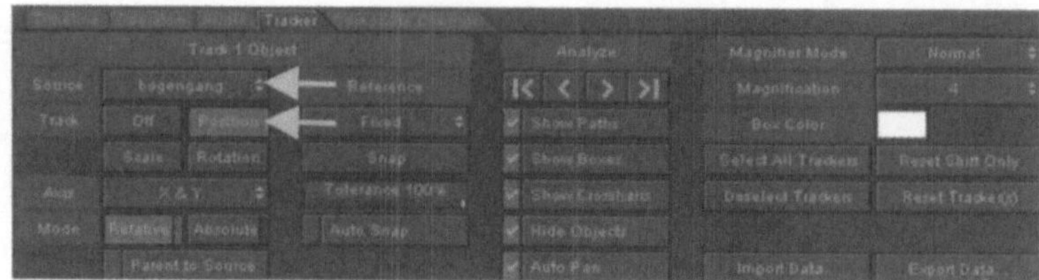

Abb. 5.2-4: Trackereinstellungen für das Verfolgen der Position

Belassen Sie den Tracker auf den Standardeinstellungen, da das Referenzfeld sich über die Zeit nicht verändert und nicht verdeckt wird. Gehen Sie auf der *Timeline* zum Frame 0, positionieren und skalieren Sie im *Viewport* das *Referenz-* und das *Trackerfeld.*

Für den Bereich des Referenzfeldes wählen Sie ein Gebiet auf dem mittleren Pfeiler.

Das Trackerfeld sollte ein wenig größer um das Referenzfeld herum skaliert werden. In Abb. 5.2-5 ist eine mögliche Anordnung des *Trackers* im *Viewport* dargestellt.

Die Referenz- und Trackerfelder werden zur besseren Darstellung der Position für den Trackingvorgang auf die Mitte des Pfeilers gesetzt.
Es können an diesem Pfeiler auch abweichende Trackingpositionen ausgewählt werden.

Abb. 5.2-5: Anordnung der Trackingelemente

Starten Sie die Elementverfolgung mit dem *Analyze-Tool* im Menü *Tracker*. Stoppen Sie die Verfolgung beim Frame 55.

Abb. 5.2-6 *Analyze*-Steuerelemente

Die durchgeführte Elementverfolgung wird im *Viewport* als grüne Keyframelinie dargestellt.

Abb. 5.2-7: Darstellung der Bewegungsverfolgung (bis Frame 55)

Um die erfassten Daten später für den Text nutzen zu können, exportieren Sie diese mit der Option *Export Data* im Menü *Tracker*.

Es öffnet sich das Auswahlfenster *Select Tracker Data Format*. Wählen Sie in diesem als Export Format *Tracker Data* aus.

Speichern Sie die Trackerdaten im darauf geöffneten Dateibrowser unter dem Namen '*tracker 01*' ab.

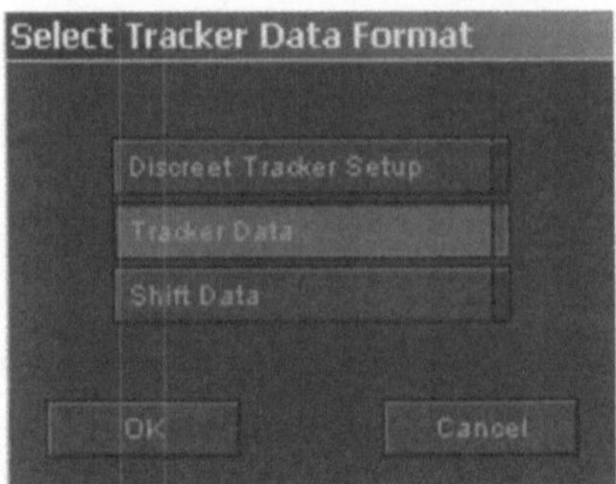

Abb. 5.2-8: Trackerformatwahl

Kehren Sie zum Menü *Tracker* zurück und deaktivieren Sie den *Tracker* in der Kategorie *Track* mit der Schaltfläche *Off*.

Um den zweiten Erfassungsvorgang zu starten, aktivieren Sie die Schaltfläche *Position* und erstellen damit einen weiteren *Tracker*. Positionieren Sie diesen auf den Pfeiler in der Bildmitte beim Frame 55. Bestimmen Sie die neue Position vom Referenz- und Trackerfeld, wie in Abb. 5.2-9 dargestellt ist.

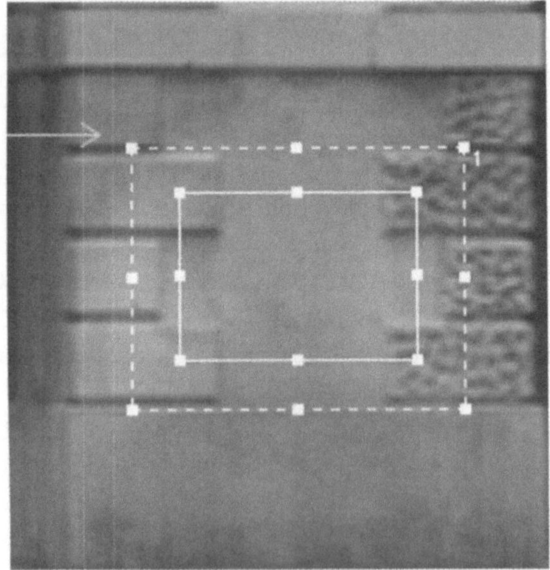

Abb. 5.2-9: Referenz- und Trackerfeld

Starten Sie im Menü *Tracker* mit den *Analyze-Steuerelementen* den zweiten Erfassungsvorgang.

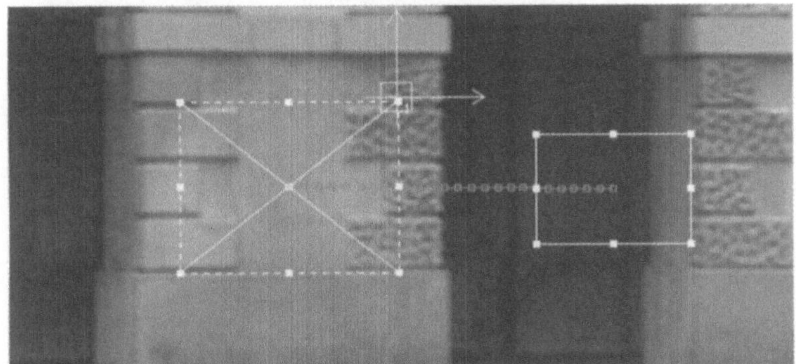

Abb. 5.2-10: Ergebnis der Elementverfolgung der Frames 55-80

Speichern Sie die Bewegungsdaten des zweiten Erfassungsvorgangs mit *Export Data*. Selektieren Sie das Format *Tracker Data* und sichern Sie die Daten unter dem Namen '*tracker 02*'.

Der Tracker wird für den Layer '*bogengang*' nicht mehr benötigt. Deaktivieren Sie in der Kategorie *Track* mit der Schaltfläche *Off* den zweiten Tracker.

Erstellen eines *Solid-Layers*

Gehen Sie auf der *Timeline* zurück zum Frame 0 und erstellen Sie mit Rechtsklick auf '*composite – texttracking*' und *Operators*⇨*New Layer* einen Solid-Layer mit den folgenden Einstellungen:

Type	Solid
Format Options	PAL DV
Duration	80
Bit Depth	8 bit
Transparent	deaktiviert

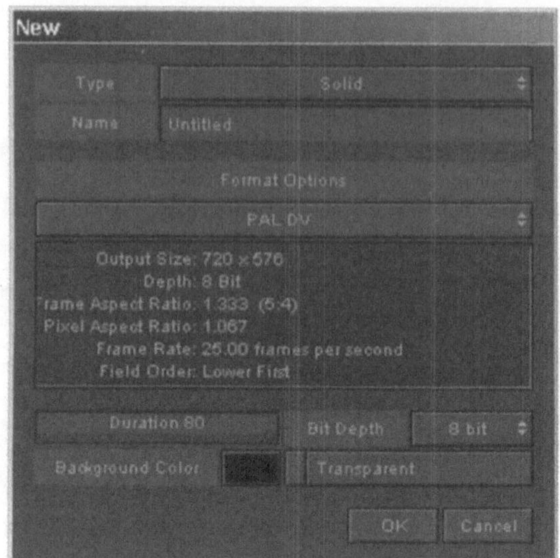

Abb. 5.2-11: Neuer *Solid Layer*

Benennen Sie, im *Workspace,* den neuen Layer in '*eingang*' um.

Warum der Layer nicht schon bei der Erstellung benannt wird, hat einen besonderen Grund. Da bei dieser Bezeichnung die Art des Layers, in diesem Fall **Solid**, *vor den eigentlichen Layernamen gesetzt wird, soll der Layer ohnehin umbenannt werden.*

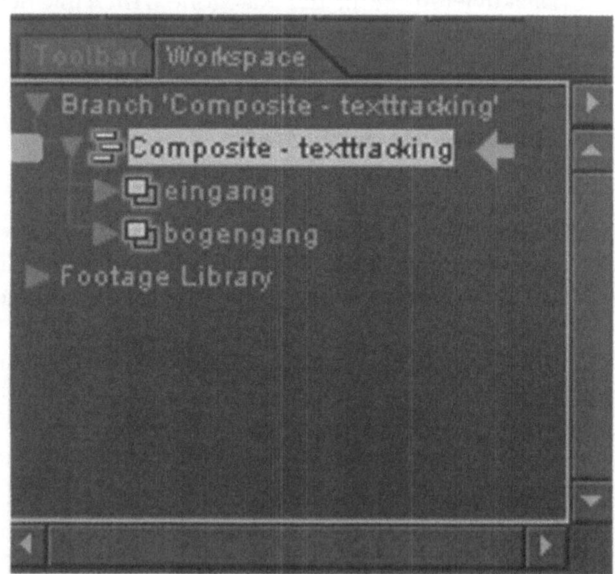

Abb. 5.2-12: *Workspace* mit den umbenannten Layern

Da es sich bei dem Layer *'eingang'* um einen einfarbigen Volltonlayer handelt und dieser in der Hierarchie an erster Stelle steht, wird im *Viewport* als einfarbige Fläche dargestellt.

Obwohl der **Solid-Layer** *mit der Option* **Opacity** *0% durchsichtig gesetzt wird, kann ein darauf erstellter Text deckend hinzugefügt werden.*

Erweitern Sie im *Workspace* den Layer *'eingang'*, selektieren Sie das Rohmaterial *'solid – Untitled'* und wechseln Sie in die *Footage Controls*. Ändern Sie im Untermenü *Source* den Wert für *Opacity* auf 0%, um diesen Layer im *Viewport* transparent zu setzen.

Selektieren Sie im *Workspace* den Layer *'eingang'* und ändern Sie im Untermenü *Transform* der *Composite Controls* folgende Werte:

X-Position	320.18
Y-Position	-284.70
X-Scale	93%
Y-Scale	93%
X-Pivot	-267.00
Y-Pivot	218.00

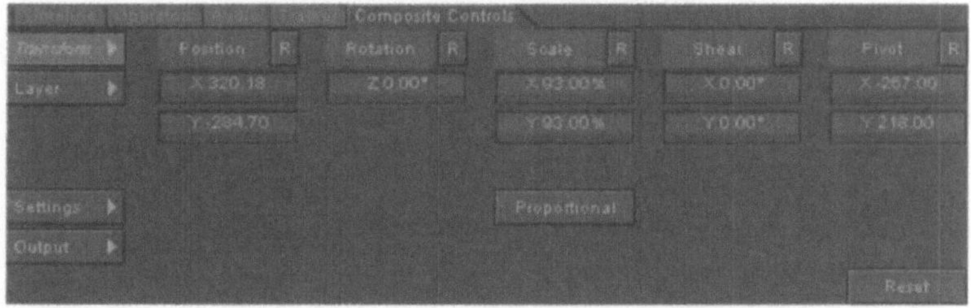

Abb. 5.2-13: Composite Controls des Layers *'eingang'*

Texterstellung für einen Schriftzug Eingang

Fügen Sie mit Rechtsklick auf den Layer *'eingang'* und *Operators⇨ Text* einen *Textoperator* hinzu und benennen Sie diesen in *'text'* um.

Tragen Sie im *Text Editor* in den *Text Controls* das Wort 'Eingang' ein. Es bildet sich im *Workspace* ein neuer Zweig an dem Operator *'text'* Ändern Sie diese Bezeichnung in *'eingang'* um.

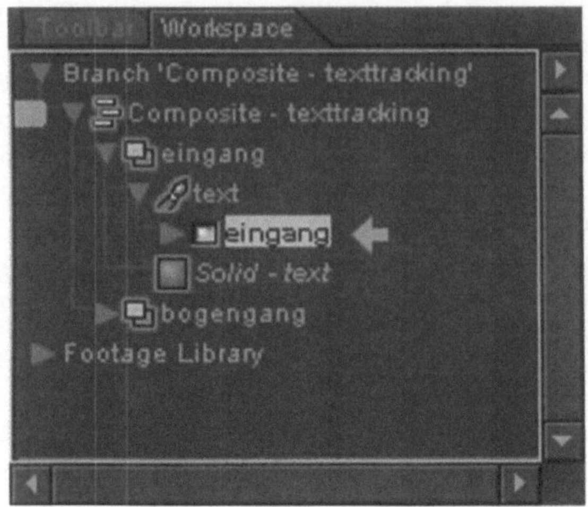

Abb. 5.2-14: neuer Zweig am *'text'* – Operator

Mit angewähltem Zweig *'eingang'*, wie in Abb. 5.2-14 dargestellt, wechseln Sie in die *Text Controls*. In der Kategorie *Basics*, im Untermenü *Text*, ändern Sie die Einstellung für die Schriftart und -größe.

Font	Century Gothic
Style	Bold
Font Size	27
Tracking	2

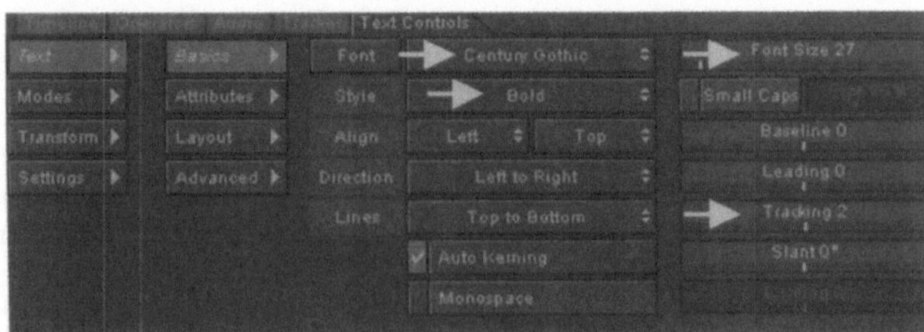

Abb. 5.2-15: Einstellungen in den *Text Controls*

Wechseln Sie in die Kategorie *Attributes* und ändern Sie die Vordergrundfarbe in der Option *Face*.

Die Farbe der Schrift wird an die des Mauerwerks angepasst. Es könnte auch eine Textur genutzt werden. In diesem Fall erweist sich eine Volltonfarbe als günstigere Lösung. Diese wird später für die Farbe des Eingangspfeils genutzt.

Red	67%
Green	57%
Blue	40%

Ändern Sie weiterhin die Vordergrundfarbe in der Option *Shadow*.

Red	31%
Green	23%
Blue	11%

Tragen Sie für die Änderung der Darstellung des Schattens die folgenden Werte ein:

Opacity	25%
Distance	1
Softness	1
Scale	100%
Direction	294°

Für die Darstellung von Face, **Outline** *und* **Shadow** *ist darauf zu achten, dass das Kontrollfeld gelb markiert ist.*

Abb. 5.2-16: *Shadow* Optionen

Texterstellung für einen Richtungspfeil

Selektieren Sie im *Workspace* den Operatorknoten *'text'*. Wechseln Sie in die *Text Controls und* tragen Sie in den *Text Editor* den Buchstaben 't' ein. Durch den Eintrag in den *Text Editor* hat sich im *Workspace* ein weiterer *Zweig* gebildet. Ändern Sie dessen Bezeichnung in '*pfeil*' um.

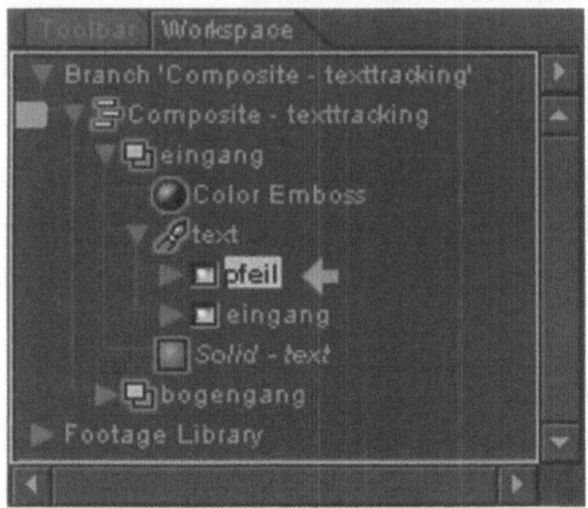

Abb. 5.2-17: Neuer Textzweig '*pfeil*'

Die Schriftart **Wingdings 3** *stellt den Buchstaben* **'t'** *als Pfeilsymbol dar.*

Wechseln Sie mit selektiertem Zweig '*pfeil*' in die Kategorie *Basics* im Untermenü *Text* der *Text Controls* und ändern Sie mit diesen Einstellungen den Buchstaben 't' in einen Pfeil.

Font	Wingdings 3
Style	Regular
Font Size	36

Die Position und Richtung des Schattens für den Pfeil und für die Schrift werden an die des Mauerwerks angeglichen.

Wechseln Sie in die Kategorie *Attributes* und aktivieren Sie die Option *Texture*. Wählen Sie in der Option *Source* mit *Pick Operator* aus dem Auswahlfenster die Sequenz '*footage bogengang[####]' an*. Ändern Sie die Daten für die Position und den Quellframe auf die Werte:

Frame	26
X-Position	396
Y-Position	58

Aktivieren Sie die Einstellung für *Shadow* und ändern Sie die folgenden Einstellungen für die Darstellung des Schattens:

Red	31%
Green	23%
Blue	11%

Opacity	25%
Distance	3
Softness	0
Scale	100%
Direction	294°

Für die Positionierung des Pfeils wechseln Sie in das Untermenü *Transform* der *Text Controls* und tragen für die Lage diese Werte ein:

X-Position	41.47
Y-Position	68.85

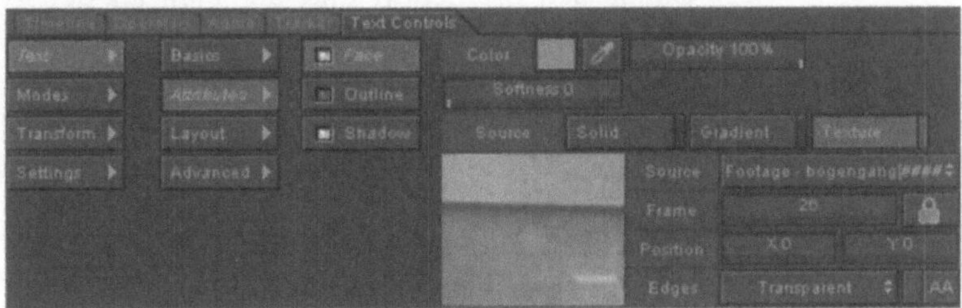

Abb. 5.2-18: Kategorie *Attributes* der *Text Controls*

Stilisierung durch Color Emboss Operator

Die Schrift und der Pfeil sind von der Farbe und Position an den Hintergrund angepasst. Um mehr Plastizität zu ereichen, fügen Sie mit Rechtsklick auf den Layer *'eingang'* und *Opera-*

tors⇨Stylize⇨Color Emboss einen Operator zur Stilisierung hinzu. Der *Color Emboss* Operator fügt durch eine vorgetäuschte Lichtquelle und durch Schatten dem Layer eine Tiefenwirkung hinzu, in Abb. 5.2-20a und b als Detailansicht dargestellt.

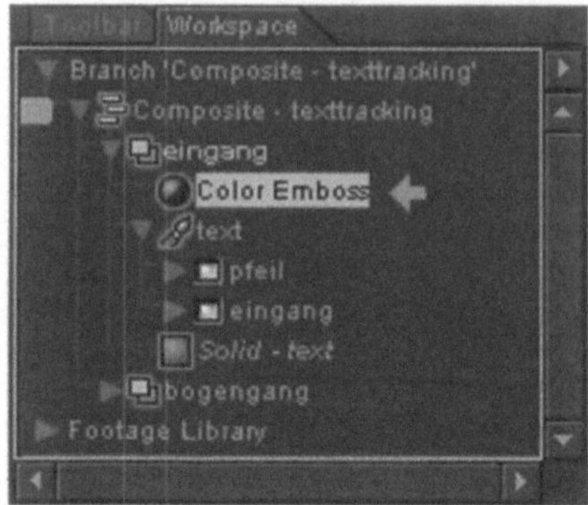

Abb. 5.2-19: *Color Emboss* Operator

Abb. 5.2-20a: ohne (DVD)

Abb. 5.2-20b: mit Color Emboss

Damit sich die Schrift und der Pfeil an den Hintergrund anpassen, tragen Sie in den *Color Emboss Controls* die nachfolgenden Werte ein:

Die Einstellungen in den **Color Emboss Controls** *werden an die Lichtquelle des Hintergrundmaterials angepasst.*

Amount	37%
Radius	2.10
Light Source	20°

Abb. 5.2-21: *Color Emboss Controls*

Hinzufügen der Bewegungsinformationen zum Text

Wenn Sie die Sequenz wiedergeben, bleibt der Text auf der festgelegten Position und bewegt sich nicht mit dem Hintergrund mit. Um den Text an die Bewegung anzupassen werden die eingangs gespeicherten Bewegungsdaten verwendet.

Aktivieren Sie im *Workspace* mit Doppelklick den Layer *'eingang'* und wechseln in das Menü *Tracker*. Selektieren Sie als *Source* den Layer *'eingang'* und aktivieren Sie den Tracker mit der Schaltfläche *Position* in der Kategorie *Track*.

Gehen Sie auf der *Timeline* zum Frame 0 und laden Sie mit *Import Data* die zuvor gespeicherten Bewegungsdaten *'track 01'*. Die Trackerdaten werden als grüne Keyframelinie im *Viewport* angezeigt. Deaktivieren Sie mit *Off* in der Kategorie *Track* den *Tracker*.

Springen Sie auf der *Timeline* zum Frame 55 und importieren Sie auf die gleiche Weise die Daten für den zweiten Teil der Bewegung. Deaktivieren Sie danach den Tracker mit der Schaltfläche *Off*.

Abb. 5.2-22: aktivierter *Tracker* zum Import der Bewegungsdaten

Wechseln Sie in das Menü *Timeline* und erweitern Sie den Layer *'eingang'*. Im Modus *Overview* werden die importieren Bewegungskeyframes angezeigt.

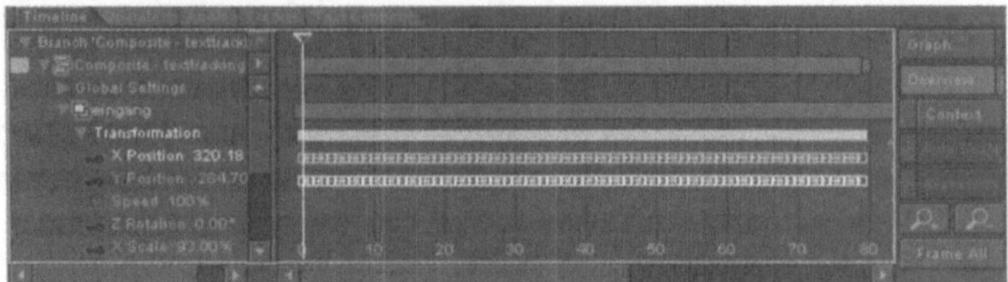

Abb. 5.2-23: vom *Tracker* gesetzte Keyframes in der *Timeline*

Für die Gesamtansicht der Szene aktivieren Sie mit Doppelklick den Compositezweig '*composite – texttracking*'.

Abb. 5.2-24: Szene im *Viewport (DVD)*

Speichern Sie das Projekt mit *File⇨Save Workspace as* unter dem Dateinamen '*texttracking*' ab.

Mit *File⇨Render* kann die Szene auch als Videodatei gerendert werden.

5.3 Lerneinheit 11

Reflektion

\\03 Text\011 Reflektion

ca. 15 Minuten

In einer 2D-Szene soll ein Titel über dem Wasser erstellt werden und sich auf der Wasseroberfläche spiegeln. In der Animation soll sich die Reflektion mit den Wellen bewegen.

Diese Szene mit Beleuchtung und Reflektionen im 3D-Modus zu erzeugen, würde sich als sehr aufwendig herausstellen. Die Reflektion auf diesem Weg zu erstellen führt zu einem besseren Ergebnis und ist in jedem Fall einfacher und schneller durchzuführen.

Benutzte Werkzeuge:
- Texttool
- *Displacement Map*
- *Compound Blur*
- *Discreet Keyer*

Ziel dieser Lerneinheit

Es soll in dieser Lerneinheit erlernt werden, auf welche Weise aufwendige Reflektionen, die üblicherweise dem 3D-Mode zugeordnet werden, im 2D-Mode zeitsparend erstellt werden können. Zudem wird weniger Rechenleistung beansprucht.

Erstellen eines neuen Workspaces und Import von Rohmaterial

Erzeugen Sie mit *File⇨New* einen neuen *Workspace* mit den Einstellungen:

Type	Composite
Name	reflektion
Format Options	PAL DV
Duration	200
Bit Depth	8 bit
Mode	2D

Importieren Sie mit *File⇨Import Footage* in den neu erstellten *Workspace* die Sequenz *'teich[####].png'* aus dem Unterordner *'wasser'*. Benennen Sie den importierten Layer in *'teich'* um.

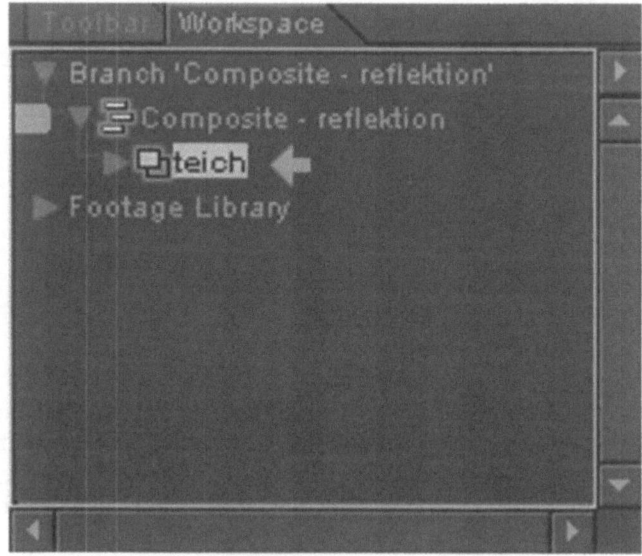

Abb. 5.3-1: Layer *'teich'*

Abb. 5.3-2: Ansicht im *Viewport*

Erzeugen eines Volltonlayers

Fügen Sie im *Workspace* mit Rechtsklick auf *'composite – reflektion'* und *New Layer* einen neuen Layer hinzu. Tragen Sie im geöffneten Auswahlfenster die folgenden Eigenschaften ein:

Type	Solid
Name	Untitled
Format Options	PAL DV
Duration	200
Bit Depth	8 bit
Background Color	R,G und B je 69%

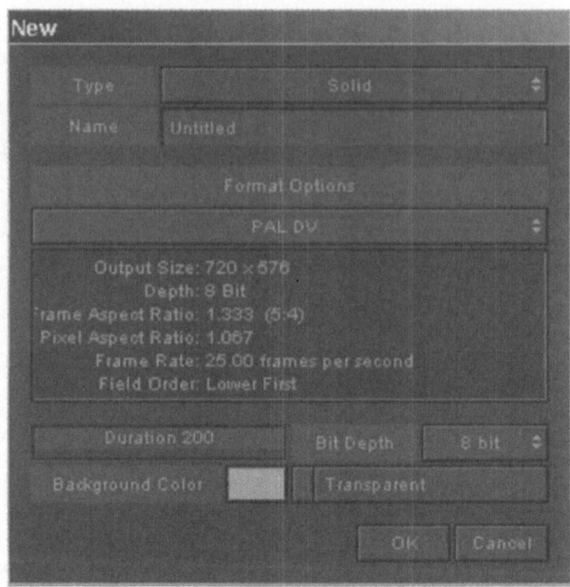

Abb. 5.3-3: Auswahlfenster *New Layer*

Obwohl die Deckkraft des Volltonlayers auf 0% gesetzt wurde, können Texte auf dieser Fläche deckend dargestellt werden.

Benennen Sie im *Workspace* den neuen Layer in *'titel'* um. Erweitern Sie den Layer und selektieren Sie das Rohmaterial *'Solid – Untitled'*. In den *Footage Controls* ändern Sie den Wert für *Opacity* auf 0%, um die Deckkraft des Solid-Layers auf transparent zu setzen.

Erstellen der Schrift 'Combustion'

Fügen Sie mit Rechtsklick auf den Layer *'titel'* und *Operators*⇨*Text* einen Textoperator hinzu. Tragen Sie in den Text Editor der Text Controls das Wort *'combustion'* ein.

Benennen Sie, den dadurch im *Workspace* neu erzeugten Zweig, des Operators *'text'* in *'combustion'* um.

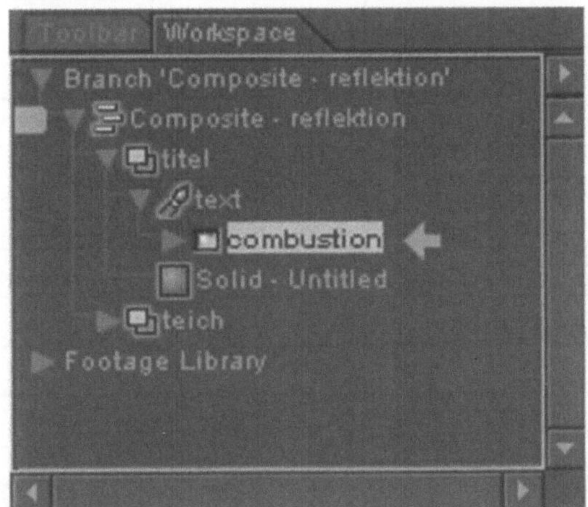

Abb. 5.3-4: Zweig *'combustion'*

Die Auswahl der Schriftart und Farbe ist frei gewählt. Der Text kann in Form und Farbe variiert werden. Dies führt aber zu einem abweichenden Ergebnis.

Wechseln Sie in das Untermenü *Text* der *Text Controls.* Aktivieren Sie die Kategorie *Basics* und ändern Sie die Einstellungen für Schriftgröße und –art.

Font	Century Gothic
Font Size	111

Wechseln Sie in die Kategorie *Attributes* und aktivieren Sie die Option *Face,* um die Farbe und Deckkraft der Schrift einzustellen.

Aktivieren Sie die Option *Gradient.*

Fügen Sie in die Farb- und Deckkraftbalken, wie in Abb. 5.3-5 gezeigt, vier Kontrollpunkte hinzu. Verschieben Sie diese jeweils an den linken und rechten Rand des Balkens.

Durch Anklicken der hinzugefügten Kontrollpunkte können die jeweiligen Werte eingetragen werden.

Color	*Red*: 45%	*Green*: 44%	*Blue*: 38%
Source	Gradient		
Color (Gradient)	2 Kontrollpunkte (KP) hinzufügen		
KP links	*Red*: 26%	*Green*: 26%	*Blue*: 22%
KP rechts	*Red*: 45%	*Green*: 44%	*Blue*: 38%
Opacity (Gradient)	2 Kontrollpunkte (KP) hinzufügen		
KP links	100%		
KP rechts	50%		

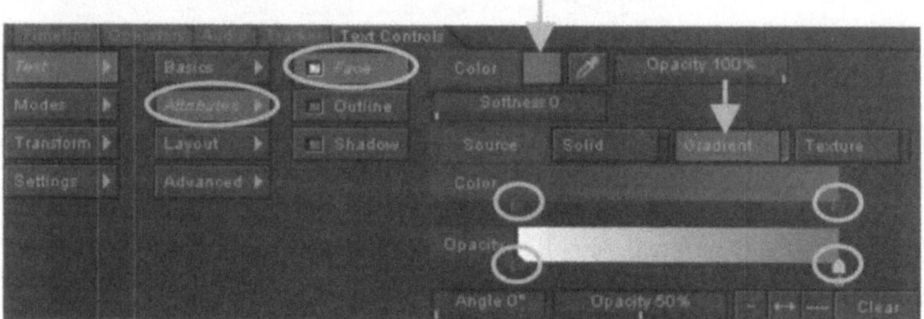

Abb. 5.3-5: Einstellung für *Face* in der Kategorie *Attributes*

Wechseln Sie in das Untermenü *Transform* der *Text Controls,* um den Text in der Szene zu positionieren.

Abweichend eingetragene Positionsdaten verfälschen das spätere Ergebnis im Zusammenspiel mit der Reflektion.

X-Position	358.39
Y-Position	262.00

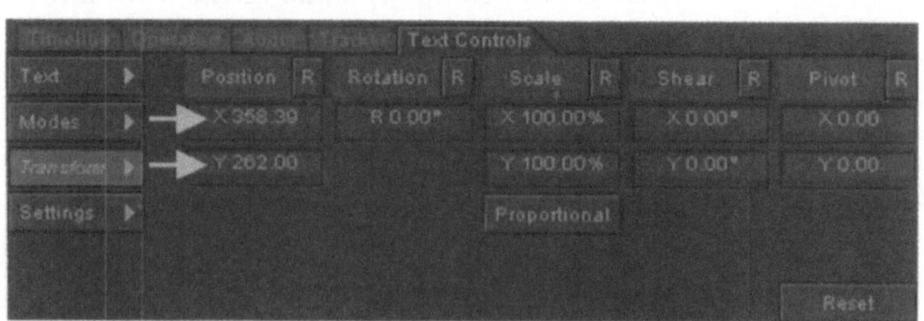

Abb. 5.3-6: Untermenü *Transform* der *Text Controls*

Abb. 5.3-7: Ansicht der transformierten Schrift im *Viewport*

Ohne die Spiegelung auf der Wasseroberfläche wirkt der Text nicht mit dem Hintergrund verankert.

Erstellen der Reflektion

Kopieren Sie mit Rechtsklick auf den Layer *'titel'* und *Copy* den Layer in die Zwischenablage.

Fügen Sie diesen mit Rechtsklick auf *'Composite – reflektion'* und *Paste* als neuen Layer ein. Benennen Sie den eingefügten Layer in *'reflektion'* um.

Erweitern Sie im *Workspace* diesen Layer und selektieren Sie *'solid – Untitled'*. Ändern Sie im Untermenü *Source* der *Footage Controls* den Wert für *Opacity* auf 100%.

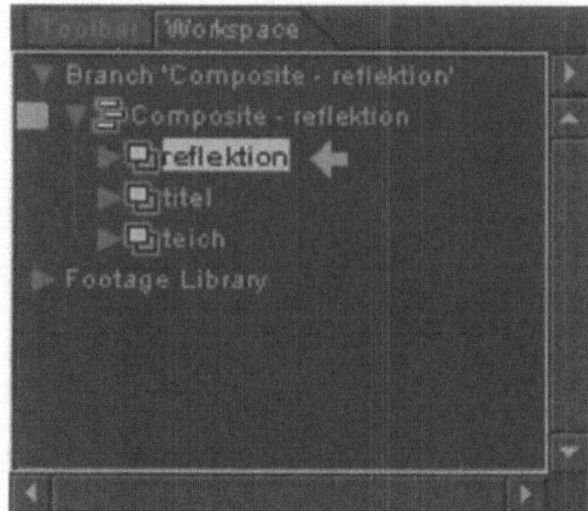

Abb. 5.3-8: Hinzugefügter Layer *'reflektion'*

Freistellen der Schrift im Layer *'reflektion'*

Fügen Sie im *Workspace* mit Rechtsklick auf den Layer *'reflektion'* und *Operators⇨Keying⇨Discreet Keyer* einen *Keyoperator* hinzu.

Ändern Sie den *Keyer Mode* in *YUV* und klicken Sie, mit angewählter Farbpipette, auf den Farbbereich außerhalb des Textes (siehe Pfeil in Abb. 5.3-9).

Um die Kanten der Schrift zu glätten wechseln Sie in das Untermenü *Matte* und aktivieren Sie die Option *Erode*.

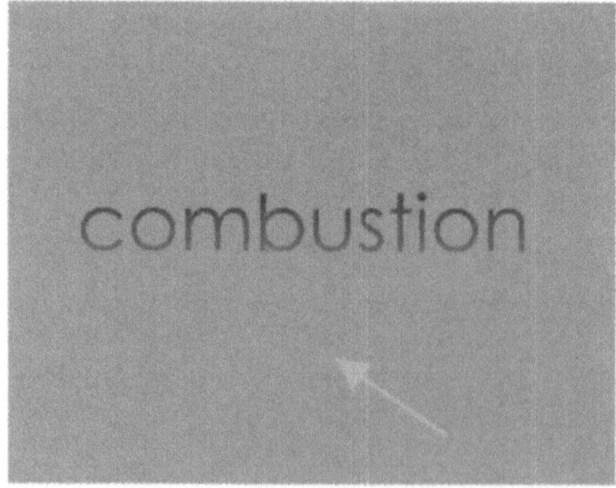

Abb. 5.3-9: Ansicht des Layers *'reflektion'* im *Viewport* (DVD)

Abb. 5.3-10: Vom Volltonlayer freigestellte Schrift

Die Keyereinstellungen brauchen nur wenig verändert werden. Die Volltonfarbe lässt sich sehr einfach herausstanzen.

Einfügen eines Displacementoperators

Displacement Operator: *mit dieser Funktion kann die Bewegungsstruktur eines* **Layers** *auf einen weiteren übertragen werden. In diesem Fall die Bewegungen des Wassers auf die Reflektion.*

Fügen sie mit Rechtsklick auf den Textzweig *'combustion'*, in dem Layer *'reflektion'* und *Distort⇨Displace* einen *Displacementoperator* hinzu. Wechseln Sie in die *Displace Controls* und ändern Sie, um die Reflektion an die Wasserbewegungen anzupassen, die folgenden Einstellungen:

Layer	'Footage - teich[xxxx]'
Channel X	Luminance
Channel Y	Luminance
Scale X	-0.60
Scale Y	0.20
Offset X	0.12

*Als Quelle für die Erfassung der Struktur ist die Helligkeit gewählt (**Luminance**).*

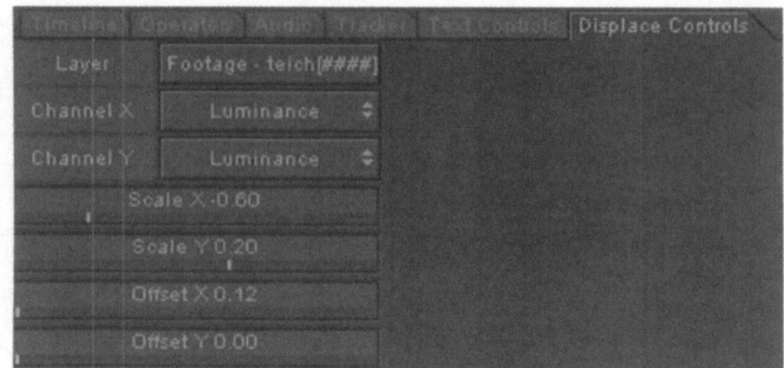

Abb. 5.3-11: *Displace Controls*

Auf der Basis dieser Einstellungen wird die Reflektion mit Hilfe der Bewegungsdaten aus dem Quelllayer *'teich'* an die Oberflächenstruktur des Wassers angepasst.

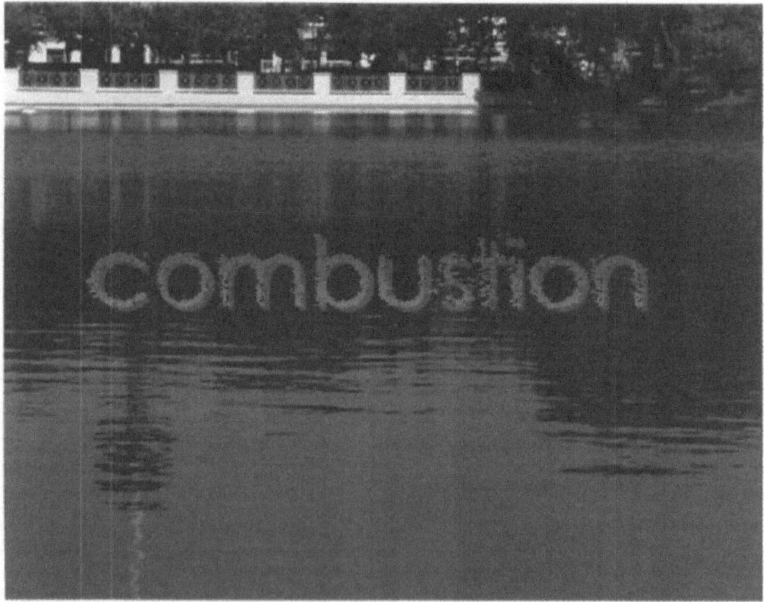

Abb. 5.3-12: Angewendeter Displaceoperator (DVD)

Erzeugen von Unschärfe

Fügen Sie, um die Schrift an die Spiegelung auf der Wasseroberfläche anzupassen, mit Rechtsklick im *Workspace* auf den Layer *'reflektion'* und *Operators⇨ Blur/Sharpen⇨ Compound Blur* einen Unschärfeoperator hinzu.

Compound Blur: *Mit diesem Operator können Unschärfen auf Basis der Information eines Quelllayers hinzugefügt werden. In diesem Fall wird in dem Layer* **'reflektion'** *mit den Helligkeitsdaten des Layers* **'teich'** *die Unschärfe erzeugt.*

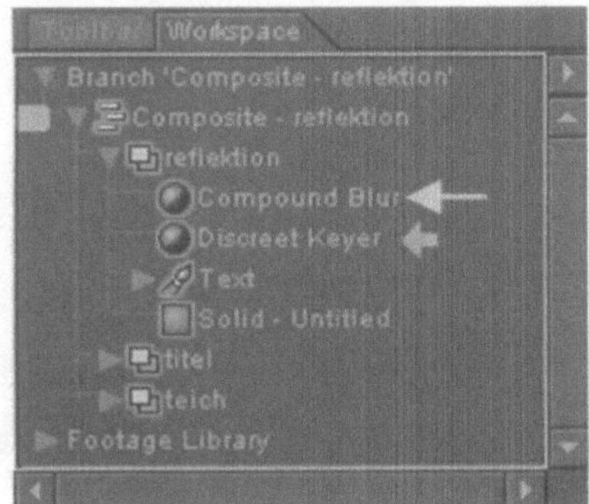

Abb. 5.3-13: *Compound Blur* Operator

Ändern Sie in den *Compound Blur Controls* die Einstellungen für den Grad der Unschärfe. Selektieren Sie als Quelle in der Option *Layer* das Rohmaterial *'Footage – teich[xxxx]'*.

Radius	10.30
Channel	Luminance
Blur Type	Box

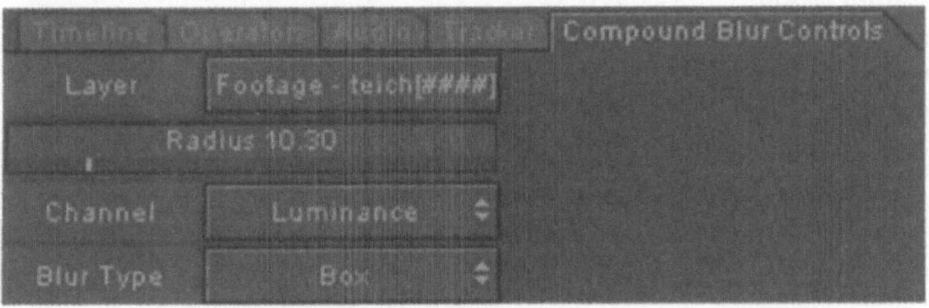

Abb. 5.3-14: *Compound Blur Controls*

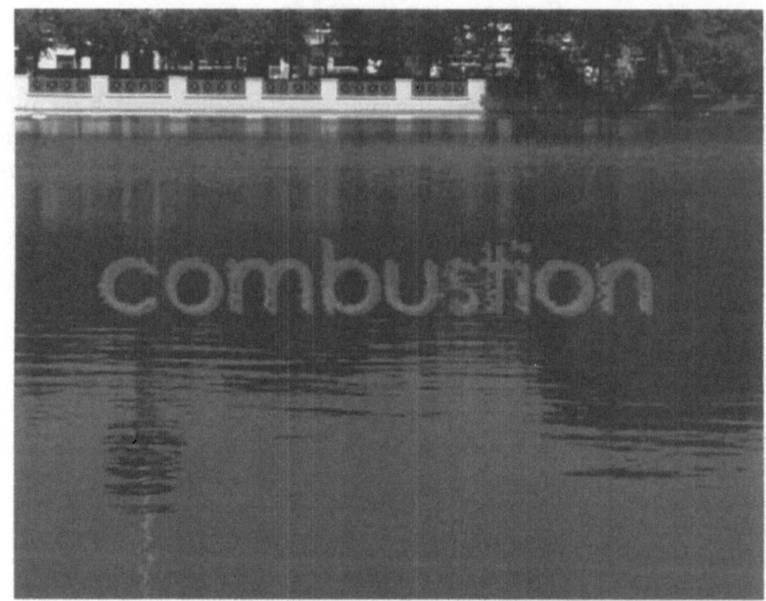

Abb. 5.3-15: Ansicht im *Viewport* mit *Compound Blur* (DVD)

Positionieren der Reflektion

Wählen Sie im *Workspace* den Zweig *'combustion'* im Layer *'reflektion'* an und wechseln in die *Text Controls*. Im Untermenü *Transform* stellen Sie die Position und die Scherung ein.

Abweichend eingetragene Werte für die **Position** *der* **Reflekion** *ergeben ein unterschiedliches Endergebnis.*

X-Position	363.00
Y-Position	349.00
X-Shear	1

Die Reflektion muss noch gespiegelt werden. Invertieren Sie dafür den Wert für *Y-Scale* auf -100.00%.

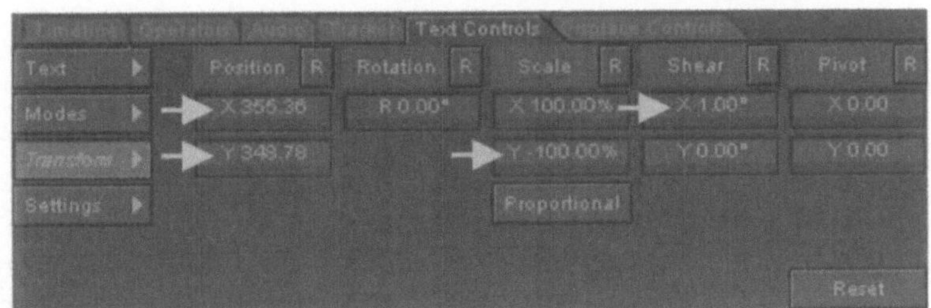

Abb. 5.3-16: *Text Controls*

Einstellen des Transfermodes

Durch das Zusammenspiel der Optionen **Transfermodus**, **Pressure** *und* **Opacity** *wird die erstellte Spiegelung an die Struktur der Oberfläche des Wassers angepasst.*

Wechseln Sie in das Untermenü *Modes* und ändern Sie die Eigenschaft für den Transfermodus von *Paint* auf *Additive*.

Ändern Sie den Wert für *Opacity* auf 70% und die Einstellung *Pressure* auf 38%.

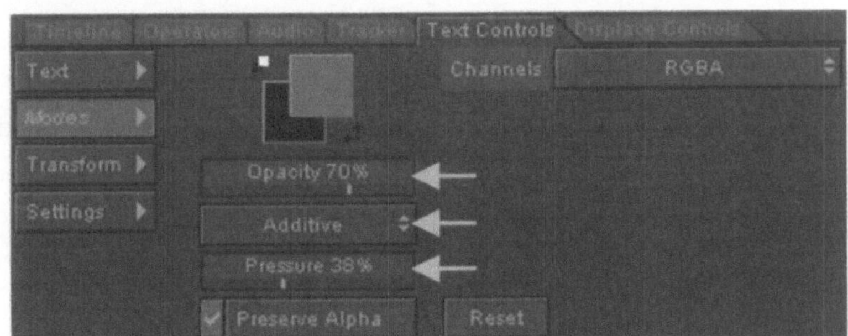

Abb. 5.3-17: Transfermodus der Reflektion in den *Text Controls*

Wenn Sie die Sequenz wiedergeben, zeigt sich, wie die Reflektion von den Wellen der Wasseroberfläche beeinflusst wird.

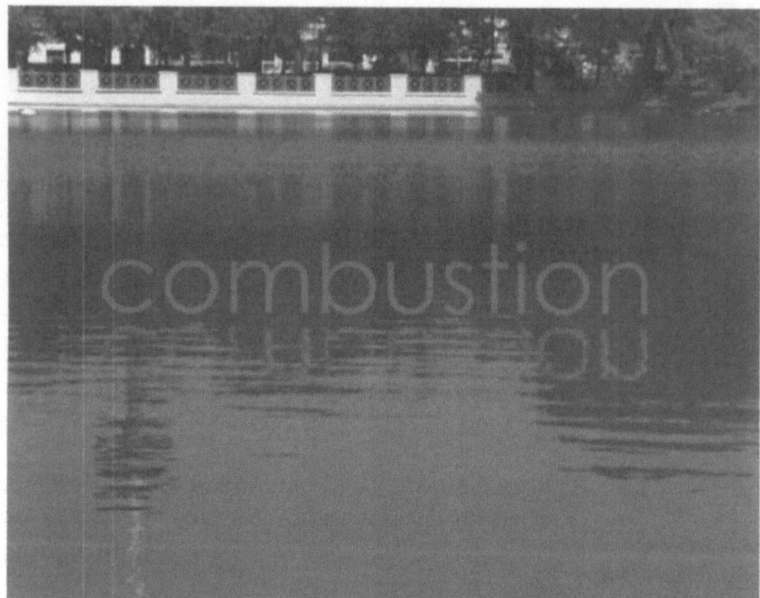

Abb. 5.3-18: fertige Reflektion auf der Wasseroberfläche (DVD)

Speichern Sie zum Abschluss das Projekt mit *File⇨Save Workspace as* unter dem Dateinamen '*reflektion*' ab.

Mit *File⇨Rendern* kann die Sequenz als Videodatei auf die Festplatte gerendert werden.

5.4 Lerneinheit 12

Senderlogo

\\04 Text\012 Senderlogo

ca. 90 Minuten

Für einen Wissenschaftssender soll ein animiertes Senderlogo erstellt werden. Diese Szene wird aus einem bewegten Hintergrund, animierten Schriften, TV-Laufbändern und dem Senderlogo zusammengesetzt. Zu Beginn werden verschiedene Schriften mit Schlagwörtern zum Sender animiert. Dann blendet das Senderlogo ein. Der Hintergrund entfernt sich nach hinten. Das Logo vergrößert sich und tritt in den Vordergrund. Ein Lensflare Operator veredelt die Schrift, dann blendet die Szene aus.

Benutzte Werkzeuge:
- *Texttool*
- *Transfermodi*
- *Lens Flare*
- *Nested Layers*

Ziel dieser Lerneinheit

Es soll veranschaulicht werden, mit welchen Werkzeugen und auf welchem Wege ein TV-Logo-Design erstellt werden kann. Es werden mehrere Schriften über die Zeit animiert. Durch das Kopieren von Einstellungen kann der Arbeitsaufwand und die dadurch resultierende Zeit verkürzt werden.

Erstellen eines neuen *Workspaces* und Import des Hintergrundes

Erzeugen Sie mit *File⇨New* einen neuen *Workspace* mit diesen Einstellungen.

Type	Composite
Name	senderlogo
Format Options	PAL DV
Duration	800
Bit Depth	8 bit
Mode	2D

Importieren Sie mit *File⇨Import Footage* die Einzelbildsequenz *'hintergrund[####].png'* aus dem Unterverzeichnis *'hintergrund* und benennen Sie den neuen Layer in *'animierter hintergrund'* um.

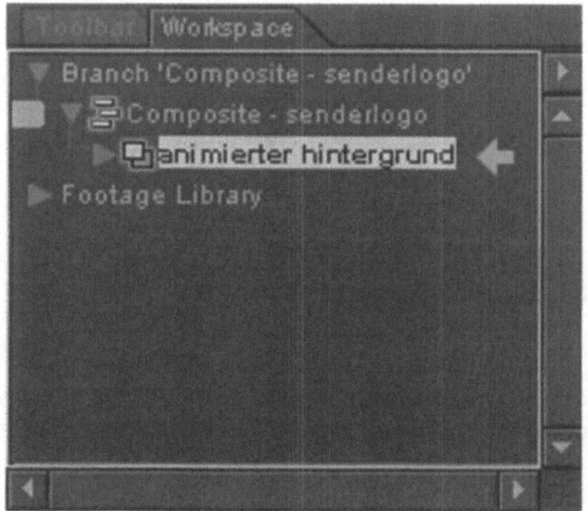

Abb. 5.4-1: neu erstellter Layer

Erstellen der TV-Laufbandes

Fügen Sie im Weiteren mit *File⇨Import Footage* aus dem Unterordner *'tv laufband'* die Sequenz *'tv-laufband.png'* zum *Workspace* hinzu und benennen Sie diesen in *'laufband blur'* um. Duplizieren Sie mit Rechtsklick auf *'laufband blur'* und

Duplicate diesen Layer und ändern Sie die Bezeichnung des neu erzeugten Layers in *'laufband vordergrund'*.

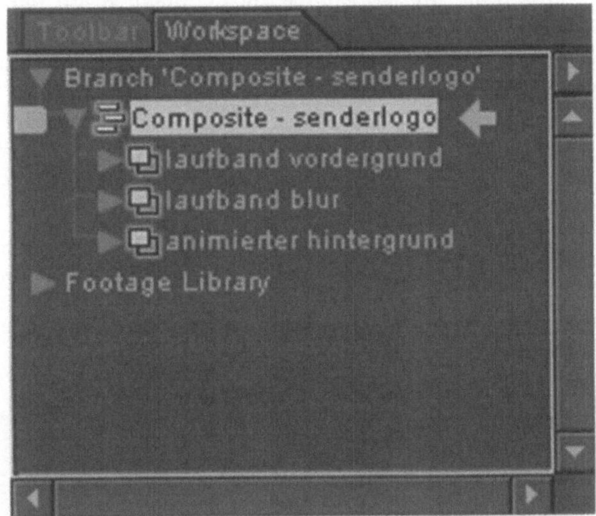

Abb. 5.4-2: Neu erstellte Layer im *Workspace*

Selektieren Sie im *Workspace* den Layer *'laufband vordergrund'* und wechseln Sie in die *Composite Controls*. Ändern Sie im Untermenü *Transform* die Einstellungen für Position und Skalierung.

X-Position	0.00	*X-Scale*	110.00%
Y-Position	-27.00	*Y-Scale*	110.00%

Wählen Sie im *Workspace* den Layer *'laufband blur'* an und wechseln Sie in die *Composite Controls*. Ändern Sie im Untermenü *Transform* die Position und Skalierung.

X-Position	0.00	*X-Scale*	152.00%
Y-Position	5.00	*Y-Scale*	152.00%

Der Layer ' **laufband blur'** *erhält eine unterschiedliche Skalierung und wird mit einem* **Bluroperator** *weichgezeichnet. Dadurch wirkt dieser weiter entfernt.*

Wechseln Sie in das Untermenü *Layer* und tragen Sie für die Eigenschaft *Opacity* den Wert 20% ein.

Fügen Sie im *Workspace* mit Rechtsklick auf den Layer '*laufband blur*' und *Operators⇨Blur⇨Box Blur* einen Unschärfeoperator hinzu. Ändern Sie in den *Box Blur Controls* den *Radius* auf den Wert 2.00.

Abb. 5.4-3: *Box Blur Controls*

Abb. 5.4-4: Ansicht im *Viewport* (DVD)

Erzeugen der Schriften

Aktivieren Sie die Schaltfläche *Animate*. Erzeugen Sie mit Rechtsklick auf den Layer *'animierter hintergrund'* und *Operators⇨Text* einen *Textoperator*. Benennen Sie diesen in *'science'* um.

Tragen Sie in den *Text Editor* der *Text Controls* das Wort *'science'* ein und ändern Sie in der Kategorie *Basics* im Untermenü *Text* die Einstellung *Font* auf Verdana und die *Font Size* auf 103.

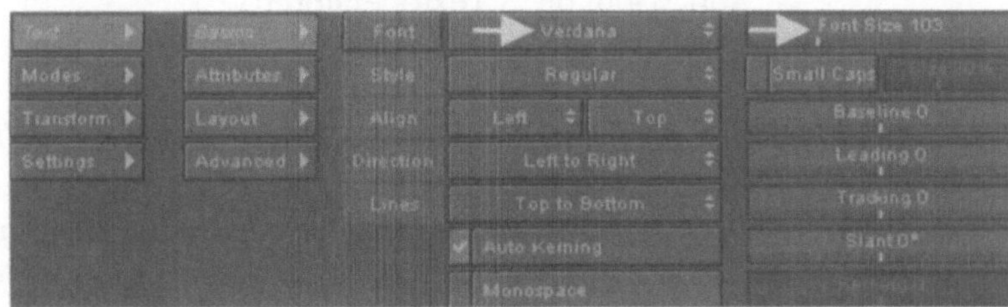

Abb. 5.4-5: *Text Controls*

Verändern Sie im Untermenü *Modes* die Transfereigenschaften in *Dodge Midtones*. Erweitern Sie den Operator *'science'* und fügen Sie mit Rechtsklick auf den Zweig *'text'* und *Blur/Sharpen⇨Box Blur* einen Unschärfeoperator hinzu.

Es können, um die Lerneinheit zu verkürzen weniger Textknoten hinzugefügt werden. Dadurch ändert sich auch das Endergebnis und spätere Einstellungsmöglichkeiten für die Textoperatoren in dieser Lerneinheit.

Stellen Sie in den *Box Blur Controls* den Wert für *Radius* auf 0.60 ein und verändern Sie im Untermenü *Transform* die Einstellungen für für *Scale* in *X, Y*: 107% um.

Selektieren Sie im *Workspace* den Operator *'science'* und duplizieren Sie mit *STRG+ALT+D* diesen achtmal, so dass 9 *Textoperatoren* mit der Bezeichnung *'science'* im *Workspace* vorhanden sind.

Benennen Sie diese von unten aufsteigend in *'medicine'*, *'finances'*, *'weather'*, *'news'*, *'information'*, *'reports'*, *'business'*, *'research'* um.

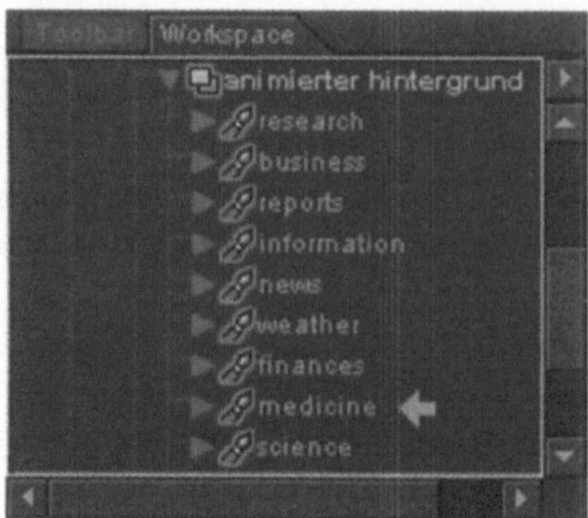

Abb. 5.4-6: die 8 Textoperatoren

Erweitern Sie im *Workspace* den Operator '*medicine*' und selektieren Sie den Zweig '*text*'.

Tragen Sie in den *Text Editor* der *Text Controls* anstelle des Wortes '*science*' das Wort '*medicine*' ein. Ändern Sie im Untermenü *Text* die *Font Size* auf 85.

Verfahren Sie mit den übrigen Textoperatoren auf die gleiche Weise, mit der Abänderung, dass in dem *Text Editor* der jeweilige Operatorname eingetragen wird und dass die *Font Size* aus der nachfolgenden Tabelle entnommen wird.

research	91
business	78
reports	92
information	75
news	65
weather	65
finances	90
medicine	85
science	103

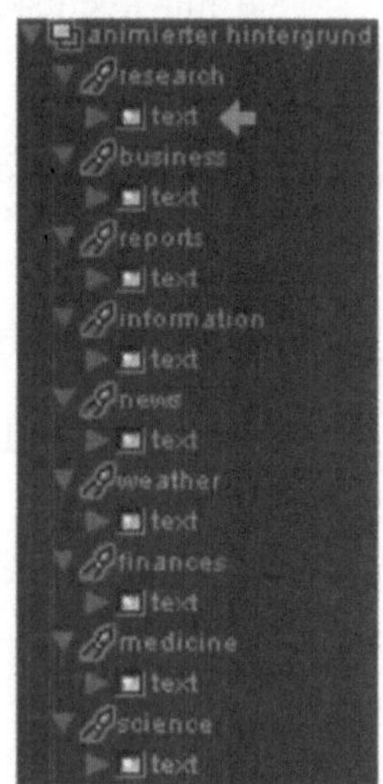

Abb. 5.4-7 Ansicht *Workspace*

Erstellen der Textanimation

Beginnen Sie mit dem Operator *'science'*, da dieser als erster auf dem Bildschirm erscheinen soll. Erweitern Sie diesen Operator und selektieren Sie den Zweig *'text'*.

Gehen Sie auf der *Timeline* zum Frame 0 und ändern Sie in den *Text Controls* die Positionsdaten des Layers *'science'*.

Die Animation des Textes wird als Beispiel für den Textzweig ' **science** *' erläutert. Für die folgenden ist die Arbeitsweise äquivalent*

X-Position	-174.88
Y-Position	218.30

Gehen Sie zum Frame 60 und ändern Sie den Wert für die *X-Position* auf 472.12. Durch Interpolation wird eine Bewegungsanimation erstellt.

Selektieren Sie im *Workspace* den Zweig *'text'* des Textoperators *'science'*.

Wechseln Sie in die *Timelineansicht* und erweitern Sie die Eigenschaft *Transform* im Zweig *'text'*.

Selektieren Sie mit gedrückter *STRG-Taste* die Eigenschaften *X Scale* und *Y Scale*. Fügen Sie mit der Option *Add Key* für die angewählten Eigenschaften Keyframes hinzu.

Gehen Sie zum Frame 80 und ändern Sie die Werte für die *X* und *Y Scale* auf 0%. Es werden automatisch neue Keyframes gesetzt.

Ändern Sie die *Timelineansicht* auf den Modus *Graph* und selektieren Sie die Eigenschaft *X Scale* in dem Zweig *Transform*.

Die Bewegungskurve wird geglättet, damit die Texte die Bewegung „weich" beenden.

Selektieren Sie mit gedrückter *Umschalt-Taste* die zwei Keyframes. Glätten sie die Kurve mit Rechtsklick auf einen der zwei Keyframes und *Ease Both*.

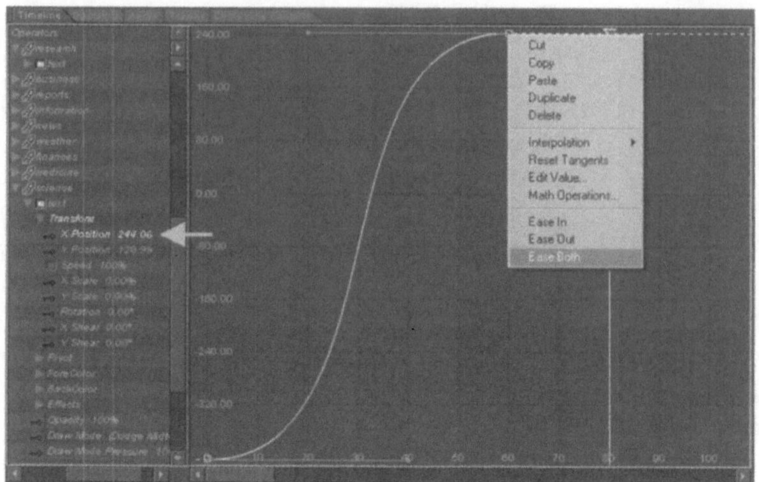

Abb. 5.4-8: Glätten der Bewegungskurve der X Position

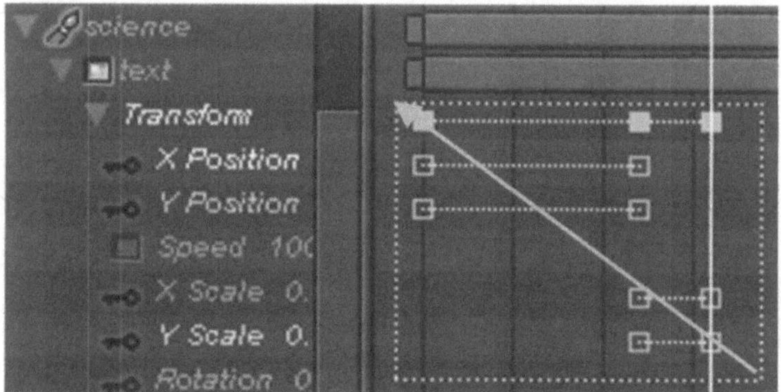

Abb. 5.4-9: Keyframes in der Timelineansicht

Ziehen Sie, wie in Abb. 5.4-9 dargestellt, mit der Maus eine Lassoauswahl über die gesamten Keyframes auf.

Kopieren Sie mit der Tastenkombination *STRG+C* die Auswahl in die Zwischenablage.

Fügen Sie diese Keyframes in jeden erweiterten Zweig *'text'* in der Eigenschaft *Transform* der Textoperatoren an einem anderen Punkt auf der *Timeline* ein.

Um die **Keyframes** *in jeden Textoperator einzufügen, muss in jedem vorher die Eigenschaft* **Transform** *im Zweig des jeweiligen Operators erweitert werden.*

	Frame		*Frame*
medicine	30	*information*	150
finances	60	*reports*	180
weather	90	*business*	210
news	120	*research*	240

Ändern Sie die Positionswerte der Keyframes für die jeweiligen Textzweige der aufgeführten Operatoren.

Tragen Sie die Werte der folgenden Tabelle an den angezeigten Positionen für die Keyframes ein.

Deaktivieren Sie die Option *Animate* für das Eintragen der *Y-Position*. Danach aktivieren Sie diese jeweils wieder.

Navigieren Sie zwischen den einzelnen Keyframes mit der Option *Next Keyframe* der *Wiedergabesteuerelemente*, bei angewählter jeweiliger Eigenschaft in der Timeline.

Abb. 5.4-10: Wiedegabesteuerelemente

Die Eigenschaft *X-Position* enthält zwei Keyframes. In der Tabelle sind diese als 1. und 2. Keyframe dargestellt:

Für das Eintragen der Y-Position muss die Option **Animate** *deaktiviert werden.*

	1. Keyframe		2. Keyframe	
medicine	*X-Position*	739.00	*X-Position*	19.34
	Y-Position	189.61		
finances	*X-Position*	414.40	*X-Position*	278.60
	Y-Position	5.01		
weather	*X-Position*	751.58	*X-Position*	35.42
	Y-Position	141.14		
news	*X-Position*	379.71	*X-Position*	226.29
	Y-Position	54.99		
information	*X-Position*	833.58	*X-Position*	13.42
	Y-Position	4.46		

Die Werte für die Animationen der Texte sind frei gewählt.

reports	*X-Position*	448.94	*X-Position*	341.06
	Y-Position	166.14		
business	*X-Position*	725.42	*X-Position*	70.42
	Y-Position	76.14		
research	*X-Position*	437.00	*X-Position*	218.00
	Y-Position	10.01		

Selektieren Sie mit gedrückter *STRG-Taste* bei Frame 300 die Eigenschaft *X* und *Y Scale*.

Fügen Sie mit *Add Key* neue Keyframes hinzu. Gehen Sie zum Frame 320 und tragen Sie für die *X* und *Y Scale* jeweils den Wert 12000% ein.

Deaktivieren Sie die Option *Animate*.

Zusammenfassen von Layern in einem Nested Layer

Selektieren Sie im *Workspace* mit gedrückter STRG-Taste die Layer *'laufband vordergrund'*, *'laufband blur'* und *'animierter hintergrund'* und fassen Sie mit Rechtsklick auf einen dieser und *Nesting* die drei Layer in einen *Nested Layer* zusammen.

Aktivieren Sie im Auswahlfeld *Nesting Options* die Option *Selected Layers* und bestätigen Sie die Auswahl mit *OK*.

Benennen Sie den neu entstandenen *Nested Layer* in *'text und hintergrund'* und den neu erzeugten Zweig in *'hintergrund'*,wie in Abb. 5.4-11 dargestellt, um.

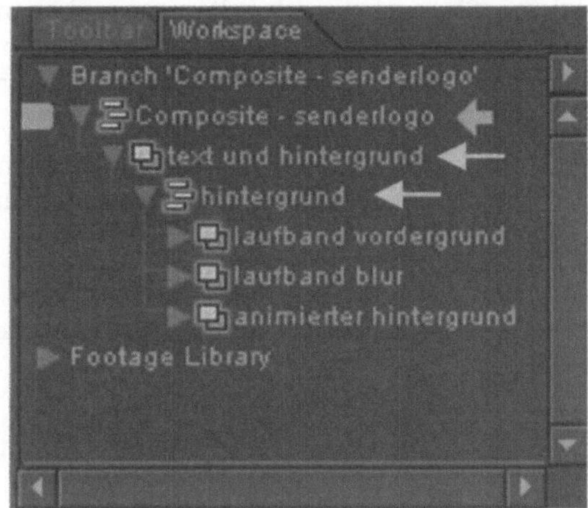

Abb. 5.4-11: Nested Layer *'text und hintergrund'*

Erstellen des Senderlogos

Die einzelnen Buchstaben c, T und V könnten auch in einem Textknoten eingebunden werden. Bleiben aber aus Gründen der Übersichtlichkeit auf einzelne Knoten verteilt.

Gehen Sie auf der *Timeline* zum Frame 370 und erstellen Sie mit Rechtsklick auf den Layer *'text und hintergrund'* und dreimalig nacheinander Operators⇨Text drei neue *Textoperatoren*.

Benennen Sie diese von unten aufsteigend in *'c'*, *'T'* und *'V'* um.

Abb. 5.4-12: Umbenannte Textlayer

Selektieren Sie nacheinander die neu umbenannten Layer. Tragen Sie entsprechend zum Layernamen in den *Text Editor* den kleinen Buchstaben *'c'*, oder die Großbuchstaben *'T'* oder *'V'* ein.

Ändern Sie die Einstellungen der jeweiligen Layer. Im folgenden werden die Textoperatorbezeichnungen verwendet. In dem Fall ist aber immer der Textzweig dieses Layers gemeint. Wählen Sie entsprechend diesen jeweils an.

Einstellungen in der Kategorie *Basics* im Untermenü *Text* der *Text Controls:*

Für den Textoperator *'c'*:

Font	Palatino Linotype
Font Size	200
Auto Kerning	deaktiviert

Für die Textoperatoren *'T'* und *'V'*:

Font	Verdana
Font Size	200
Auto Kerning	aktiviert

Wechseln Sie in die Kategorie *Attributes* und ändern Sie jeweils die nachfolgenden Einstellungen.

Gleiche Einstellungen bei *'c'*, *'T'* und *'V'* in der Option *Face:*

Mit der Einstellung **Gradient** *wird ein Farb- und ein Deckkraftverlauf erzeugt.*

Opacity	100%
Softness	3
Gradient	aktiviert

Tragen Sie in den Einstellungen für den *Gradienten* folgende Veränderungen ein :

Fügen Sie für den Operator *'c'*, wie in Abb. 5.4-13 gezeigt, 4 Kontrollpunkte für die Option *Color* hinzu.

Verfahren Sie ebenso für die Operatoren *'T'* und *'V'*, mit der Änderung, dass in diesen 3 Kontrollpunkte, wie in Abb. 5.4-14 dargestellt, hinzugefügt werden.

Für die Eigenschaft *Opacity* fügen Sie jeweils zwei Kontrollpunkte, einen Links- und einen Rechtsaußen. Doppelklicken Sie auf einen Kontrollpunkt, um dessen Eigenschaft einzustellen.

Operator 'c'			*Operatoren 'T' und 'V'*		
Option Color			*Option Color*		
1. Kontrollpunkt	*Red*	20%	1. Kontrollpunkt	*Red*	29%
	Green	21%		*Green*	30%
	Blue	24%		*Blue*	34%
2. Kontrollpunkt	*Red*	41%	2. Kontrollpunkt	*Red*	54%
	Green	43%		*Green*	56%
	Blue	48%		*Blue*	63%
3. Kontrollpunkt	*Red*	29%	3. Kontrollpunkt	*Red*	16%
	Green	31%		*Green*	17%
	Blue	35%		*Blue*	19%
4. Kontrollpunkt	*Red*	19%			
	Green	20%			
	Blue	22%			

Ändern Sie die Eigenschaften für *Opacity* für alle drei gleich: linker Kontrollpunkt 100% und der rechte Keyframe 28%.

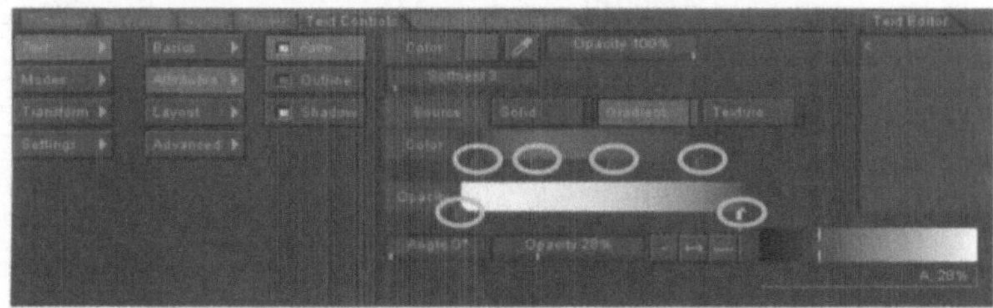

Abb. 5.4-13: Gradienten- und Opacity für den Operator 'c'

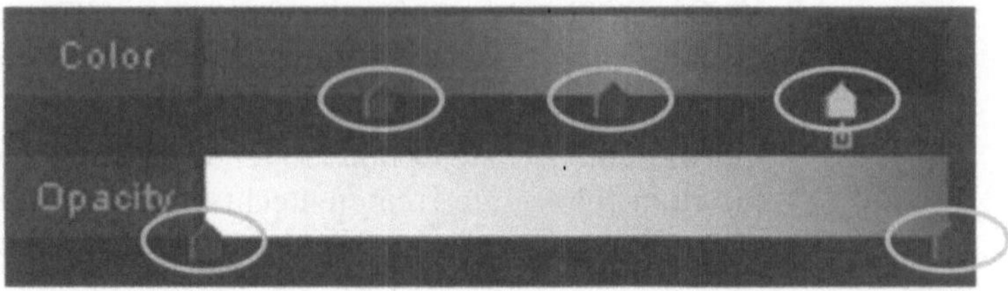

Abb. 5.4-14: Color- und Opacitykontrollpunkte für *'T'* und *'V'*

Aktivieren Sie bei allen dreien die Option *Shadow* mit den folgenden Einstellungen:

Color	*Red, Green Blue:* 0%
Opacity	40%
Distance	7
Softness	20
Scale	100%
Direction	315°

Mit dem **Color Emboss Operator** *wird eine plastische Erscheinungsform der Schrift erzeugt.*

Fügen Sie mit Rechtsklick auf die Zweige *'text'* der Textoperatoren und *Stylize⇨Color Emboss* einen neuen Operator, der die Schrift plastisch hervorhebt.

Ändern Sie in den jeweiligen *Color Emboss Controls* folgende Einstellungen:

	Operator 'c'	*Operatoren 'T' und 'V'*
Amount	30%	30%
Radius	3.00	7.00
Light Source	0°	0°

Animation des CTV-Logos

Wechseln Sie in die *Timelineansicht* und aktivieren Sie beim Frame 370 die Option *Animate.*

Erweitern Sie unter dem Operator *'c'* die Einstellungen für *Transform*. Selektieren Sie mit gedrückter *STRG-Taste* die Eigenschaften *X, Y Position und X, Y Scale* und fügen Sie mit *Add Key* neue Keyframes hinzu.

Gehen Sie jeweils zum angegebenen Frame und ändern Sie die angegebenen Werte. Durch die Änderungen werden neue Keyframes automatisch hinzugefügt.

Frame 370:

X Position	166.49
Y Position	48.72
X Scale	2800.00%
Y Scale	2780.00%

Frame 400:

X Position	166.49
Y Position	48.72
X Scale	235.00%
Y Scale	215.00%

Frame 476:

X Position	166.49
Y Position	48.72
X Scale	235.00%
Y Scale	215.00%

Wählen Sie die gesamten Keyframes mit der Lassoauswahl, wie in Abb. 5.4-15 dargestellt, aus und ändern Sie die Eigenschaft *Interpolation* auf *Linear.*

Abb. 5.4-15: Lassoauswahl in der Timelineansicht

Gehen Sie in der *Timelineansicht* zum Frame 390 und erweitern Sie unter dem Operator *'T'* die Einstellungen für *Transform*. Selektieren Sie mit gedrückter *STRG-Taste* die Eigenschaften *X, Y Position und X, Y Scale* und fügen Sie mit *Add Key* neue Keyframes hinzu.

Frame 390:

X Position	218.49
Y Position	64.09
X Scale	100.00%
Y Scale	0.00%

Frame 400:

X Position	218.49
Y Position	64.09
X Scale	100.00%
Y Scale	95.00%

Frame 476:

X Position	218.49
Y Position	64.09
X Scale	100.00%
Y Scale	95.00%

Frame 501:

X Position	228.49
Y Position	225.09
X Scale	190.00%
Y Scale	185.00%

Gehen Sie in der *Timelineansicht* zum Frame 395 und erweitern Sie unter dem Operator *'V'* die Einstellungen für *Transform*. Selektieren Sie mit gedrückter *STRG-Taste* die Eigenschaften *X, Y Position und X, Y Scale* und fügen Sie mit *Add Key* neue Keyframes hinzu.

Frame 395:

X Position	320.49
Y Position	64.09
X Scale	100.00%
Y Scale	0.00%

Frame 405:

X Position	218.49
Y Position	64.09
X Scale	100.00%
Y Scale	95.00%

Frame 476:

X Position	218.49
Y Position	64.09
X Scale	100.00%
Y Scale	95.00%

Frame 501:

X Position	424.49
Y Position	225.09
X Scale	190.00%
Y Scale	185.00%

Selektieren Sie jeweils die gesamten Keyframes, wie schon bei dem Operator *'c'* veranschaulicht, mit einer Lassoauswahl und ändern die Eigenschaft *Interpolation* auf *Linear*.

Einfügen eines Lens Flare Operators

Der **Lens Flare Operator** *wirkt sich nur auf das Logo cTV aus, da der Hintergrund später ausgeblendet wird.*

Gehen Sie zum Frame 492 auf der *Timeline* und fügen Sie mit Rechtsklick auf den Layer *'text' und 'hintergrund'* und *Operators ⇨ Stylize ⇨ Lens Flare* einen Operator hinzu, der Linsenspiegelungen erzeugt.

Behalten Sie weiterhin die Option *Animate* aktiviert. Wechseln Sie in die *Lens Flare Controls* und ändern folgende Einstellungen:

Strength	0%
X-Flare Center	126
Y-Flare Center	454
X-Axis	360
Y-Axis	232
Color	R, G, B: 100%
Rotation	0°
Elements	Reflections Only
Flare Type	50-300mm Zoom

Abb. 5.4-16: *Lens Flare Controls*

Gehen Sie auf der *Timeline* zum Frame 506 und ändern Sie den Wert für *Strength* auf 15%.

Springen Sie zum letzten Frame 799 und ändern Sie die Position des *Flare Centers*.

X-Flare Center	780.00
Y-Flare Center	476.00

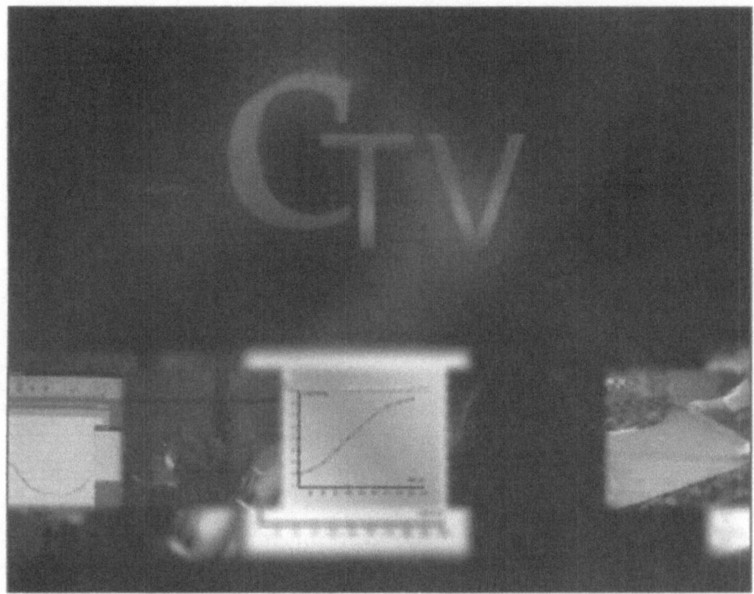

Abb. 5.4-17: Ansicht im *Viewport* (Frame 450)

Erstellen eines Untertitels

Deaktivieren Sie die Option *Animate*, gehen Sie auf der *Timeline* zum Frame 550 und fügen Sie mit Rechtsklick auf den Layer *'text und hintergrund'* und *Operators*⇨*Text* einen Textoperator hinzu.

Ändern Sie dessen Bezeichnung in *'science network worldwide'*. Tragen Sie in dem *Text Editor* der *Text Controls* die Wortfolge *'science network worldwide'* ein.

Wechseln Sie im Untermenü *Text* in die Kategorie *Basics* und ändern Sie die Eigenschaften für Schriftart- und größe:

Font	Verdana
Font Size	38

Ändern Sie in der Kategorie *Attributes* in der Option *Face* die Einstellungen für die Vordergrundfarbe und Deckkraft.

Color (R, G und B)	35%
Softness	2
Opacity	100%
Source	Solid

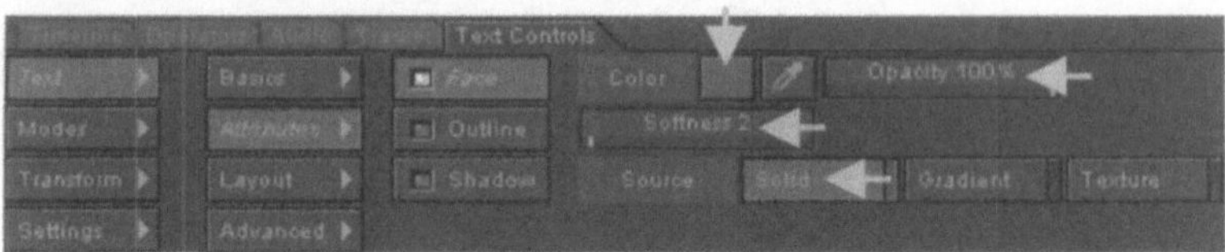

Abb. 5.4-18: Einstellungen in der Kategorie *Attributes*

Aktivieren Sie Option *Animate* und wechseln Sie in das Untermenü *Modes* und stellen die Transfereigenschaften des Operators ein.

Opacity	0%
Transfereigenschaft	Brightness
Pressure	100%

Gehen Sie zum Frame 595 und ändern Sie die Eigenschaft *Opacity* auf 100%.

Deaktivieren Sie die Option *Animate* und wechseln Sie in das Untermenü *Transform*.

Ändern Sie die folgenden Positions- und Skalierungsdaten

X-Position	368.00
Y-Position	497.00
X-Scale	120.00%
Y-Scale	105.00%

Der Text wird mit diesen Einstellungen unter das Logo cTV positioniert.

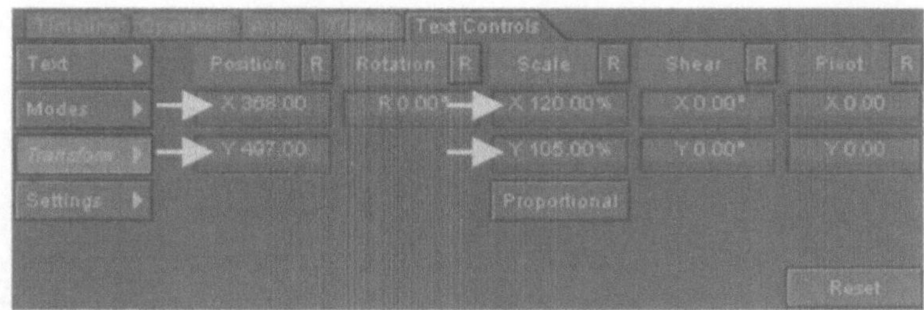

Abb. 5.4-19: Ansicht des *Viewports* an Frame 613

Abb. 5.4-20: *Viewport* (Frame 600 - *'hintergrund'* ausgeblendet)

Animation der Hintergrundskalierung

Aktivieren Sie die Option *Animate* und erweitern Sie in der *Timelineansicht* den Layer *'animierter hintergrund'*. Gehen Sie zum Frame 486 und selektieren Sie mit gedrückter *STRG-Taste* die Eigenschaften *X* und *Y Scale*. Fügen Sie mit der Option *Add Key* neue Keyframes hinzu.

Gehen Sie zum Frame 502 und ändern Sie die Werte für *X* und *Y Scale* auf 0%.

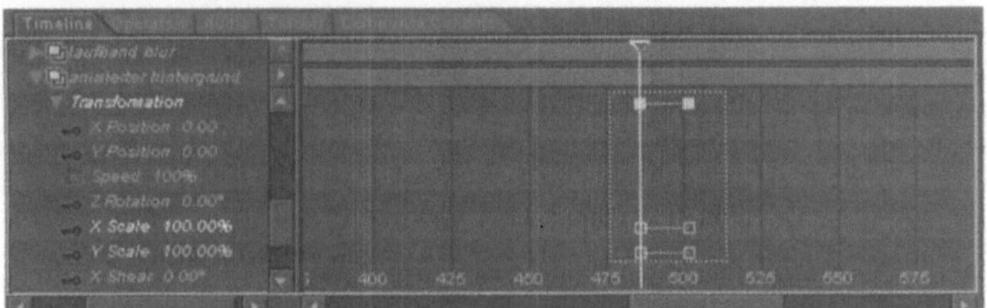

Abb. 5.4-21: Ausgewählte Keyframes in der Timelineansicht

Ziehen Sie mit der Maus eine Lassoauswahl auf und kopieren Sie diese mit *STRG+C* in die Zwischenablage. Gehen Sie auf der *Timeline* zum Frame 486 zurück und erweitern Sie den Layer *'laufband blur'*.

Selektieren Sie an dieser Position die Eigenschaften *X* und *Y Scale* und fügen Sie mit *STRG+V* die Keyframes ein.

Erweitern Sie den Layer *'laufband vordergrund'* und fügen Sie auf die gleiche Weise die kopierten Keyframes in die Eigenschaft *Transform* ein.

Einfügen eines Box Blur Operators

Der Unschärfeoperator wird unter die zuvor erstellten Textlayer verschoben, da diese so von diesem unbeeinflusst bleiben.

Gehen Sie auf der *Timeline* zum Frame 330 und fügen Sie mit Rechtsklick auf den Layer *'text und hintergrund'* einen Unschärfeoperator hinzu. Tragen Sie in den *Box Blur Controls* den Wert 0.00 für *Radius* neu ein, um einen Keyframe hinzuzufügen.

Gehen Sie zum Frame 360 und ändern Sie die Einstellung für *Radius* auf den Wert 10.00. Deaktivieren Sie die Option *Animate*.

Ziehen Sie den *Box Blur Operartor* im *Workspace* mit der Maus unter den *Textoperator 'c'*.

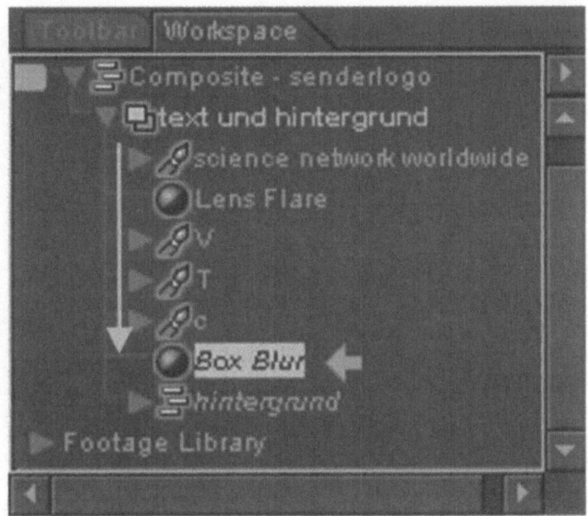

Abb. 5.4-22: Ändern der Hierarchie für *Box Blur*

Ein- und Ausblenden der Szene

Gehen Sie zum ersten Frame 0 zurück und aktivieren Sie die Option *Animate*. Selektieren Sie im *Workspace* den Layer '*text und hintergrund*' und wechseln Sie in das Untermenü *Layer* der *Composite Controls*.

Tragen Sie an den entsprechenden Framepositionen auf der *Timeline* die Werte für *Opacity* ein.

	Opacity
Frame 0	0%
Frame 10	100%
Frame 770	100%
Frame 799	0%

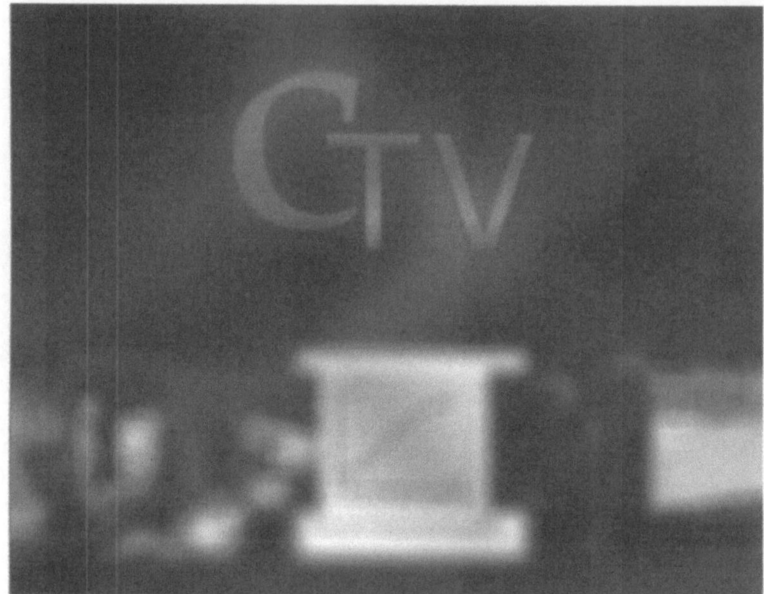

Abb. 5.4-23: CTV-Logo mit unschafgezeichnetem Hintergrund

Speichern Sie das Projekt mit *File⇨Save Workspace as* unter der Bezeichnung '*senderlogo*' auf der Festplatte ab.

Mit *File⇨Rendern* kann die Sequenz auch als Videodatei gerendert werden.

6 Partikel

6.1 Lerneinheit 13

Popcorn

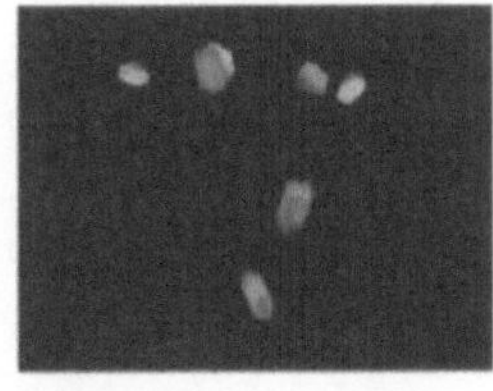

\\04 Partikel\013 Popcorn

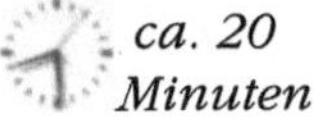

ca. 20 Minuten

In dieser Lerneinheit wird veranschaulicht, wie mit dem Standardemitter aus der Bibliothek *Blank* ein Emitter erzeugt wird, der aufspringendes Popcorn darstellt. Die Partikelshape wird neu importiert, Eigenschaften der Partikel und des Emitters verändert.

Benutzte Werkzeuge:
- *Partikelemitter*
- *Partikelshape*
- Emitterdimensionierung

Ziel dieser Lerneinheit

Es soll erlernt werden, einen Emitter durch Modifizieren der Grundfunktionen eines vorgegebenen Emitters zu erzeugen. Aufbauend auf dieser Lerneinheit können unterschiedliche neue Emittertypen erstellt und an die gewünschten Eigenschaften angepasst werden.

Erstellen eines neuen Workspaces

Erzeugen Sie mit *File⇨New* einen neuen *Workspace* mit den folgenden Einstellungen:

Type	Particle
Name	popcorn
Format Options	PAL DV
Duration	500

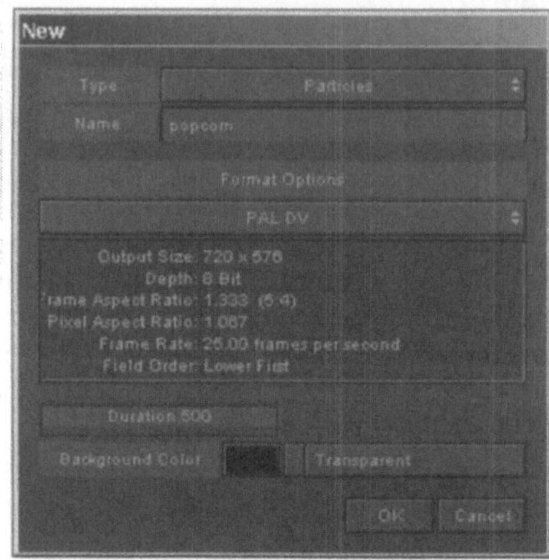

Abb. 6.1-1: Erstellen des *Workspaces*

In einem **Partikelworkspace** *können nur Partikeloperatoren erzeugt werden. Um Partikel auf einen Layer einzusetzen, ist die Einstellung* **Composite** *geeignet.*

In den neu erstellten *Workspace* ist in diesem Fall kein Compositezweig dargestellt, sondern ein Partikelzweig.

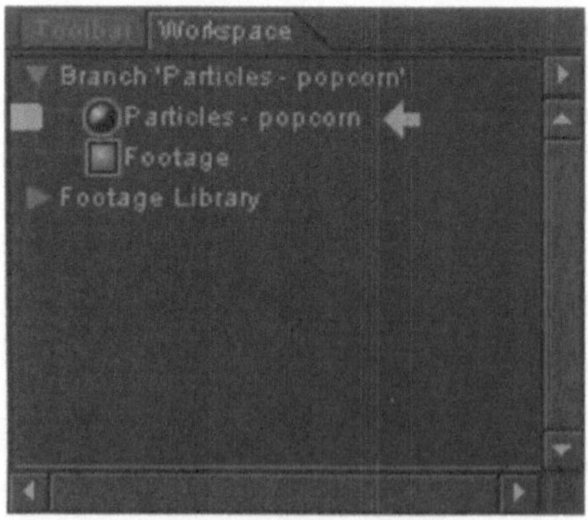

Abb. 6.1-2: *Workspace*

Import des Basisemitters

Wechseln Sie in das Untermenü *Library* der *Particle Controls*. Laden Sie mit der Option *Load Library* eine neue Emitterbibliothek in die Arbeitsoberfläche.

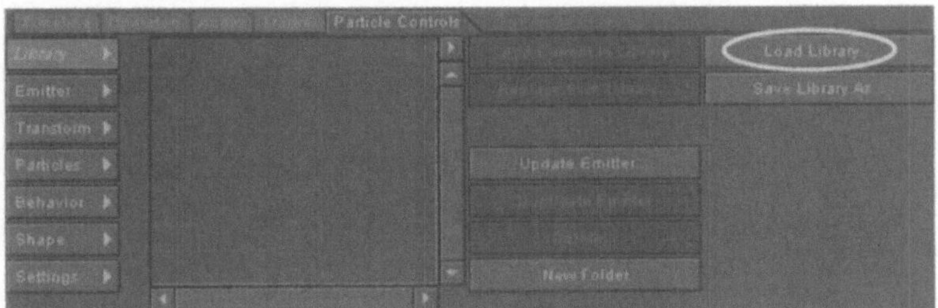

Abb. 6.1-3: Option *Load Library* in den *Particle Controls*

Es öffnet sich das Dateiauswahlfenster *Load Emitter Library*.

In dem Unterverzeichnis *Particle Librarys* des Combustion-Programmordners sind einige Bibliotheken mit vorgefertigten Emittern gespeichert. Wählen Sie die Bibliothek *'Blank.elc'* aus und bestätigen Sie die Auswahl mit der Option *OK*.

Im Untermenü *Library* wird ein Emitter *'New Emitter'* als Inhalt der Bibliothek angezeigt.

Auf der Basis dieses Emitters wird nun durch Verändern der Eigenschaften und Importieren einer *Particle Shape* der Emitter für das Popcorn erstellt.

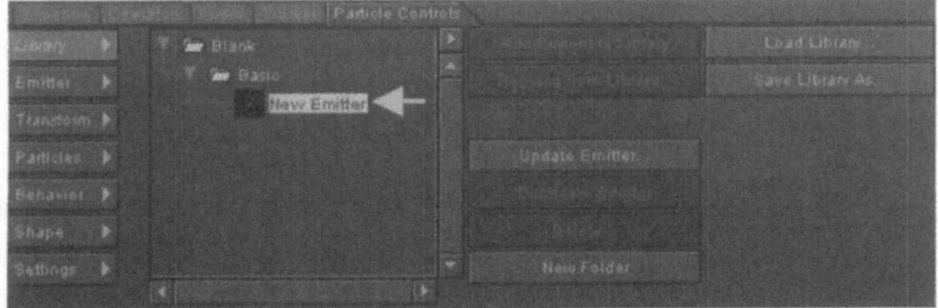

Abb. 6.1-4: New Emitter aus der Particle Library *Blank.elc*

Erstellen eines neuen Emitters

Selektieren Sie in der *Toolbar* das *Point Emitter Tool*, um einen neuen Emitter im *Viewport* zu erzeugen. Dieses Werkzeug erstellt einen Punktemitter, aus dem die Partikel austreten können.

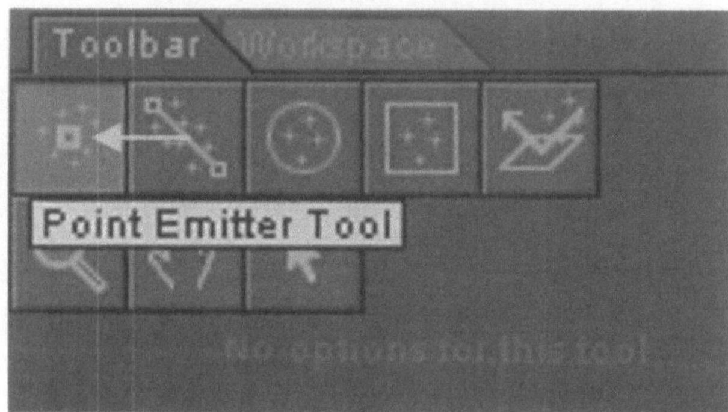

Abb. 6.1-5: Point Emitter Tool in der Toolbar

Der erzeugte Emitter wird als Kreissymbol im **Viewport** *dargestellt. Der innere Kreis zeigt die Position des Emitters und der äußere den Ausbreitungsgrad an. In den* **Particle Controls** *kann der Grad der Ausbreitung verändert werden.*

Erstellen Sie den Emitter mit einem Mausklick im *Viewport* auf die Position *X*: `360.00` und *Y*: `515.00`.

Abb. 6.1-6: Emittersysmbol im *Viewport*

Benennen Sie im *Workspace* den neu erstellten Emitter in *'popcorn'* und den dazugehörigen Partikelzweig in *'popcorn 01'* um.

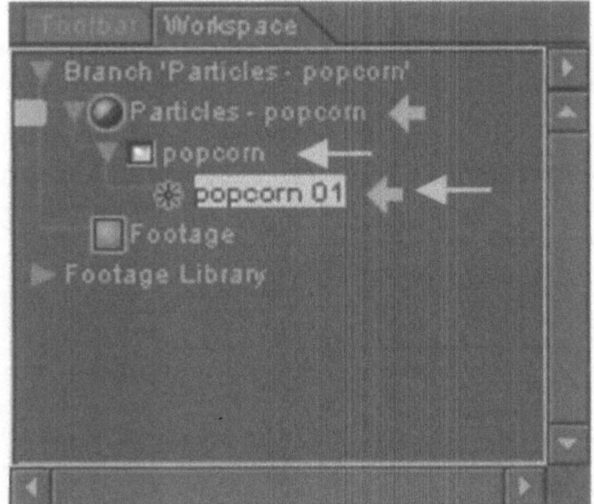

Abb. 6.1-7: Umbenannter Partikeloperator

Hinzufügen einer Partikeltextur

Behalten Sie im *Workspace* den Partikelzweig *'popcorn 01'* angewählt und wechseln Sie in die *Particle Controls*. Weisen Sie im Untermenü *Shape* eine neue Textur für den Emitter hinzu.

Laden Sie mit der Option *Import* eine neue Textur in den *Workspace*.

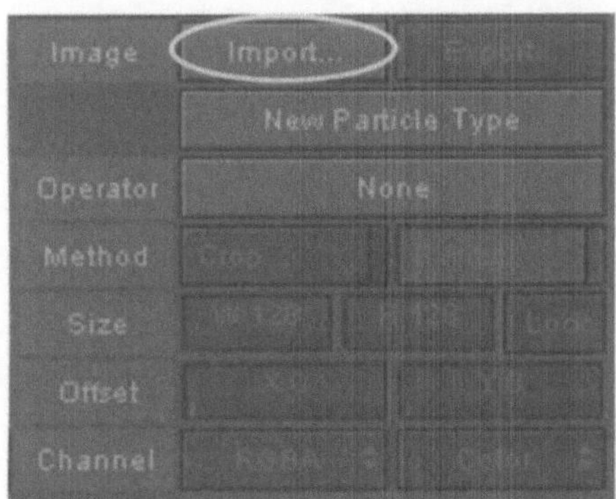

Abb. 6.1-8: Import im Untermenü *Shape*

Es öffnet sich ein Dateiauswahlfenster. Selektieren Sie aus dem Untermenü *partikel* die Sequenz *'corn.png'*. Bestätigen Sie mit *OK* die Auswahl.

Tragen Sie in dem nachfolgend geöffneten Fenster *Image Sequence Detected* die folgenden Eigenschaften ein.

Load Image Sequence	aktiviert
First Frame	0
Last Frame	99
Duration	100
Frame Rate	10

Abb. 6.1-9:Auswahlfenster

Durch das Importieren einer Image Sequenz können Videodateien oder Bildfolgen als Textur eingesetzt werden.

Bestätigen Sie die Einstellungen mit *OK*. Es öffnet sich ein weiteres Auswahlfenster, die *Particle Shape Import Options*.

Aktivieren Sie in diesem Auswahlfenster die Optionen *Use Alpha* und *Premultiplied with*. Bestätigen Sie die Einstellungen mit *OK*.

Mit der aktivierten Option **Use Alpha** *kann die Transparenzeigenschaft des Rohmaterials genutzt werden.*

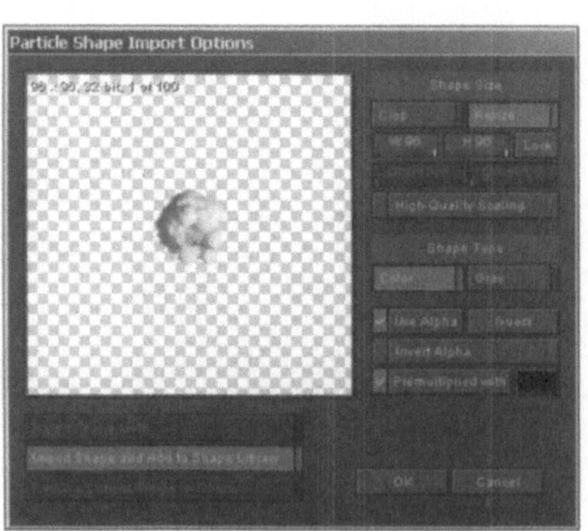

Abb. 6.1-10: *Particle Shape import Options*

In dem Untermenü *Shape* der *Particle Controls* wird die neu importiere Textursequenz angezeigt. Ziehen Sie mit der Maus über das Bild der Sequenz, um die Sequenz zu betrachten.

Selektieren Sie im *Workspace* den Partikelzweig *'popcorn01'* und fügen Sie mit der Option *Swap* die Textur dem Emitter hinzu.

Der Zweig **'popcorn 01'** *muss im* **Workspace** *neu angewählt werden, da ansonsten die Funktion* **Swap** *nicht zur Verfügung steht.*

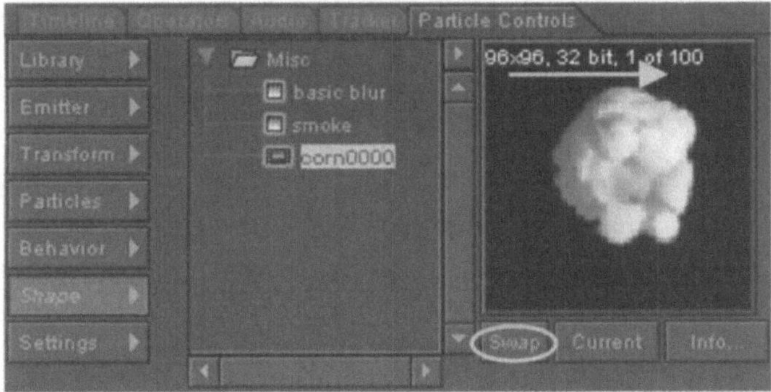

Abb. 6.1-11: Importierte Popcorntextur (DVD)

Particle Preview

Für die Vorschau der Partikeleinstellungen eignet sich die Option *Particle Preview* in den *Particle Controls*. Aktivieren Sie mit *Enable Preview* die Echtzeitvorschau.

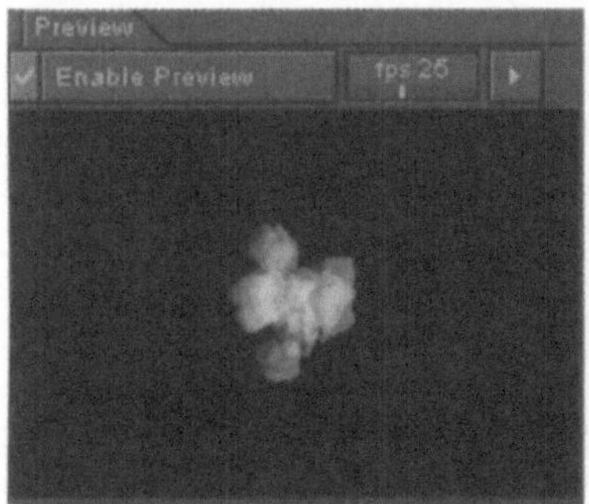

Abb. 6.1-12a: Particle Preview

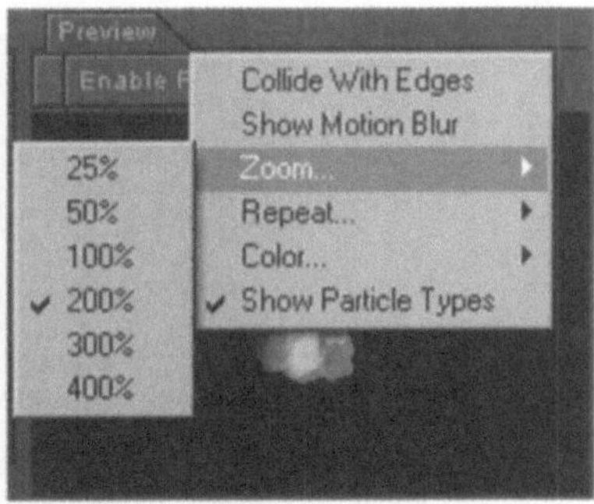

Abb. 6.1-12b: Previewmenü

Um die Vorschau genauer beurteilen zu können, ist es wichtig, die Wiedergabegeschwindigkeit *fps (Frames per Second)* an die der Sequenz anzupassen.

Grundlegende Emittereinstellungen

In dem Untermenü **Emitter** *werden ü-ber-geordnete Funktionen für das Verhalten des* **Emitters** *eingestellt.*

Wechseln Sie in den *Particle Controls* in das Untermenü *Emitter* und ändern Sie die Eigenschaft *Emission Angle.*

Mit dieser wird der Grad des Partikelausstoßes bestimmt. Verändern Sie den Wert auf 90°, damit der Partikelstrom senkrecht nach oben ausströmt.

Tragen Sie für die Eigenschaft *Emission Range* auf 50° und bestimmen somit, wieweit der Partikelstrom nach links und rechts erweitert wird. Verändern Sie den Wert für *Visibility* auf 100% da das Popcorn nicht durchsichtig dargestellt werden soll.

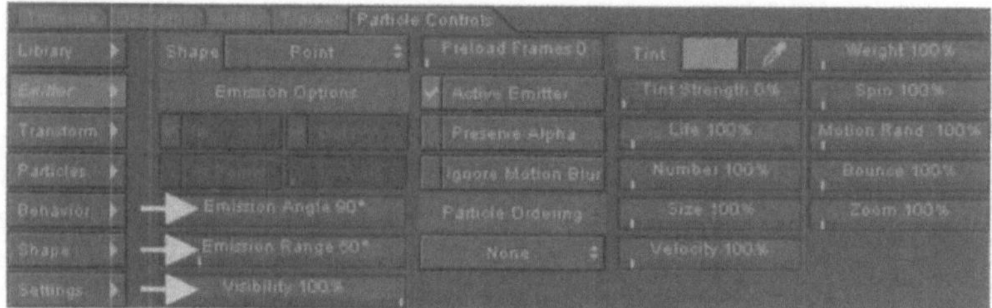

Abb. 6.1-13: Untermenü *Emitter* der *Particle Controls*

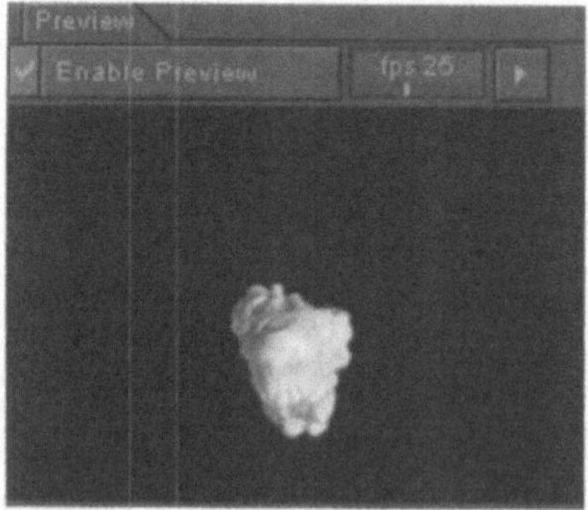

Abb. 6.1-14: *Particle Preview* (Zoom 300%)

Mit den durchgeführten Veränderungen ändert sich die Darstellung des *Emitters* im *Viewport*.

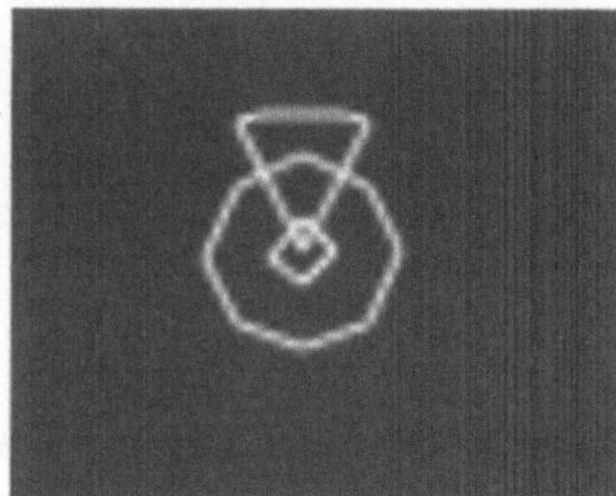

Abb. 6.1-15: Emitteransicht im *Viewport*

Ändern der Partikeldarstellung

Wechseln Sie in das Untermenü *Particles* der *Particle Controls*, um die Darstellung der Partikel zu ändern. Fügen Sie zu dem Farbbalken *Life Color* mit Mausklick zwei Kontrollpunkte hinzu und ziehen diese an die Außenkanten.

Stellen Sie mit Mausklick auf die Kontrollpunkte in dem Auswahlfenster die entsprechenden Farbwerte ein.

Linker Kontrollpunkt:

Red	100%
Green	100%
Blue	100%

Rechter Kontrollpunkt:

Red	67%
Green	67%
Blue	67%

Aktivieren Sie neben dem Farbbalken die Option *Random*. Die Partikel erhalten mit dieser Einstellung eine Farbvariation und unterschiedliche Helligkeiten.

In dem Untermenü **Particles** *werden die Eigenschaften für die Darstellung der Partikel eingestellt.*

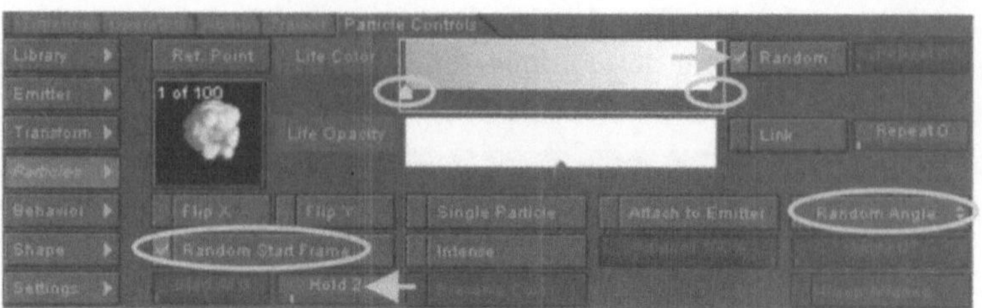

Abb. 6.1-16: Untermenü *Particles* in den *Particle Controls*

Aktivieren Sie die Option *Random Start Frame* und erhöhen Sie den dazugehörigen Wert *Hold* auf 2. Verändern Sie die Einstellung *Specify Angle* auf *Random Angle*.

Die Partikel strömen bei dieser Einstellung mit unterschiedlichen Startwinkeln aus.

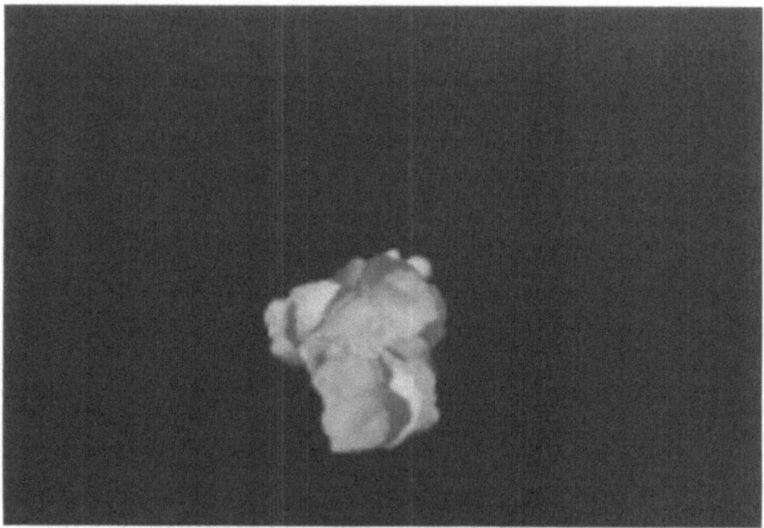

Abb. 6.1-17: *Particle Controls Preview* (DVD)

Im Untermenü **Behavior** *können Verhaltenseigenschaften der Partikel eingestellt werden. Die Optionen aus dem Untermenü* **Emitter** *sind diesem übergeordnet.*

Ändern von Verhaltenseigenschaften der Partikel

Wechseln Sie in das Untermenü *Behavior* der *Particle Controls*, um die Verhaltenseigenschaften der Partikel einzustellen. Die Funktonen der einzelnen Einstellungsmöglichkeiten werden ausführlich im Benutzerhandbuch ab Seite 294 erläutert.

Diese Lerneinheit beschränkt sich auf folgende Eigenschaften:

Grundeinstellungen:

Life	200	Partikel bleibt über die Zeit erhalten
Number	6	Reduzierung der Anzahl der Partikel
Size	20	Größe der Partikel
Velocity	119	Erhöhen der Austrittsgeschwindigkeit
Weight	92	Einstellen von Gewicht des Partikels
Spin	28	Eigendrehung
Motion Rand.	3	Hinzufügen zufälliger Bewegungen
Bounce	1	Abprallverhalten
Visibility	100%	Sichtbarkeit

Durch den Einsatz von Videorohmaterial, welches eine Rotation des Popcorns enthält, kann durch zusätzlich hinzugefügte Rotation um eine zweite Achse ein dreidimensionaler Effekt erzielt werden.

Particle Variation:

Life V	0	Lebensdauer bleibt unverändert
Number V	17	ungleichmäßige Austrittsanzahl
Size V	8	Variation der Partikelgröße
Velocity V	76	Variation der Austrittsgeschwindigkeit
Weight V	19	Gewichtsvariation
Spin V	18	Modifikation der Eigendrehung
Motion RandV	1	Wenig zufällige Bewegungsvariation
Bounce V	3	Unterschiedliches Abprallverhalten

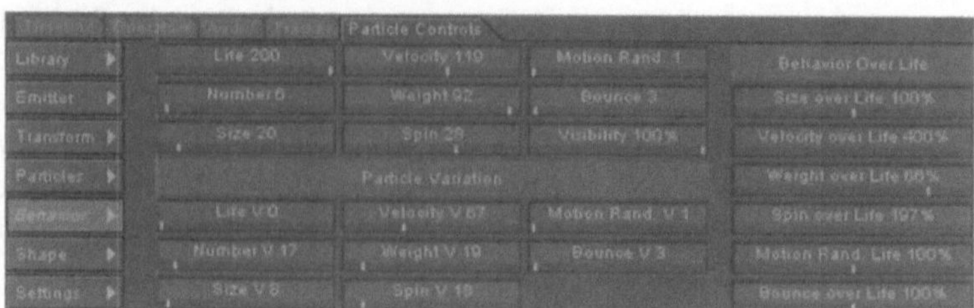

Abb. 6.1-18: Untermenü *Behavior* in den *Particle Controls*

Die Eigenschaften **Behavior over Life** *können über die Zeit modifiziert werden. Ändern Sie den Darstellungsmodus der* **Timeline** *in den Modus* **Graph**. *Die X-Achse stellt die Zeitachse in Prozent dar. Die Y-Achse zeigt die veränderbaren Werte in Prozent an.*

Wechseln Sie für die Einstellungen von *Behavior over Life* in die *Timelineansicht.* Erweitern Sie in der *Timeline* die nachfolgend genannten Eigenschaften des Zweigs *'popcorn 01'*, wie in Abb 6.1-19 dargestellt.

Velocity over Life

X-Achse	Y-Achse
0%	660% erster Keyframe
1%	130% neuen Keyframe hinzufügen
100%	57%

Selektieren Sie mit gedrückter *Umschalt-Taste* die zwei Keyframes bei 0% und 1%.

Ändern sie die *Interpolation* auf *Bezier.* Selektieren Sie mit Rechtsklick auf einen der beiden Keyframes im Auswahlfenster die Option *Ease Both.*

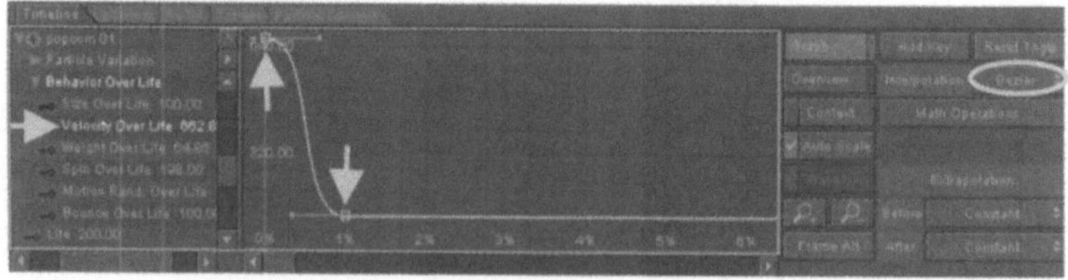

Abb. 6.1-19: *Velocity over Life* in der Timelineansicht (DVD)

Weight over Life

X-Achse	Y-Achse
0%	65% erster Keyframe
100%	208% zweiter Keyframe

Die Einstellungen für **Weight over Live** *entsprechen zwar nicht der Realität, denn die Partikel müssten an Gewicht zunehmen, je länger sie existieren. Für den zu erstellenden Partikeleffekt ist diese Einstellung aber empfehlenswert, um eine gebogene Flugkurve zu erhalten.*

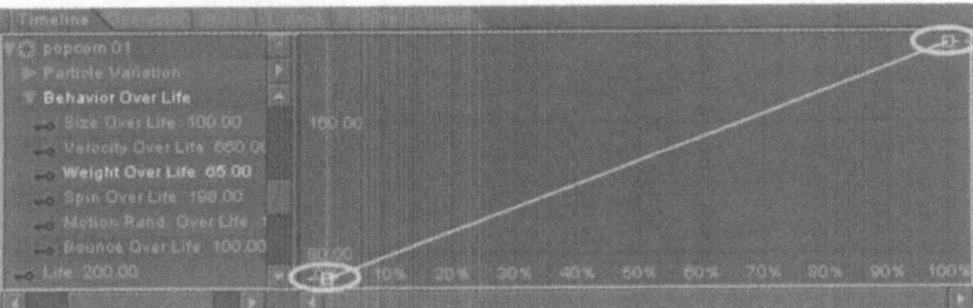

Abb. 6.1-20: *Weight over Life* in der Timelineansicht

Spin over Life

X-Achse	Y-Achse
0%	198% erster Keyframe
100%	0% zweiter Keyframe

Durch die Einstellung für **Spin Over Life** *nimmt die Eigendrehung der Partikel über die Zeit ab.*

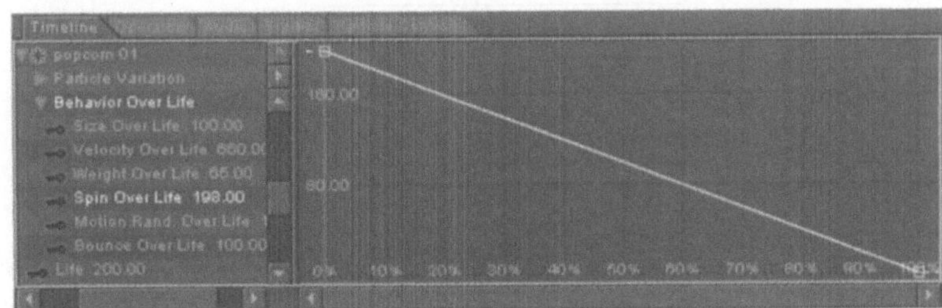

Abb. 6.1.21: *Spin Over Life* in der Timelineansicht

Ändern Sie die Option **Zoom** *in der* **Particle Preview** *auf* 25%. *Damit bleibt die Gesamtansicht der Partikelanimation überschaubar.*

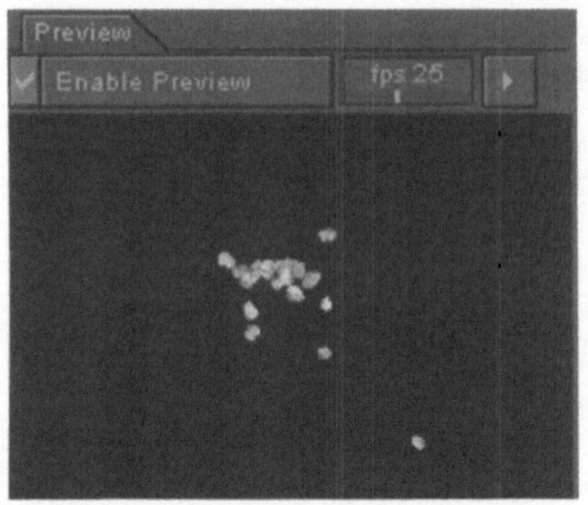

Abb. 6.1-22: *Particle Preview* (Zoom 25%)

Übergeordnete Emittereigenschaften

Die im Untermenü *Behavior* veränderten Eigenschaften reichen für die Darstellung des Popcorns nur bedingt aus. Wechseln Sie in das Untermenü *Emitter*, um übergeordnete Emittereigenschaften zu verändern. Ändern Sie die folgenden Eigenschaften für den Emitter.

Life	500%
Velocity	300%
Weight	180%

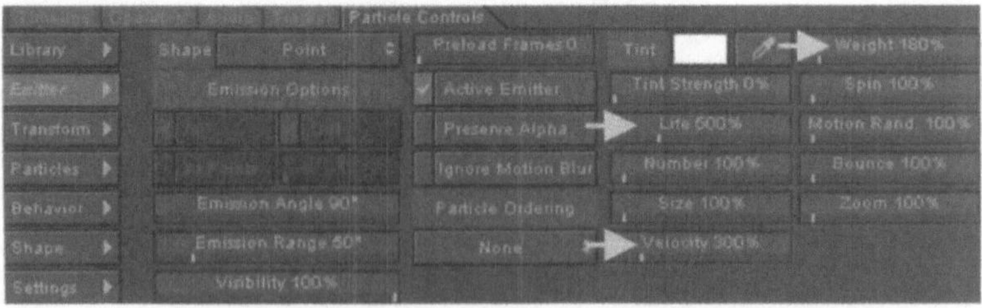

Abb. 6.1-23: Untermenü *Emitter* in den *Paint Controls*

Erstellen eines Deflektors

Öffnen Sie die *Toolbar* und selektieren Sie das *Deflector Tool.*

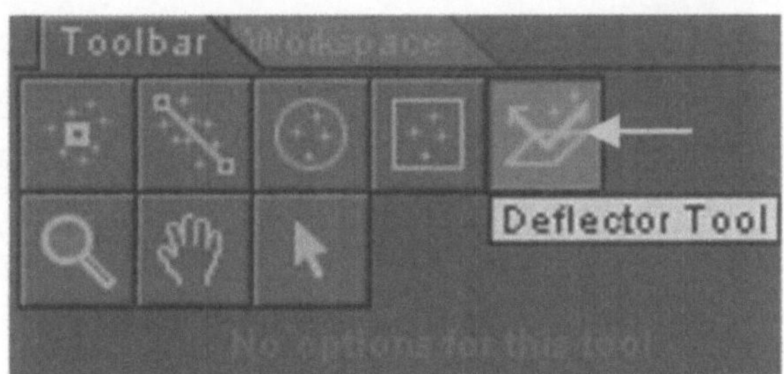

Abb.6.1-24 : *Deflector Tool* in der *Toolbar*

Zeichnen Sie mit dem *Deflector Tool* eine Barriere, wie in der Abb. 6.1-25 dargestellt. Setzen Sie drei Kontrollpunkte.

Das *Deflector Tool* kann wie das *Polygon/Bezier Tool* benutzt werden.

Mit dem Hinzufügen eines Deflektors im **Viewport** *kann für die Partikel eine Barriere erstellt werden.*

Beenden Sie das *Deflector Tool* mit der *Esc-Taste.* Im *Workspace* ist der *Deflector* als Zweig des *Partikeloperators 'Particles – popcorn'* erstellt worden.

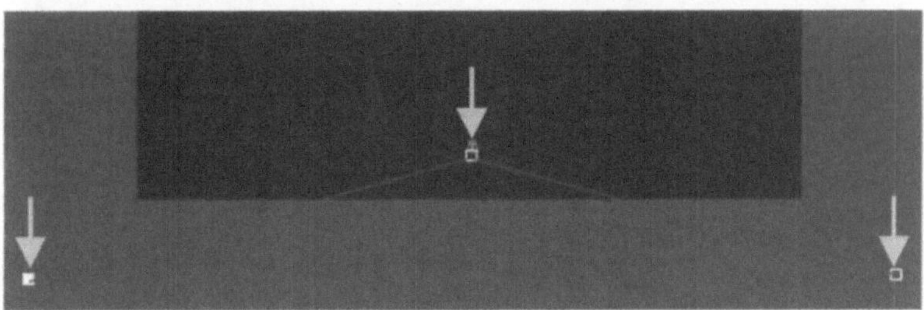

Abb. 6.1-25: Eingezeichneter *Deflektor* im *Viewport*

Selektieren Sie im *Workspace* den *Deflector* und wechseln Sie in die *Particle Controls.*

Belassen Sie in diesem Beispiel die Werte im Untermenü *Deflector* auf den Standardeinstellungen.

Bei veränderten Einstellungen für den **Deflector** *können die Partikel abweichend kollidieren.*

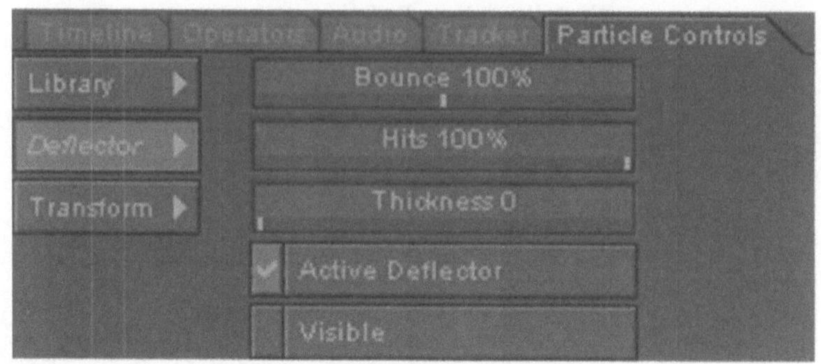

Abb. 6.1-26: Deflektoreinstellungen in den *Particle Controls*

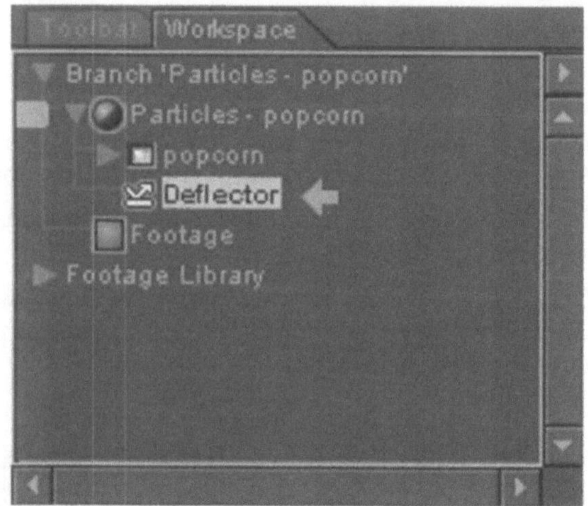

Abb. 6.1-27: Ansicht des *Workspaces*

Hinzufügen von Bewegungsunschärfe

Wechseln Sie mit angewähltem *Emitter 'popcorn'* in die *Particle Controls*. Aktivieren Sie im Untermenü *Settings* die Option *Enable* in der Einstellung *Global Motion Blur*.

Ändern Sie den Wert für *Samples* auf 10, um die Anzahl der Abtastungen, die für die Unschärfe herangezogen werden, zu erhöhen.

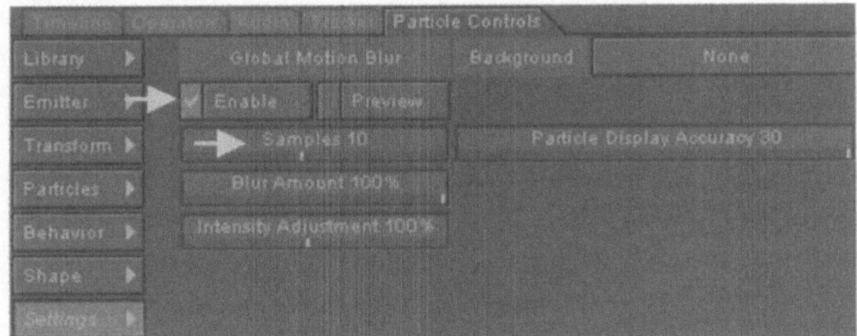

Abb. 6.1-28: Einstellungen für Bewegungsunschärfe

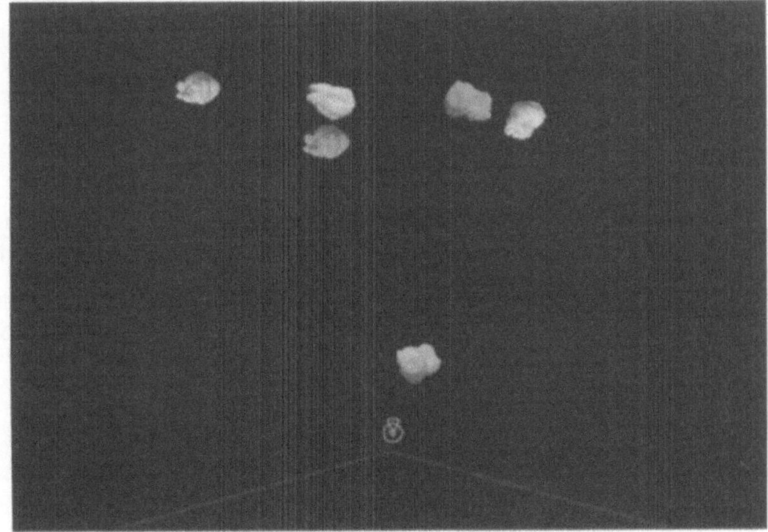

Abb. 6.1-29: *Viewportansicht* ohne *Global Motion Blur*

Durch das Aktivieren von **Global Motion Blur** *wird ein höherer Grad an Realismus erreicht.*

Abb. 6.1-30: *Viewportansicht* mit Global Motion Blur (DVD)

Speichern Sie zum Abschluss das Projekt unter *File⇨Save Workspace as* unter dem Dateinamen '*popcorn*' ab.

Mit *File⇨Render* kann die Szene auch als Videodatei gerendert werden.

6.2 Lerneinheit 14

Jongleur

\\04 Partikel\014 Jongleur

ca. 30 Minuten

In dieser Lerneinheit sollen die drei jonglierten Bälle verfolgt werden. Die Bewegungsdaten werden in eine Datei exportiert. Es werden verschiedenfarbige Rauchemitter erstellt, die den Bewegungen der Bälle folgen. Die Emitter werden farblich an die Bälle angepasst.

Benutzte Werkzeuge:
- *Tracker*
- *Particle Tool*
- Im- und Export von Trackerdaten

Ziel dieser Lerneinheit

Bewegungsverfolgung ist ein zentrales Element im Bereich des Compositings. Als Besonderheit soll die Elementverfolgung von schnellen Objekten in dieser Lerneinheit vermittelt werden.

Erstellen eines neuen *Workspaces* und Import von Rohmaterial

Erstellen Sie mit *File⇨New* einen neuen *Workspace* mit den folgenden Eigenschaften:

Type	Composite
Name	jongleur
Format Options	PAL DV
Duration	90
Bit Depth	8 bit
Mode	2D

Laden Sie mit *File⇨Import Footage* aus dem Unterverzeichnis *'jongleur'* die Sequenz *'jongleur[####].png'* in den *Workspace* und benennen Sie diese in *'jongleur'* um.

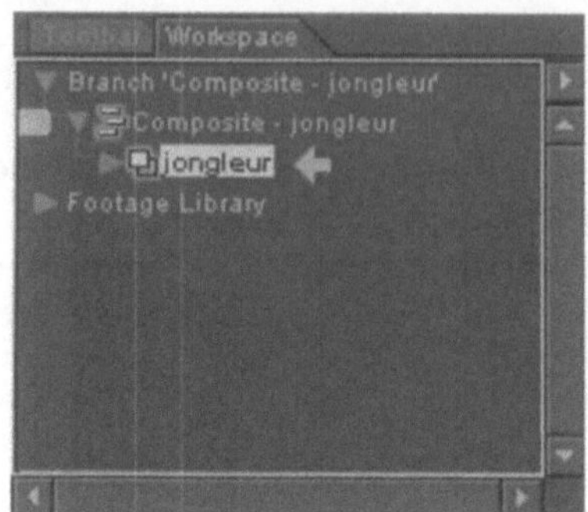

Abb. 6.2-1 Umbenannte Sequenz

Vorbereitungen für die Bewegungsverfolgung

Selektieren Sie im *Workspace* den Layer *'jongleur'* und wechseln Sie in das Menü *Tracker*. Wählen Sie in der Option *Source* den Layer *'jongleur'* aus. Dadurch werden die Einstellungen für den Tracker freigegeben.

Aktivieren Sie in dem Bereich *Track* die Option *Position*. Ändern Sie für die Anpassung des *Trackers* folgende Einstellungen:

Reference	`Roaming`	veränderliches Referenzfeld
Tolerance	`80%`	gesenkte Abtastungstoleranz
Auto Snap	`aktiviert`	automatische Referenzzuweisung

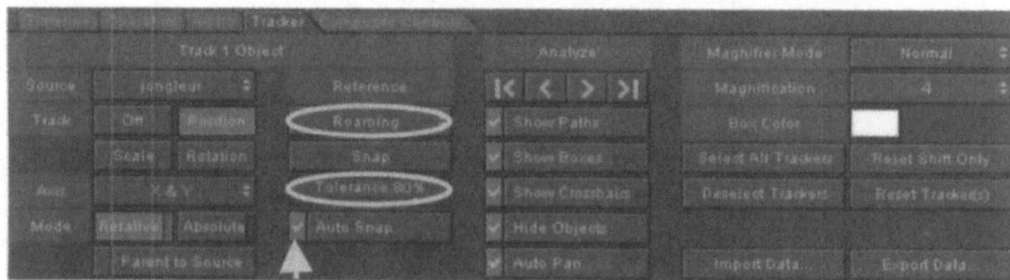

Abb. 6.2-2: Trackereinrichtung

Verfolgung des weißen Balls

Es erscheinen nach den Einstellungen von Abb. 6.2-2 das Referenz- und Trackerfeld im *Viewport*. Skalieren und positionieren Sie diese, wie in Abb. 6.2-3 dargestellt.

Es ist von Vorteil, den *Viewport* dafür zu vergrößern. Positionieren Sie das Referenzfeld im oberen Drittel des Balls, da der untere Teil zeitweise von der Hand verdeckt wird.

Eine Abweichung der Positionen für das Tracker- und Referenzfeld kann eine Verfälschung der Bewegungsverfolgung hervorrufen.

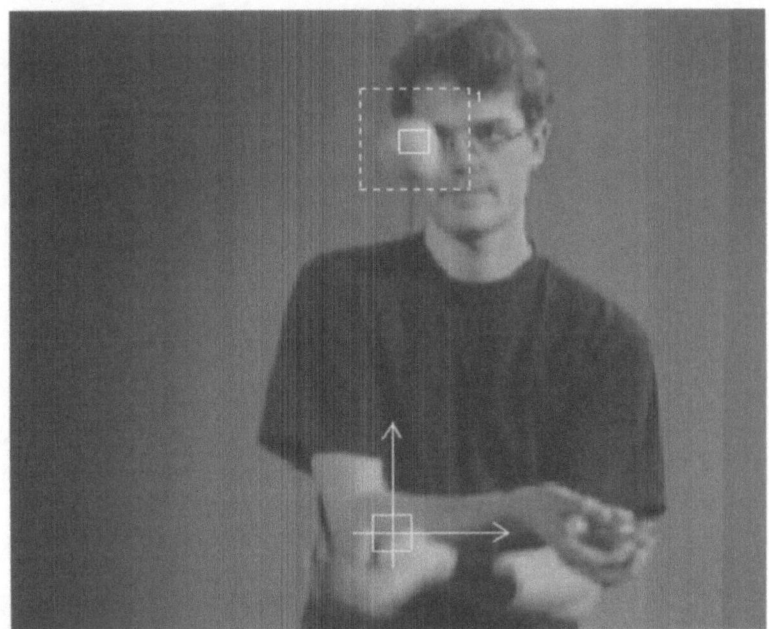

Abb. 6.2-3: Referenz- und Trackerfeld für den weißen Ball

Starten Sie mit den *Analyze-Steuerelementen* den Trackingvorgang. Die Bewegung kann mit dem *Forward Analyze Tool* durchgeführt werden.

Wenn der Tracker das Referenzfeld verliert, kann manuell nachjustiert werden. Mit der Option *Snap* kann das Referenzfeld aktualisiert werden.

Beim letzten Frame stoppt der *Tracker*, und im *Viewport* sind die Trackerdaten als grüne Linie mit Keyframes dargestellt.

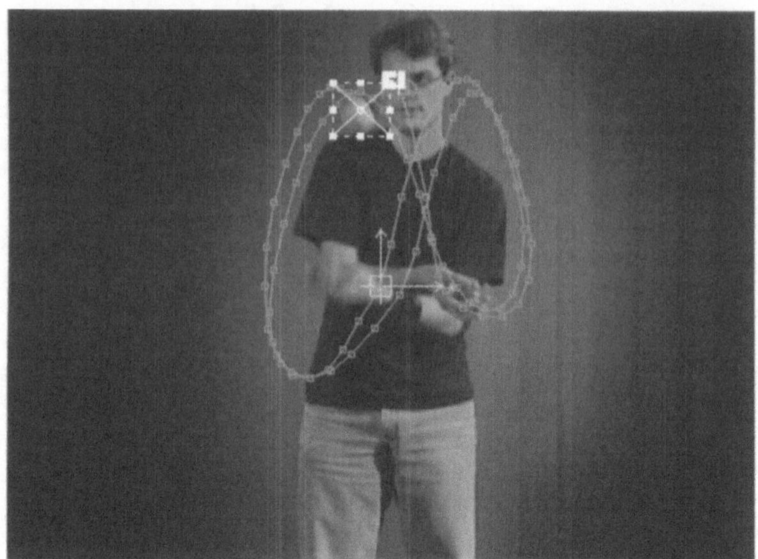

Abb. 6.2-4: Trackerdaten für den weißen Ball im *Viewport*

Export der Trackerdaten

Damit die Trackerdaten später als Quelle für den Emitter genutzt werden können, exportieren Sie die Daten mit *Export Data* in den *Trackereinstellungen*.

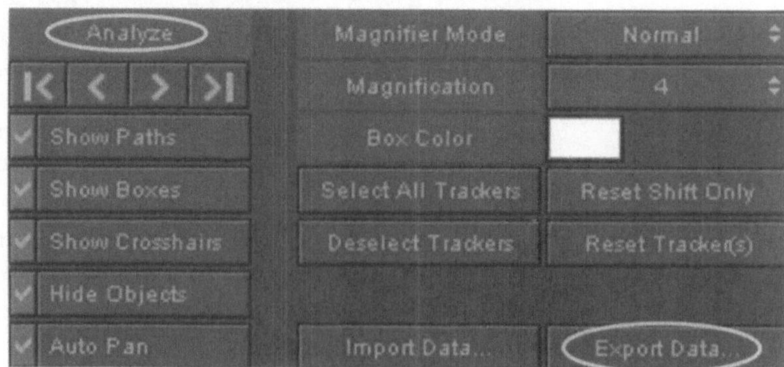

Abb. 6.2-5: *Analyze Tool* und Import/Export Funktionen

Speichern Sie im anschließend geöffneten Dateibrowser die Daten unter dem Dateinamen *'ball weiß.ascii'* ab. Deaktivieren Sie mit *Off* im Menü *Tracker* den Erfassungsvorgang.

Ein Unterverzeichnis **'trackerdaten'** *kann beim Speichervorgang erstellt werden.*

Selektieren Sie im Auswahlfeld **Select Tracker Data Format** *die Option* **Tracker Data**, *da die Bewegungsdaten gespeichert werden sollen, nicht die Trackereinstellungen.*

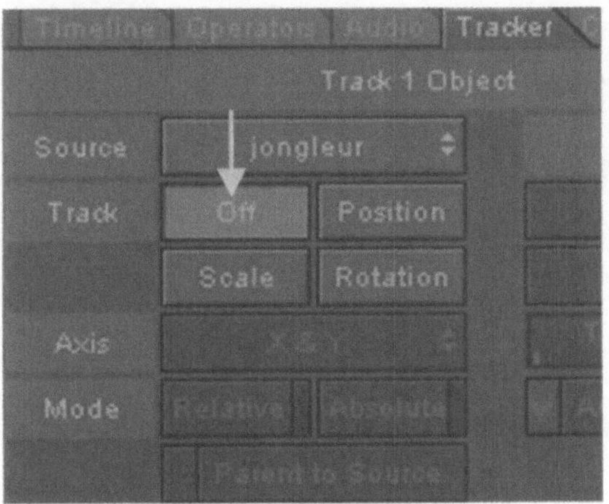

Abb. 6.2-6: Deaktivierter Tracker

Verfolgung des roten Balls

Gehen Sie auf der *Timeline* zum Frame 0 zurück und erstellen Sie einen neuen *Tracker* durch aktivieren der Schaltfläche *Position*.

Bereiten Sie die Erfassungseigenschaften des *Trackers* wie schon für den weißen Ball vor.

Reference	Roaming
Tolerance	80%
Auto Snap	aktiviert

Positionieren Sie das Referenz- und das Trackerfeld, wie es in Abb. 6.2-7 dargestellt ist.

Je nach gewähltem Referenzfeld für den **Tracker** *verliert dieser unterschiedlich schnell die Referenz.*

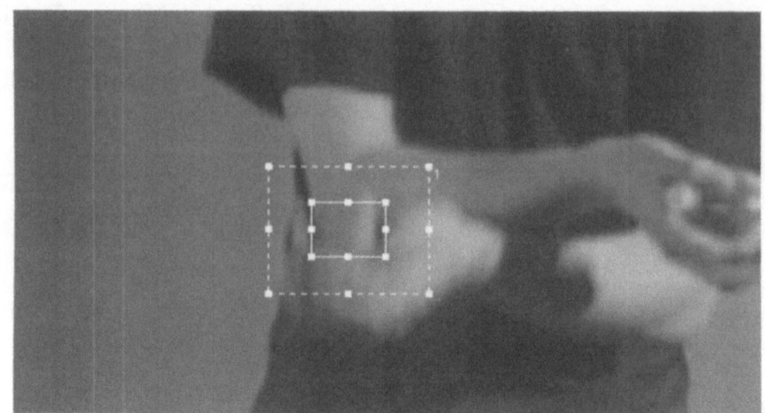

Abb. 6.2-7: Tracker- und Referenzfeld für den roten Ball

Der Trackingvorgang erweist sich beim roten Ball als aufwendiger als bei dem zuvor verfolgten weißen Ball. Es empfiehlt sich beim *Analyze Tool* die Funktion *Step Forward* zu benutzen.

Es kann auch die *Analyze Forward-Funktion* genutzt werden, wenn die Analyse problemlos zu verlaufen scheint.

Wenn der *Tracker* die Position des Balles verliert, stoppen Sie die Analyse und gehen zu dem Frame zurück, in dem der *Tracker* noch der Bewegung folgte.

Die Hände stellen den Hauptgrund für den Verlust der Referenz dar, da diese in einigen Frames den Großteil der Ballfläche verdecken.

Sollte der Tracker die Bewegung verlieren, ist es ratsam, das Referenzfeld soweit wie möglich am oberen Rand des Balles zu positionieren. Klicken Sie auf das Feld *Snap* in der Kategorie *Reference,* um dem Referenzfeld die neuen Positionsdaten einzugeben.

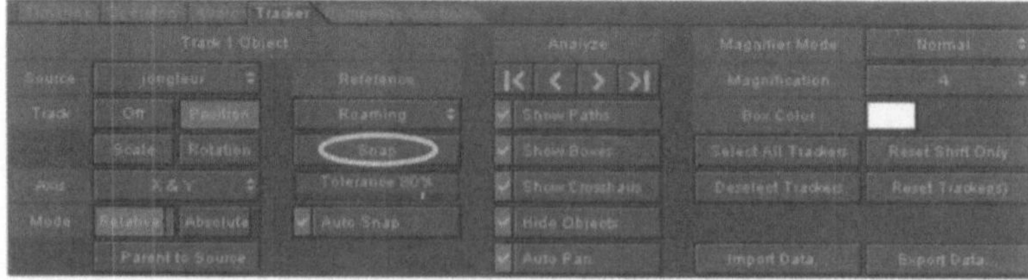

Abb. 6.2-8: Option *Snap* in der Kategorie *Reference*

Beim Verschieben des Fadenkreuzes ändert sich entsprechend der zugehörige Keyframe der Kurve mit. Klicken Sie, nachdem das Fadenkreuz an die neue Position verschoben wurde, auf die Option *Snap*. Das Referenzfeld erhält die neue Position des Fadenkreuzes.

Verändern Sie für das Korrigieren des Referenzpunktes die Position des Fadenkreuzes, nicht die des Referenzfeldes.

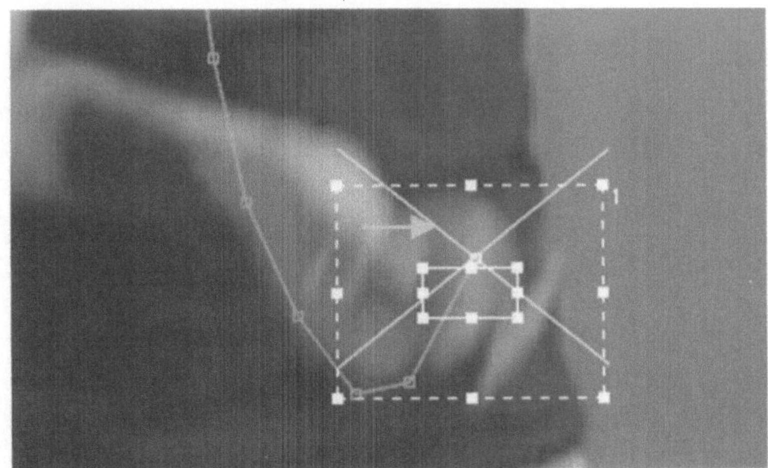

Abb. 6.2-9: Verschieben des Fadenkreuzes im *Viewport*

Falls der **Tracker** *die Bewegung ab einer Stelle nicht wiederfindet, können die* **Keyframes** *im* **Viewport** *auch manuell mit der Maus verschoben und der Bewegung angepasst werden.*

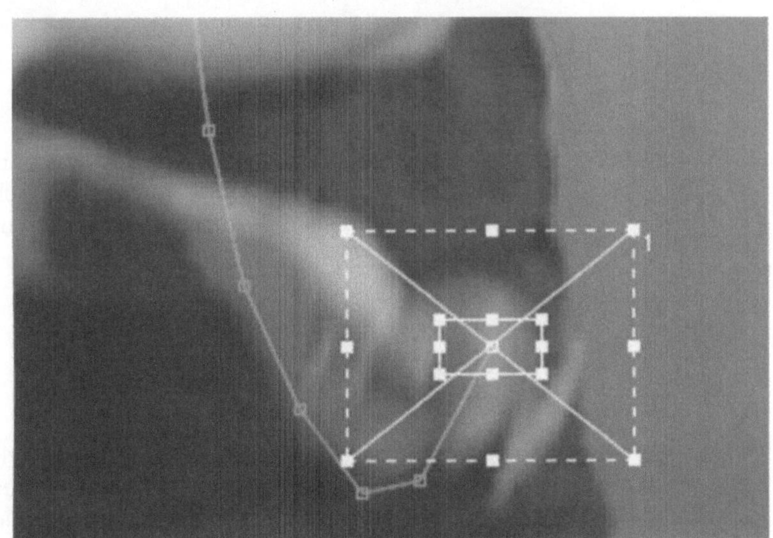

Abb. 6.2-10: Nach Anklicken der Option *Snap* verschobenes Referenz- und Trackerfeld

Je nach gewähltem Referenz- und Trackerfeld muss die Position der Referenz entsprechend weniger oder häufiger manuell angepasst werden.

Im *Viewport* ist am Ende des Trackingvorgangs wieder eine grüne Linie mit Keyframes zu sehen.

Abb. 6.2-11: Trackerdaten für den roten Ball im *Viewport*

Speichern Sie die Trackerdaten mit der Exportfunktion im Menü *Tracker* unter dem Namen *'ball rot'* ab, wie schon in dem Beispiel mit dem weißen Ball gezeigt. Deaktivieren Sie den Tracker mit der Option *Off*.

Verfolgung des blauen Balls

Gehen Sie auf der *Timeline* zum Frame 0 zurück und selektieren Sie im *Workspace* den Layer *'jongleur'*. Aktivieren Sie den für die Erfassung des blauen Balls mit der Option *Position*.

Erstellen Sie die Trackereigenschaften wie im Folgenden dargestellt:

Reference	Roaming
Tolerance	80%
Auto Snap	aktiviert

Positionieren Sie das Referenz- und das Trackerfeld im *Viewport,* wie in Abb. 6.2-12.

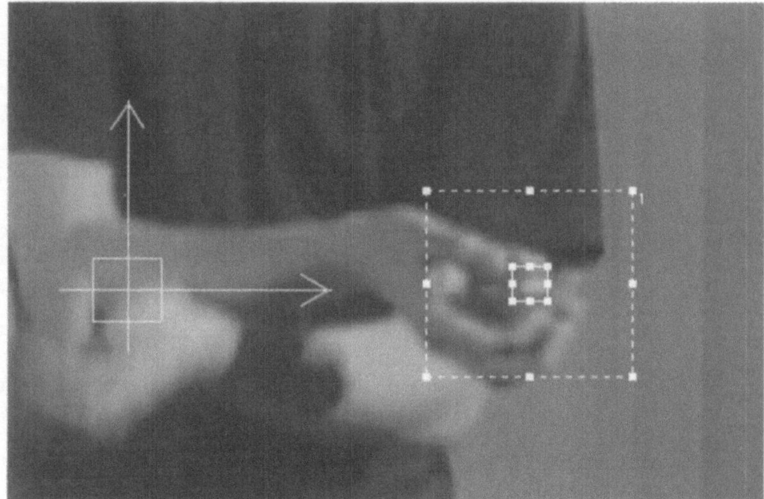

Abb. 6.2-12: Referenz- und Trackerfeld für den blauen Ball

Beim Verfolgen des blauen Balles mit dem *Analyze Tool* ist wie bei dem roten Ball vorzugehen.

Der blaue verliert häufiger den Bewegungspfad und muss daher mehrfach manuell nachjustiert werden.

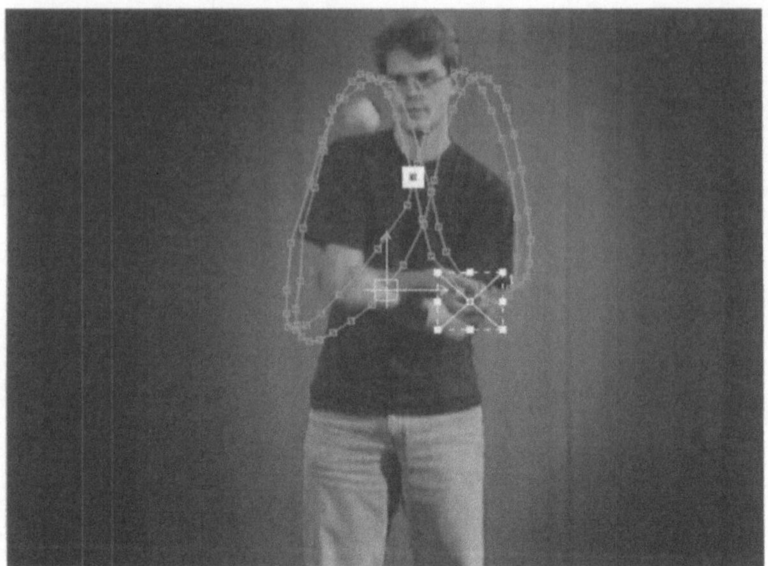

Abb. 6.5-13: Trackerdaten des blauen Balls im *Viewport*

Exportieren Sie die *Trackerdaten* wie bei dem roten und weißen Ball mit der Option *Export Data* in dem Menü *Tracker.*

Speichern Sie die Trackerdaten unter dem Dateinamen '*ball blau*' ab.

Deaktivieren Sie den *Tracker* mit der Option *Off.*

Erstellen eines Partikeloperators

Erzeugen Sie im *Workspace* mit Rechtsklick auf den Layer '*jongleur*' und *Operators*⇨ *Particles* einen Partikelknoten.

Im Gegensatz zur Lerneinheit 13 - 6.1 Popcorn wird der Partikeloperator als Zweig in einem **Layer** *erzeugt.*

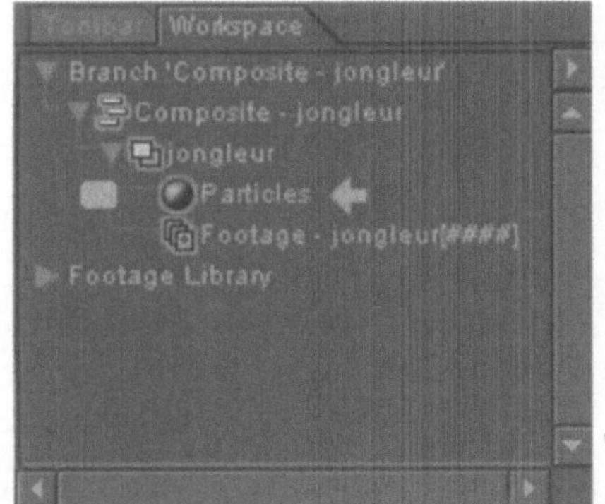

Abb. 6.2-14: Particle Operator im *Workspace*

Wechseln Sie in das Untermenü *Library* der *Particle Controls.* Importieren Sie mit der Option *Load Library* eine Bibliothek in den *Workspace.*

Selektieren Sie in dem Auswahlfenster *Load Emitter Library* die Datei *'Fire.elc'.* Diese wird als Verzeichnisbaum in den *Particle Controls* angezeigt.

Wählen Sie aus der Bibliothek *'Fire.elc'* den *Emitter Fiery Smoke* in dem Abschnitt *Smoke 01_06-07* aus.

Abb. 6.2-15: Auswahl des *Fiery Smoke* Emitters

Selektieren Sie in die *Toolbar* das *Point Emitter Tool.* Positionieren Sie mit angewähltem *Tool* den *Emitter* im *Viewport* auf den weißen Ball, wie in Abb. 6.2-17 dargestellt.

Abb. 6.2-16: *Point Emitter Tool*

Wie schon in der vorherigen Lerneinheit erläutert, wird der **Emitter** *durch Mausklick auf den* **Viewport** *erzeugt.*

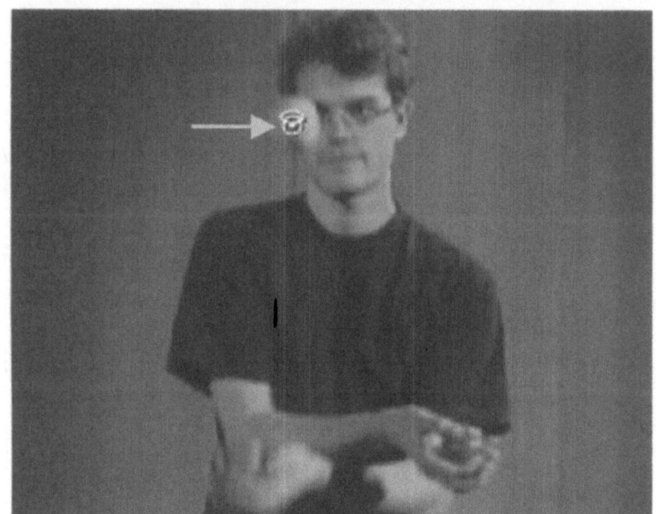

Abb. 6.2-17: Positionieren des *Point Emitter Tools*

Wechseln Sie in das Untermenü *Emitter* der *Particle Controls*, um die Eigenschaften des *Emitters* zu verändern.

Emission Range	360°	Abstrahlung im 360°-Winkel
Visibility	80%	verminderte Deckkraft
Life	60%	verringerte Lebensdauer

Erweitern Sie im *Workspace* den Operator *Particles* und selektieren Sie in dem Zweig die Partikel *'copy of smoke'*.

Wechseln Sie in das Untermenü *Behavior* und verändern Sie die folgenden Eigenschaften.

Mit den Einstellungen wird der Partikelstrom in der Länge verkürzt und an die Dimension der Bälle angepasst, um ein Überlappen des nachfolgenden Partikelschweifs zu verringern

Life	11%	Verkürzung des Rauchschweifs
Number	50	Erhöhung der Partikelanzahl
Size	25	Anpassen der Größe an den Ball

Wählen Sie im *Workspace* den Zweig *'smoke'* des Partikeloperators an und ändern Sie im Untermenü *Behavior* die nachfolgenden Werte.

Life	11%	Verkürzung des Rauchschweifs
Size	20	Anpassen der Größe an den Ball

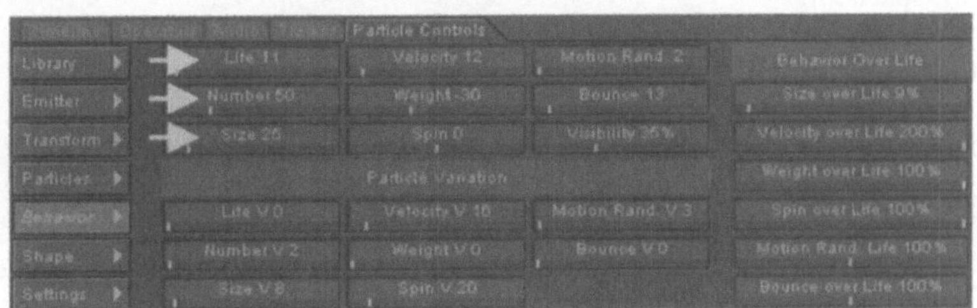

Abb. 6.2-18: Partikel *'copy of smoke'* im Untermenü *Behavior'*

Wechseln Sie in die *Timelineansicht* und erweitern Sie die Partikel *'Copy Of Smoke'*.

Selektieren Sie in dem Zweig *Behavior over Life* die Eigenschaft *Size over Life*.

Ändern Sie den *Modus* der *Timeline* auf *Graph*.

Ziehen Sie eine Lassoauswahl über die linken vier Keyframes auf.

Mit dem Löschen der **Keyframes** *verändern die Partikel nicht über die Lebensdauer ihre Größe.*

Um die entsprechenden **Operatoren** *in der Zeitleiste anzuzeigen, müssen diese zuvor im* **Workspace** *angewählt werden. Die* **Timelineansicht** *ändert sich entsprechend der selektierten Operatoren im* **Workspace**.

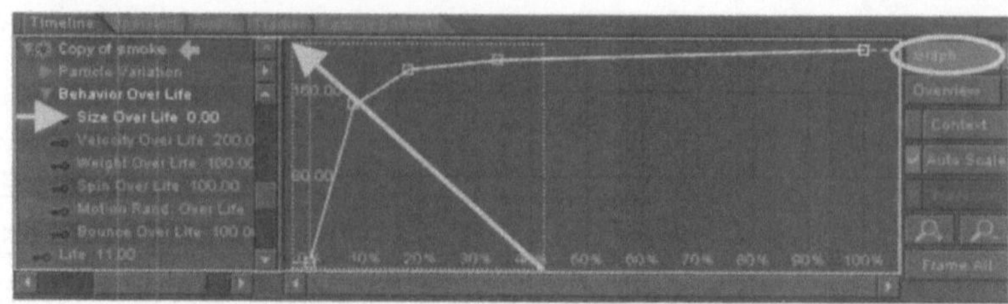

Abb. 6.2-19: Lassoauswahl über vier Keyframes für *Size Over Life* bei *'Copy Of Smoke'*

Löschen Sie die ausgewählten Keyframes mit der *Entf-Taste*. Selektieren Sie in dem Zweig die Eigenschaft *Smoke'*. Ziehen Sie eine Auswahl über die linken vier Keyframes und entfernen diese mit der *Entf-Taste*.

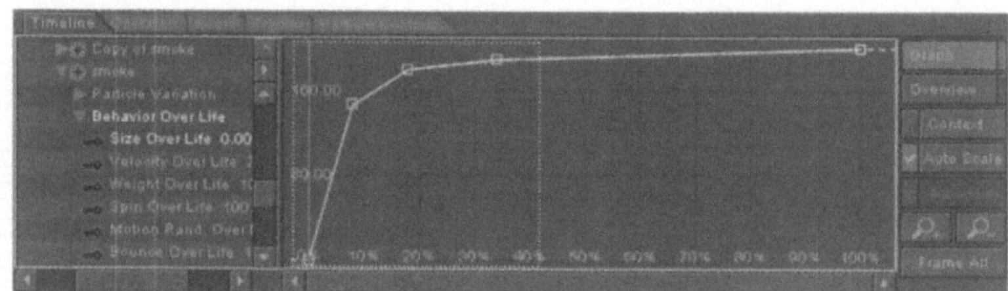

Abb. 6.2-20: Auswahlrechteck über Keyframes für *Size Over Life* bei den Partikeln *'smoke'*

Kopieren des erzeugten Emitters

Selektieren Sie im *Workspace* den *Emitter 'Fiery Smoke'* und kopieren diesen mit Rechtsklick auf *'Fiery Smoke'* und *Copy* in die Zwischenablage.

Fügen Sie mit Rechtsklick auf den Operator *Particles* und zweifach *Paste* den kopierten *Emitter* in den Zweig des Operators *Particles* ein.

Benennen Sie die drei *Emitter* von unten aufsteigend in *'rauch weiß'*, *'rauch rot'* und *'rauch blau'* um.

Die Emitter **'rauch blau'** *usw. müssen zum Bearbeiten im* **Workspace** *direkt angewählt werden. Änderungen im Operatorzweig* **Particles** *wirken sich nicht auf die* **Emitter** *aus.*

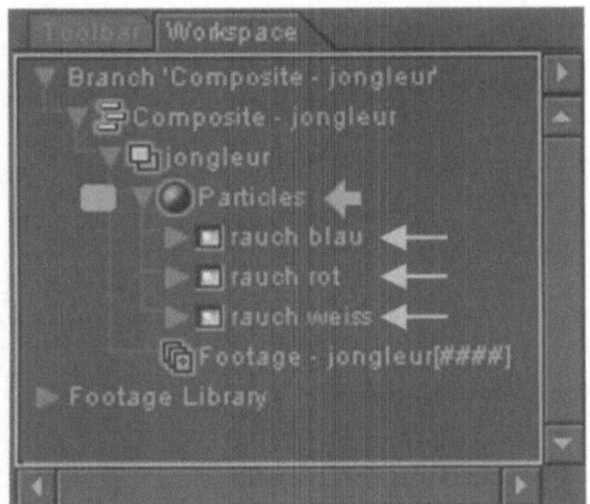

Abb. 6.2-21: Umbenannte Emitter im *Workspace*

Positionieren der Emitter *'rauch blau'* und *'rauch rot'*

Selektieren Sie im *Workspace* den *Emitter 'rauch blau'* und ziehen Sie diesen im *Viewport* auf die Position des blauen Balls. Diese Positionsdaten können auch im Untermenü *Transform* als direkte Werte eingegeben werden.

X-Position	474.44
Y-Position	287.76

Verfahren Sie für die Positionierung des *Emitters 'rauch rot'* auf die gleiche Weise.

X-Position	339.44
Y-Position	301.76

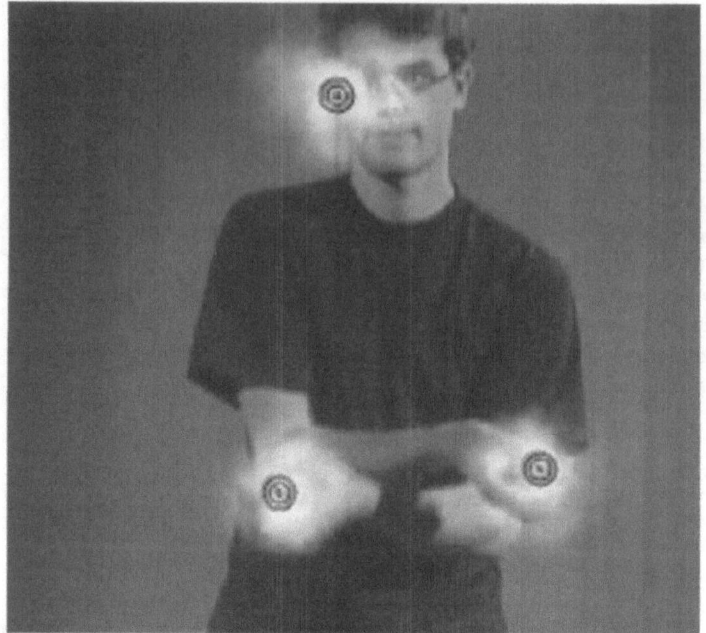

Abb. 6.2-22: Ansicht der drei positionierten Emitter im *Viewport*

Einfügen der zuvor exportierten Bewegungsdaten

Selektieren Sie im *Workspace* mit Doppelklick den *Emitter 'rauch weiss'*, wechseln Sie in das Menü *Tracker* und aktivieren Sie die Option *Position*.

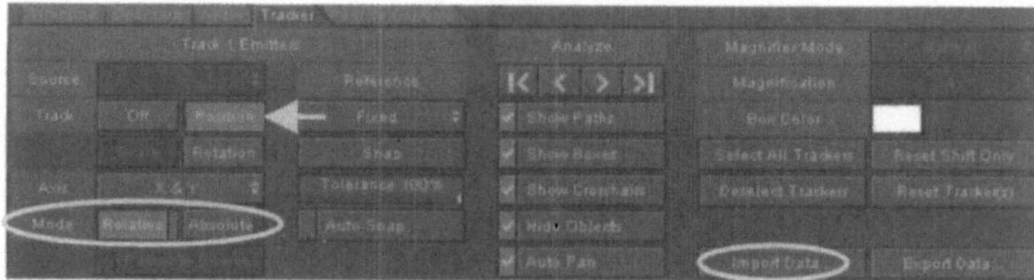

Abb. 6.2-23: Optionen *Position, Mode und Import Data*

Die Option **Mode** *sollte auf Relative eingestellt werden, so dass die weißen Bewegungsdaten direkt auf dem entsprechenden Ball beginnen.*

Laden Sie mit der Option *Import Data* die eingangs gespeicherten Bewegungsdaten des weißen Balls.

Selektieren Sie in dem nachfolgend geöffneten Auswahlfenster *Select Tracker Data Format* die Option *Tracker Data*, da nur die Bewegungsdaten geladen werden sollen. Es öffnet sich ein Dateibrowser.

Wählen Sie in diesem die Datei *'ball weiss.ascii'* aus und bestätigen Sie den Vorgang mit *Ok*

Im *Viewport* werden die importierten Bewegungsdaten angezeigt.

Die grüne Linie zeigt den aktuellen Tracker an, die weiße Linie die Positionen, die direkt in die *Transformdaten* des Emitters *'rauch weiss'* geschrieben wurden.

Deaktivieren Sie den *Tracker* mit der Option *Off*.

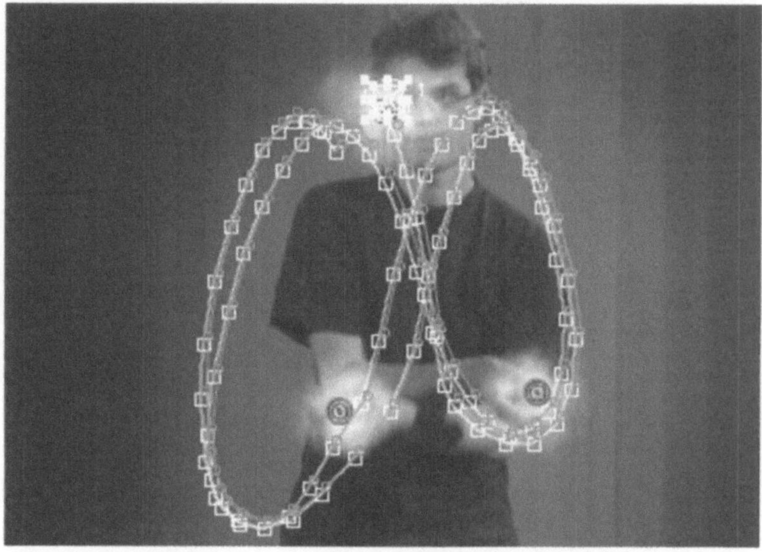

Abb. 6.2-24: Tracker- und Positionsdaten (Emitter: 'rauch weiss')

Laden Sie die entsprechenden Bewegungsdaten für die *Emitter 'rauch rot'* und *'rauch blau'* auf die gleiche Weise.

Selektieren Sie jeweils den *Emitter* im *Workspace* mit Doppelklick.

'rauch rot'	`'rauch rot.ascii'`
'rauch blau'	`'rauch blau.ascii'`

Beenden Sie jeweils den Import der Bewegungsdaten mit der Option *Off* im *Tracker*.

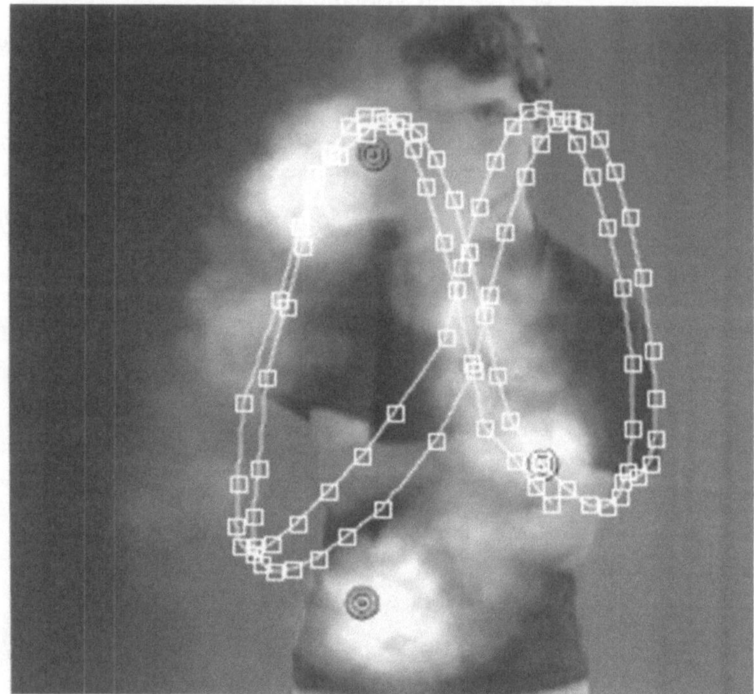

Abb. 6.2-25: Emitter *'rauch blau'* bei Frame 43

Farbanpassung der Emitter

Selektieren Sie im *Workspace* den *Emitter 'rauch weiss'* und deaktivieren Sie diesen.

Behalten Sie den *Emitter* aber weiterhin im *Workspace* angewählt.

Wechseln Sie in das Untermenü *Emitter* der *Particle Controls*. Ändern Sie den Farbwert für *Tint*, durch Klicken im *Viewport* auf den weißen Ball.

Verändern Sie den Wert für *Tint Strength* auf 65%.

Verfahren Sie für die *Emitter 'rauch rot'* und *'rauch blau'* auf die gleiche Weise.

Wählen Sie diese erst im *Workspace* aus und ändern Sie in den *Particle Controls* mit der Option *Tint* die Farbe.

'rauch rot'

Tint Strength	70%

'rauch blau'

Tint Strength	85%

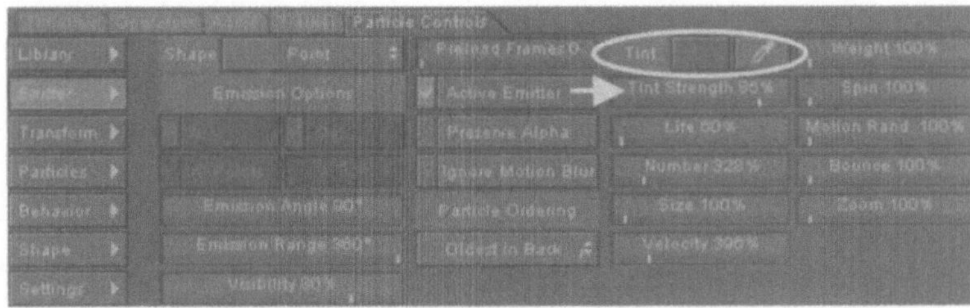

Abb. 6.2-26: Option *Tint* in den *Particle Controls*

Abb. 6.2-27: fertige Sequenz im *Viewport* (hier Frame 58)

Speichern Sie das Projekt mit *File⇨Save Workspace as* unter dem Dateinamen *'jongleur'* ab.

Mit der Option *File⇨Render* kann die Szene auch als Videodatei gerendert werden.

6.3 Lerneinheit 15

Orangensaft

\\04 Partikel\015 Orangensaft

ca. 20 Minuten

In dieser Lerneinheit soll ein mit Orangensaft gefülltes Glas in sprudelnde Limonade übergeblendet werden. Dazu liegt als Rohmaterial das Glas in leerem und in vollem Zustand vor. Mit Hilfe eines Emitters aus der Partikelbibliothek, der in Verhalten, Form und Farbe der Kohlensäure von Limonade entspricht, wird der Sprudeleffekt erzeugt. Nach 25 Frames soll die Überblendung beginnen, so dass bei Frame 100 der Orangensaft in Sprudel übergegangen ist.

Benutzte Werkzeuge:
- Bibliotheksemitter
- Deflektoren
- Transfereigenschaften

Ziel dieser Lerneinheit

Es wird in dieser Lerneinheit ein weiteres Einsatzgebiet von Partikeleffekten veranschaulicht. Als Besonderheit wird ein Effekt erzielt, bei dem die Partikel innerhalb des Glases erscheinen. Dies bedarf aber bei der Wahl des Rohmaterials schon einer Vorüberlegung, wie das Ergebnis auszusehen hat. In diesem Fall ist das Glas bei gleicher Kameraperspektive in vollem und in leerem Zustand abgefilmt worden.

Erstellen eines neuen *Workspaces*

Erzeugen Sie mit *File⇨New* einen neuen *Workspace* mit den nachfolgend angegebenen Eigenschaften.

Type	Composite
Name	orangensaft
Format Options	PAL DV
Duration	225
Bit Depth	8 bit
Mode	2D

Import des Rohmaterials

Importieren Sie mit *File⇨Import Footage* aus dem Unterverzeichnis *'glas voll'* die Sequenz *'orangensaft[####].png'* und benennen Sie diese im *Workspace* in *'orangensaft'* um.

Importieren Sie ebenso die Sequenz *'leer[####].png'* aus dem Unterordner *'glas leer'* in den *Workspace* und benennen Sie diesen in *'glas leer'* um.

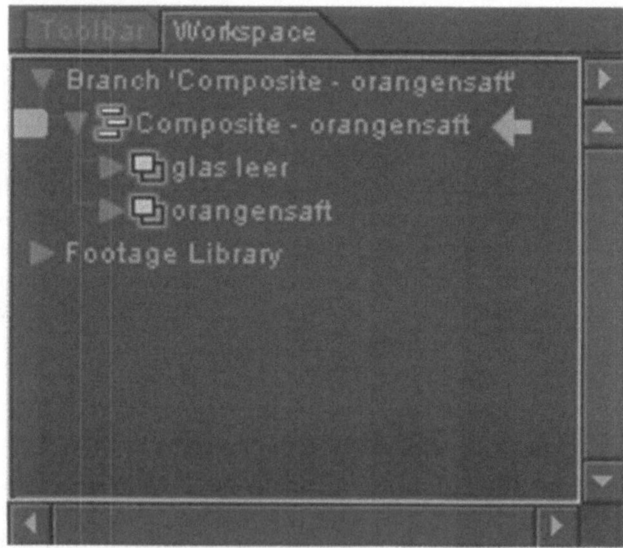

Abb. 6.3-1: Importierte Layer im *Workspace*

Einblenden des Layers *'glas leer'*

Der **Layer** *beginnt beim Frame 25. Der* **Layer** *ist in der Länge veränderbar. Dabei sollte beachtet werden, dass der* **Layer** *die Länge der gesamten Sequenz überdauert.*

Wechseln Sie in die Ansicht *Timeline* im Modus *Overview* und verschieben Sie den Layer *'glas leer'* in der gesamten Dauer zum Frame 25, wie in Abb. 6.3-2 dargestellt. Der Layer bleibt danach weiterhin angewählt.

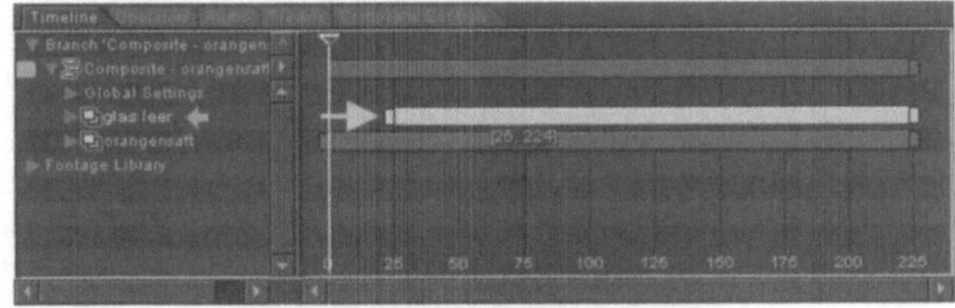

Abb. 6.3-2: Verschieben des Layers *'glas leer'*

Mit dem Transfermodus **Colorize** *erhält der Layer* 'glas leer' *die Helligkeit und Sättigung aus dem Layer '* **orangensaft**'.

Wechseln Sie in das Untermenü *Layer* der *Composite Controls* und ändern Sie die Eigenschaft *Transfer Mode* auf *Colorize*. Aktivieren Sie die Option *Animate* und gehen Sie auf der *Timeline* zum Frame 25. Verändern Sie den Wert für *Opacity* auf 0%.

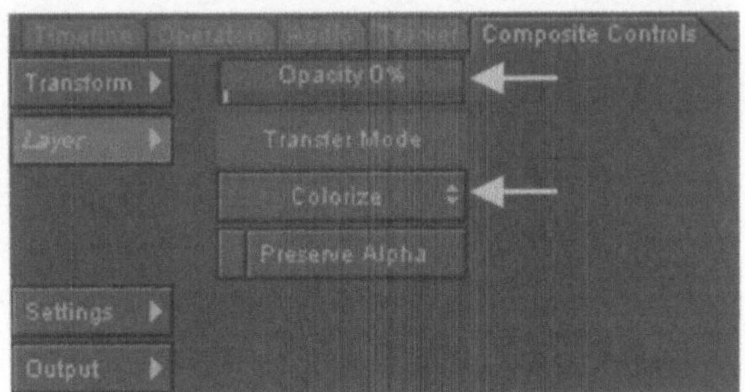

Abb. 6.3-3: Ändern von *Opacity* und dem *Transfer Mode*

Gehen Sie auf der *Timeline* zum Frame 100 und ändern Sie den Wert für *Opacity* auf 50%. Deaktivieren Sie die Option *Animate*.

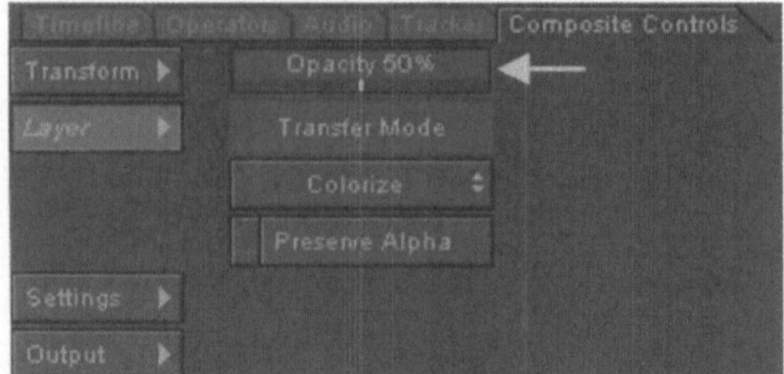

Abb. 6.3-4: Ändern der Transparenz (*Opacity*) auf 50%

Abb. 6.3-5: Ansicht des Composites bei Frame 100 (DVD)

Hinzufügen eines Partikelemitters für die Kohlensäurebläschen

Gehen Sie auf der *Timeline* zum Frame 0 zurück. Erzeugen Sie mit Rechtsklick auf den Layer *'orangensaft'* und *Operators⇨Particles* einen Partikeloperator und benennen Sie diesen im *Workspace* in *'kohlensäure'* um.

Der Partikeloperator wird in dem Layer **'orangensaft'** *erzeugt, damit die Partikel hinter dem halbtransparenten Layer* **'glas leer'** *im Glas erscheinen.*

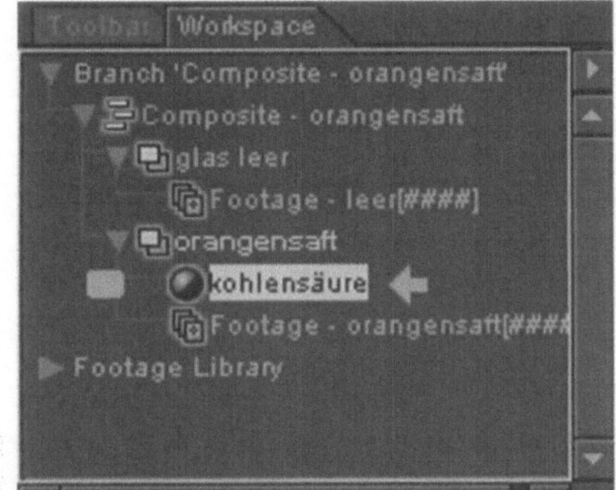

Abb. 6.3-6: Partikeloperator im *Workspace*

Laden Sie im Untermenü *Library* der *Particle Controls* mit *Load Library* eine neue Partikelbibliothek.

Es öffnet sich das Dateibrowserfenster *Load Emitter Library.*

Importieren Sie die Datei *'Natural_Organic.elc'* in die *Particle Controls.*

Selektieren Sie in dem Bibliotheksabschnitt *Bubbles 01_03* den *Emitter 'Bubbles 2'.*

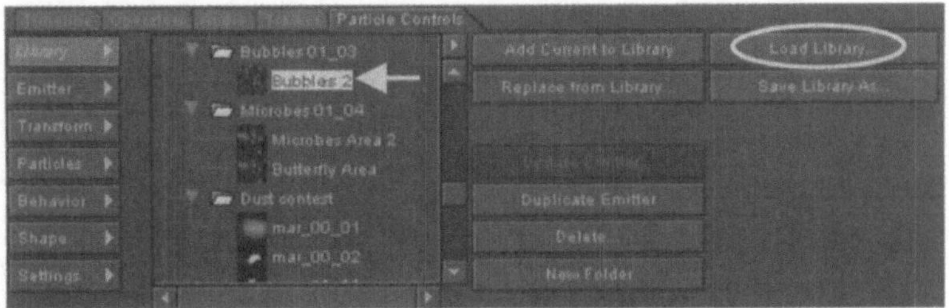

Abb. 6.3-7: Emitter *Bubbles 2* in der Bibliothek *Natural-Organic*

Wechseln Sie in die Ansicht *Toolbar* und selektieren Sie das *Area Emitter Tool.*

Zeichnen Sie mit diesem *Tool* im *Viewport* eine Fläche auf den unteren Teil des Glases, wie in Abb. 6.3-9 dargestellt.

Das **Area Emitter Tool** *ist in dieser Anwendung dem* **Line Emitter Tool** *vorzuziehen, da Partikel von zufälligen Positionen einer Fläche austreten sollen.*

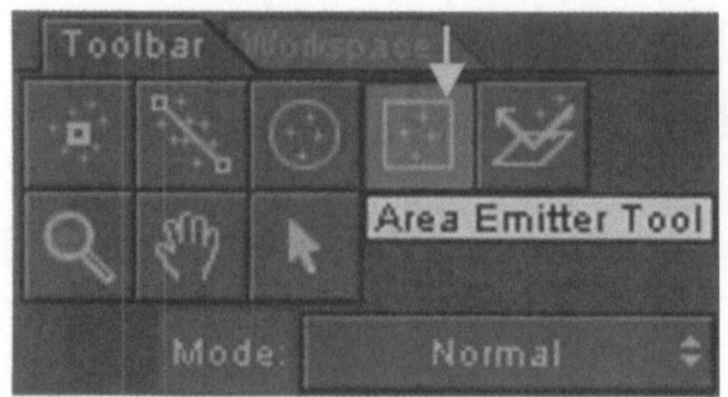

Abb. 6.3-8: *Area Emitter Tool*

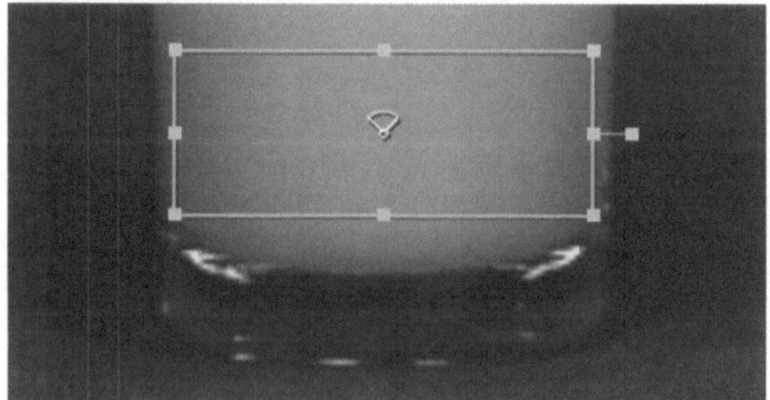

Abb. 6.3-9: Position des *Area Emitter Tools* im *Viewport* (DVD)

Im *Workspace* ist durch das Erstellen des Emitters ein neuer Zweig an dem Operator '*kohlensäure*' entstanden.

Ändern Sie die Bezeichnung des neu erzeugten *Emitters in* '*bubbles*' um.

Der Emitter kann nach der Erstellung im *Viewport* mit der Maus verschoben und skaliert werden, wie die Abb. 6.3-9 darstellt.

Die Einstellungen im Untermenü *Transform* variieren je nach gezeichnetem *Area Emitter*. In diesem Beispiel können die Daten an die nachfolgenden angepasst werden.

X-Positon	370.25	*X-Size*	161.87
Y-Position	449.50	*Y-Size*	69.00

Abb. 6.3-10: Untermenü *Transform* der *Particle Controls*

Ändern der Einstellungen des Emitters und der Partikel

Um den *Emitter* dem Erscheinungsbild von aufsteigender Kohlensäure angzupassen, wechseln Sie in das Untermenü *Emitter* der *Particle Controls.*

Verändern Sie die Eigenschaft *Emission Range* in 0% und die *Visibility* in 40%.

Ändern Sie den Farbwert in der Funktion *Tint,* durch Anklicken auf die Farbfläche, auf *Red:* 90%, *Green:* 80% und *Blue* 50%, um diese an die Farbe des Orangensaftes anzupassen. Erhöhen Sie den Wert für *Tint Strength* auf 60%.

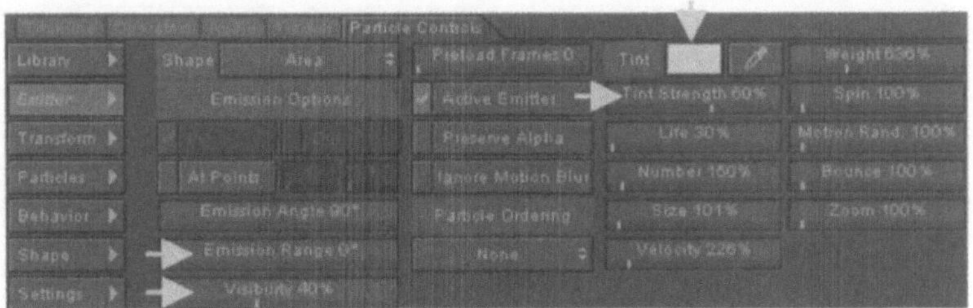

Abb. 6.3-11: Untermenü *Emitter* der *Particle Controls*

Erweitern Sie im *Workspace* den *Emitter 'bubbles'* und selektieren Sie für die weiteren Einstellungen in den *Particle Controls* die Partikel *'spikey'.*

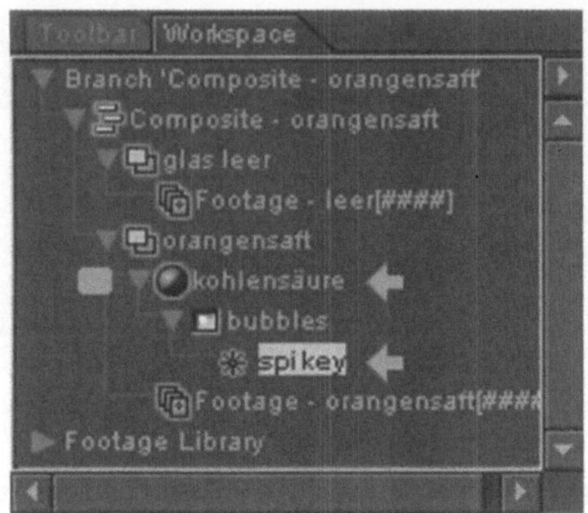

Abb. 6.3-12: Anwahl der Partikel *'spikey'*

Life Opacity *bleibt unverändert, da der Deckkraftverlauf für die Partikel in dieser Lerneinheit ausreicht.*

Wechseln Sie in das Untermenü *Particles* der *Particle Controls*. Ändern Sie, durch Anklicken des Kontrollpunktes, im Bereich *Life Color* die Farbinformation.

Stellen Sie im geöffneten Auswahlfenster die Farbwerte für *Red*, *Green* und *Blue* auf je 100% ein.

Es soll kein Farbverlauf erzeugt werden. Die Einstellungen für *Life Opacity* bleiben unverändert.

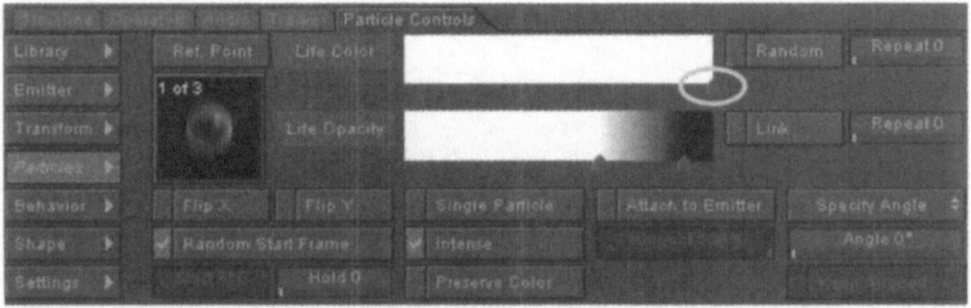

Abb. 6.3-13: Untermenü *Particles* in den *Particle Controls*

Formen Sie im Untermenü *Behavior* die Werte für das Verhalten der Partikel um:

Die Einstellungen im Untermenü **Behavior** *passen die Partikel im Verhalten an die Größe des Glases an.*

Size	4	Anpassen der Größe an die Maße der Szene
Life	40	Anpassung von Lebensdauer an die Höhe des Glases
Number	45	Austretende Partikelmenge wird an die von Kohlensäure angepasst
Number V	30	Mengenvariation wird auf eine höhere Zufälligkeit erhöht

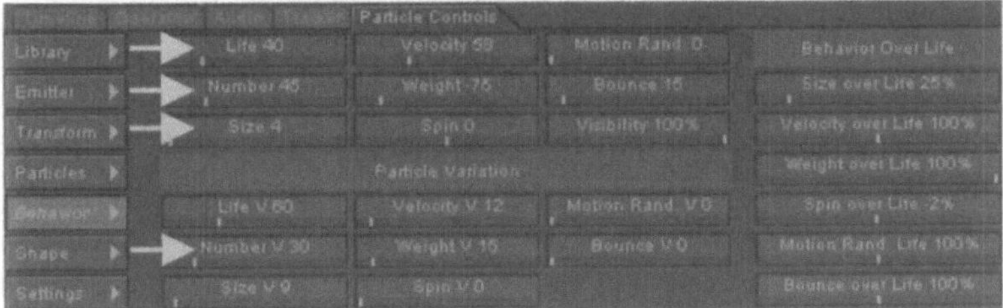

Abb. 6.3-14: Untermenü *Behavior* der *Particle Controls*

Abb. 6.3-15: *Viewport* (Layer *'Orangensaft'* und Partikeloperator)

Aktivieren Sie im Untermenü *Settings* der *Particle Controls* die Schaltfläche *Enable* in der Kategorie *Global Motion Blur*, um zu den Partikeln Bewegungsunschärfe hinzuzufügen.

Durch das Aktivieren von **Global Motion Blur** *wird erreicht, dass die Sprudelbläschen in der Bewegung weichgezeichnet werden.*

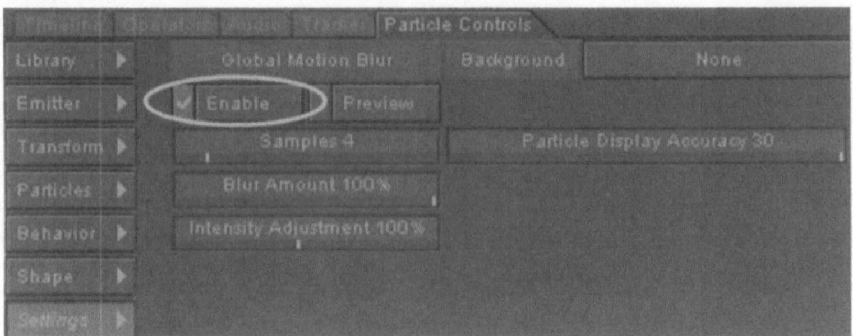

Abb. 6.3-16: Aktivieren der Bewegungsunschärfe für die Partikel

Hinzufügen eines Randdeflektors

Es sollen für die Glasbegrenzung und als Barrieren im Glas Deflektoren erzeugt werden. Wählen Sie dafür in der *Toolbar* das *Deflector Tool* aus.

Abb. 6.3-17: Auswahl des *Deflector Tools*

Zeichnen Sie im *Viewport* mit dem *Deflector Tool* den Rand des Glases nach, wie es in Abb. 6.3-18 dargestellt ist.

Arbeiten Sie mit dem *Deflector Tool* wie mit dem *Polygon/Bezier Tool*. Beenden Sie den Zeichenvorgang mit der *ESC-Taste*.

Abb. 6.3-18: Deflektor, um die Partikel einzugrenzen (DVD)

Mit diesen Einstellungen werden die Partikel den Deflektor nicht durchdringen, springen aber auch nicht zurück.

Verändern Sie im Untermenü *Deflector* der *Particle Controls* die Werte *Bounce* und *Thickness* auf 0%. Belassen Sie die Einstellung *Hits* auf 100%.

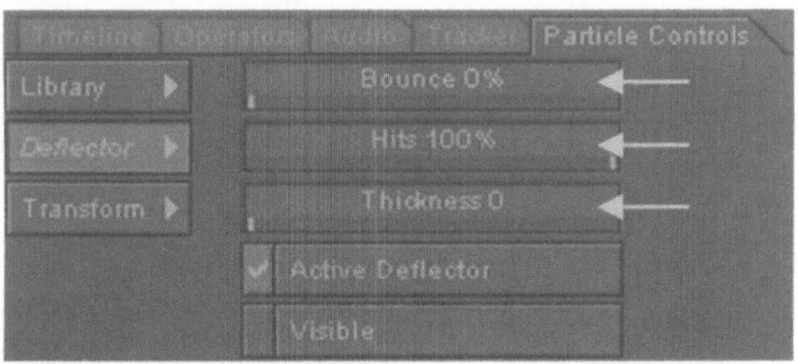

Abb. 6.3-19: Untermenü *Deflector*

Einfügen von weiteren Deflektoren im Glas

Selektieren Sie in der *Toolbar* das *Deflector Tool* und zeichnen Sie im *Viewport* vier Linien innerhalb des Glases ein.

Jede dieser Linien besteht aus zwei Kontrollpunkten und wird mit der *ESC-Taste* beendet.

Für jede Linie muss das *Deflector Tool* neu angewählt werden, und positionieren Sie diese, wie in Abb. 6.3-20 dargestellt.

Die Position der hinzugefügten Deflektoren kann variiert werden, um ein abweichendes Ergebnis zu erzielen.

Abb. 6.3-20: Anordnung der hinzugefügten Deflektoren

Passen Sie im Untermenü *Deflector* die Einstellungen für jeden der vier neuen Deflektoren an.

Vor dem Ändern der Einstellungen muss der entsprechende *Deflector* im *Workspace* angewählt werden.

Bounce	0%	Partikel werden aufgehalten, prallen aber nicht ab
Hits	30%	30% der Partikel werden beeinflusst
Thickness	20	Zunahme an Dicke, Partikel werden an einem beliebigen Punkt innerhalb des *Deflectors* aufgehalten

Mit diesen Einstellungen werden 70% der Partikel den Deflektor durchdringen und 30% werden aufgehalten. Damit wird ein gewisser Grad an Zufälligkeit des Partikelstroms erzeugt.

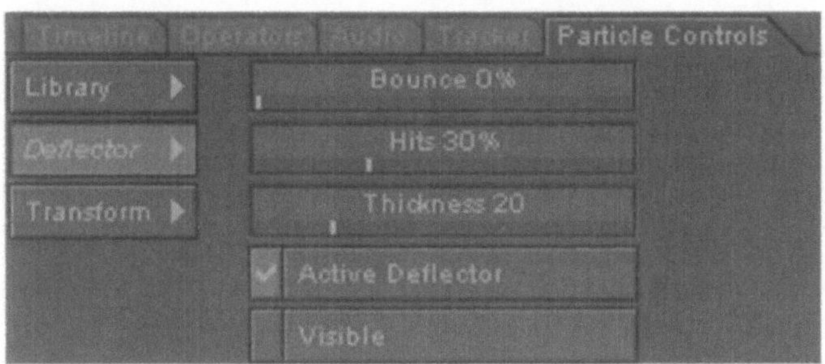

Abb. 6.3-21: Einstellungen im Untermenü *Deflector*

Abb. 6.3-22: Ansicht der geänderten Deflektoren im *Viewport*

Einblenden der Partikel

Aktivieren Sie die Option *Animate* und gehen Sie auf der *Timeline* zum Frame 25.

Selektieren Sie im *Workspace* den *Emitter 'bubbles'* und wechseln Sie in das Untermenü *Emitter* der *Particle Controls*.

Ändern Sie den Wert für *Visibility* auf 0%.

Gehen Sie auf der *Timeline* zum Frame 100 und tragen Sie den Wert 40% bei der Option *Visibility* ein.

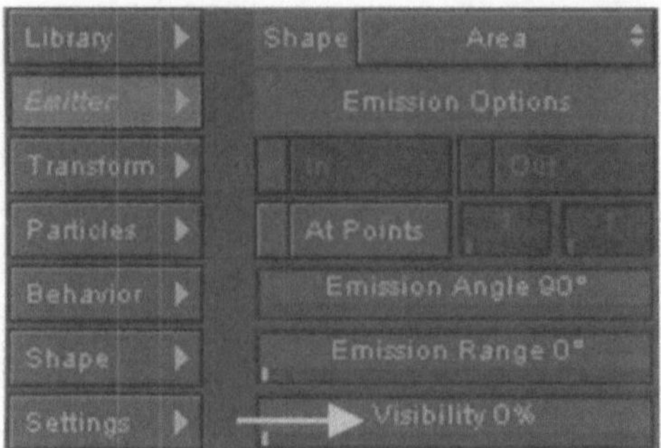

Abb. 6.3-23: *Visibility* 0% bei Frame 25

Aktivieren Sie mit Doppelklick *'Composite – orangensaft'* im *Workspace* diesen als obersten angezeigten Layer.

Abb. 6.3-24: Ansicht der fertigen Sequenz (Frame 100) (DVD)

Speichern Sie zum Abschluss das Projekt mit *File⇨Save Workspace as* unter dem Dateinamen *'orangensaft'* ab.

Mit der Option *File⇨Render* kann die Szene auch als Videodatei gerendert werden.

6.4 Lerneinheit 16

Hitzeflimmern

\\04 Partkel\016 Hitzeflimmern

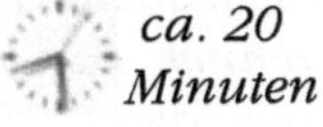
ca. 20 Minuten

Mithilfe eines Partikelemitters soll eine Gasflamme simuliert werden. Durch Einsatz von Compound Blur wird der Hintergrund in Form von Hitzeflimmern unscharf maskiert. Flamme und Hitzeeffekt sollen so realistisch wie möglich erzeugt werden.

Benutzte Werkzeuge:
- Partikelemitter
- *Compound Blur Operator*
- Farbkorrektur

Ziel dieser Lerneinheit

Als Besonderheit wird die Quelle für den *Compound Blur Operator* aus einem Partikelstrom erzeugt.

Diese Vorgehensweise kann auf weitere Ereignisse und Aufgabenbereiche erweitert werden, z.B. als Gasaustritt von Flugzeugturbinen oder auf die Simulation von Autoabgasen

Erstellen eines neuen Workspaces

Erzeugen sie mit *File⇨New* einen neuen *Workspace* und wählen Sie folgende Einstellungen:

Type	Composite
Name	Hitzeflimmern
Format Options	PAL DV
Duration	200
Bit Depth	8 bit
Mode	2D

Importieren sie mit *File⇨Import Footage* die Hintergrundsequenz *'gasbrenner.png'*. Diese ist im Unterverzeichnis *'gasbrenner'* abgelegt. Im *Workspace* wird die Sequenz als neuer Layer dargestellt. Benennen Sie den Layer mit *Rename* in *'brenner'* um.

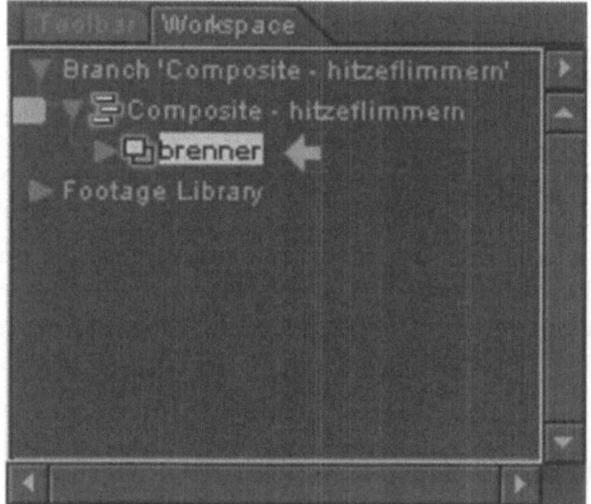

Abb. 6.4-1: Ansicht des *Workspaces*

Neuen Funktionsknoten erzeugen

Auf dem Layer *'brenner'* soll nun ein Partikelemitter hinzugefügt werden, der die Flamme mit einem Partikelstrom erzeugen soll.

Öffnen Sie im *Workspace* mit Rechtsklick auf den Layer *'brenner'* ein Auswahlfenster. Erzeugen Sie mit *Operators⇨Particles* einen neuen Funktionsknoten.

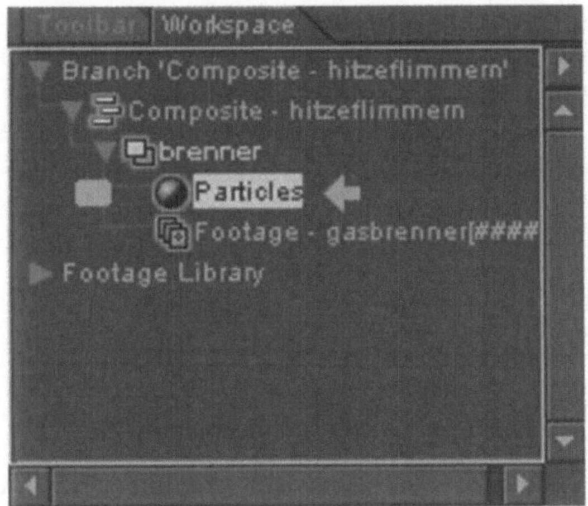

Abb. 6.4-2: *Particles Operator* als oberster Layer ausgewählt

Erzeugen und Konfigurieren des Emitters

Selektieren Sie im Untermenü *Library* der *Particle Controls* die Option *Load Library*.

Es öffnet sich ein Dateibrowser. Wählen Sie die Library *'Fire.elc'* aus und bestätigen Sie mit *OK*. Diese wird nun in die *Particle Controls* geladen.

Wählen Sie in dieser Bibliothek in dem Abschnitt *Fire Contest* den Emitter *'blue torch (feb_12)'* aus.

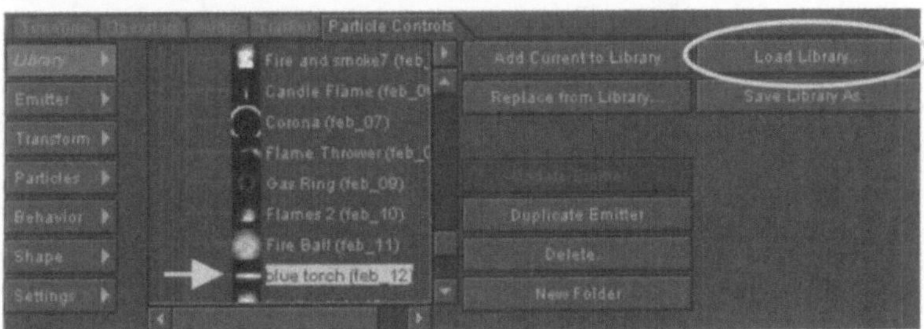

Abb. 6.4-3: Auswahl des *'blue torch (feb_12)'* Emitters

Selektieren Sie in dem Menü *Toolbar* das *Point Emitter Tool.* Erzeugen Sie im *Viewport* einen neuen Emitter, in dem sie den Bereich für die grobe Positionierung oberhalb der Gasbrennerdüse im *Viewport* anklicken.

Dieser wird im *Workspace* als neuer Zweig am Knoten *'Particles'* angezeigt. Wählen Sie im *Workspace* den Emitter *'blue torch (feb_12)'* aus und benennen Sie diesen mit *Rename* in *'gasflamme'* um.

Behalten Sie diesen weiterhin ausgewählt und wechseln Sie in die *Particle Controls.* Verändern Sie im Untermenü *Transform* die Position des Emitters:

Die Positionsangaben geben die genaue Position des **Emitters** *über der Gasbrennerdüse an.*

Position X	358.81
Position Y	498.78

Stellen Sie nun die Eigenschaften für den Emitter ein. In den *Particle Controls* wählen Sie das Untermenü *Emitter* an. Ändern Sie folgende Angaben:

Shape	Point
Emission Angle	90°
Emission Range	33°
Visibility	58%

Ändern Sie die Farbauswahl der Option *Tint* durch Anklicken der Farbfläche (*Red: 16%, Green: 24% und Blue 44%*). Weiterhin verändern Sie die Werte für folgende Einträge:

Tint Strength	34%	*Weight*	100%
Life	106%	*Spin*	235%
Number	709%	*Motion Rand*	92%
Size	109%	*Bounce*	100%
Velocity	1042%	*Zoom*	110%

Die Werte im Untermenü **Emitter** *sind den Eigenschaften in den Untermenüs* **Particles** *und* **Behavior** *übergeordnet.*

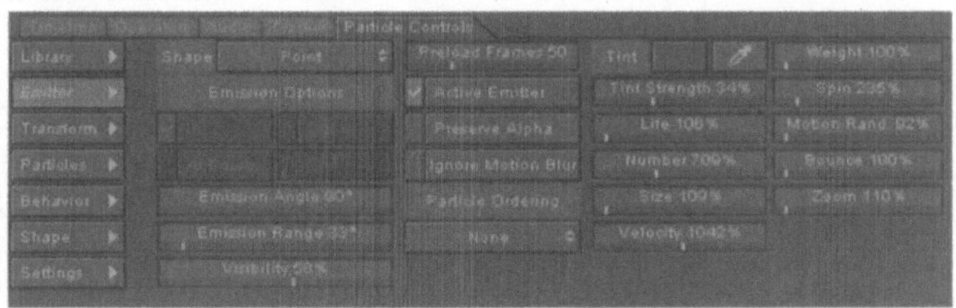

Abb. 6.4-4: Einstellungen in den Particle Controls

Im Workspace befinden sich in dem Zweig des Emitters *'gasflamme'* die Partikel *'Ovoid blur'*. Selektieren Sie diese durch Erweitern im *Workspace* und wechseln Sie in die *Particle Controls.*

Gehen Sie in dem Untermenü *Particles* auf das Farbverlaufsfeld *Live Color* und selektieren Sie den linken Marker mit einem Rechtsklick.

Es öffnet sich ein Farbauswahlfenster. Ändern Sie den Helligkeitsregler auf ca. 70%.

Die Angabe von ca. 70% ist etwas ungenau gewählt, reicht aber für die Einstellung der Farbe, wie in Abb. 6.4-5 gezeigt aus.

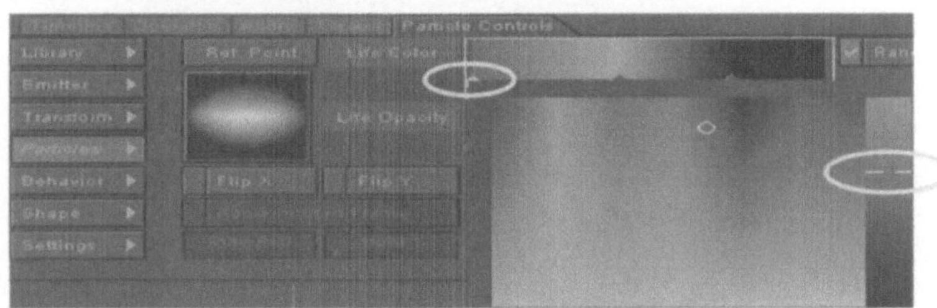

Abb. 6.4-5: Farbauswahl im Untermenü *Particles*

Hinzufügen eines neuen *Solid-Layers*

Aktivieren Sie im *Workspace* den Zweig *'Composite – hitzeflimmern'* durch Doppelklick als obersten Layer.

Fügen Sie mit Rechtsklick auf *'Composite – hitzeflimmern'* und *New Layer* einen neuen Layer hinzu.

Es öffnet sich ein Auswahlfenster. Ändern Sie in diesem für den neuen Layer die folgenden Einstellungen:

Type	Solid
Name	hitzeflimmern source
Format Options	PAL DV
Duration	200
Bit Depth	8 bit
Background Color	black

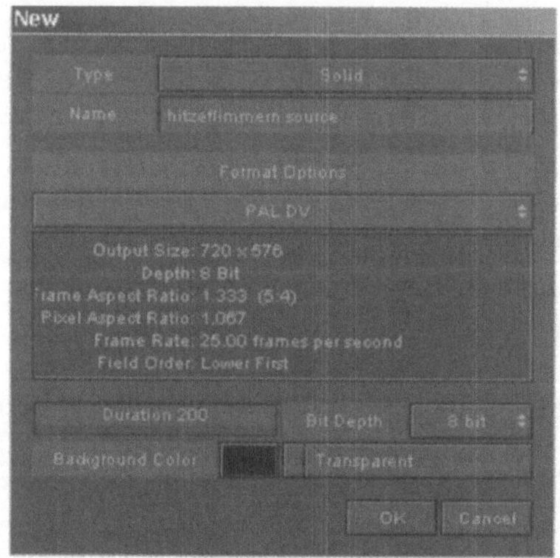

Abb. 6.4-6: Auswahlfenster New

*Dieser Vorgang kann alternativ mit den Tastaturkombinationen (***Copy** *:* **STRG+C** *und* **Paste STRG+V***) durchgeführt werden*

Der neu erzeuge Layer wird über dem Layer *'brenner'* im *Workspace* eingefügt und soll auch einen Partikeloperator erhalten. Dieser wird als Quelle für das Hitzeflimmern benötigt.

Selektieren Sie dafür im *Workspace* den Partikeloperator im Layer *'brenner'*. Mit Rechtsklick auf diesen und *Copy* kopieren Sie den Operator in die Zwischenablage. Fügen Sie diesen mit Rechtsklick auf den neu erzeugten Layer *'solid – hitzeflimmern source'* und *Paste* ein.

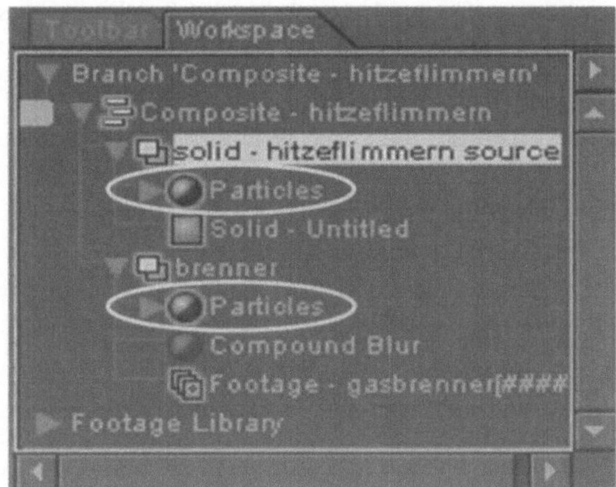

Abb.6.4-7: Aktualisierte Workspaceansicht

Im *Viewport* überlagert jetzt der kopierte Emitter im Layer *'solid – hitzeflimmern source'* den Emitter im Layer *'brenner'*.

Der kopierte Emitter soll nur als Quelle für den *Compound Blur Operator* dienen und braucht nicht sichtbar im *Viewport* zu erscheinen.

Deaktivieren Sie deshalb im *Workspace* den Layer *'solid – hitzeflimmern source'*. Es wird nur die Form des Partikelstroms zur Erzeugung des Unschärfeeffektes benötigt, welcher dem Layer *'brenner'* später hinzugefügt wird.

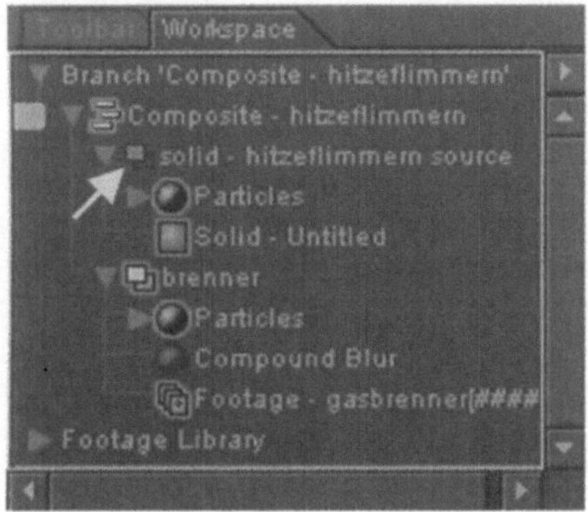

Abb. 4.4-8: Deaktivierter *Solid Layer*

Selektieren Sie im Layer *'solid – hitzeflimmern source'* den Emitter *'gasflamme'. Wechseln Sie in* die *Particle Controls* ins Menü *Emitter* und ändern Sie die folgenden Einstellungen:

Shape	Point
Emission Angle	90°
Emission Range	33°
Visibility	52%

Die Farbauswahlfläche ist unerheblich, da als Quelle für den Unschärfeoperator nur die Form von Bedeutung ist.

Der **Emitter** *wird in diesem Fall größer skaliert, damit das Hitzeflimmern weit über die Flamme hinausragt*

Tint Strength	0%	*Weight*	100%
Life	322%	*Spin*	235%
Number	709%	*Motion Rand*	92%
Size	178%	*Bounce*	100%
Velocity	581%	*Zoom*	173%

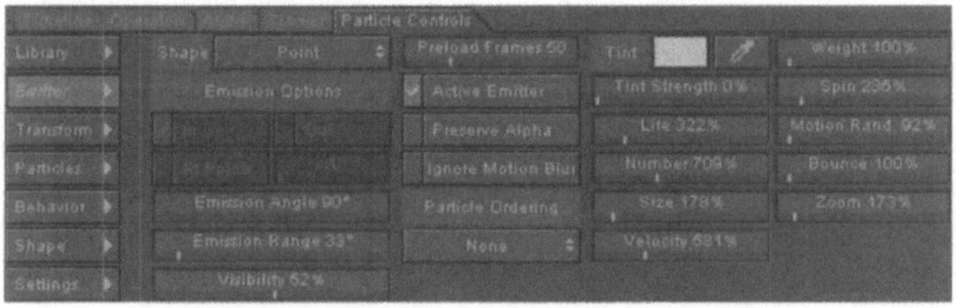

Abb. 6.4-9: Einstellungen in den Particle Controls

Erzeugen des Hitzeflimmerns

Der **Compound Blur Operator** *benutzt als Quelle einen ausgewählten Layer. Auf Grund dessen Helligkeitsinformation wird die Unschärfe in dem Layer* **'solid hitzeflimmern source'** *erzeugt*

Fügen Sie, um das Hitzeflimmern zu erzeugen, einen *Compound Blur* Operator dem Layer *'brenner'* hinzu. Fügen Sie mit Rechtsklick auf diesen und *Operators⇨Blur/Sharpen⇨Compound Blur* einen Unschärfeoperator hinzu.

Der neue Operator fügt sich über dem Partikelknoten in das Composite ein.

Da in diesem Fall die Flamme direkt von der Unschärfe betroffen würde, positionieren Sie den *Compound Blur Operator* unter den Partikel Operator.

Ziehen Sie diesen durch Klicken auf den *Compound Blur* Operator mit gedrückter Maustaste unter den Partikel Operator.

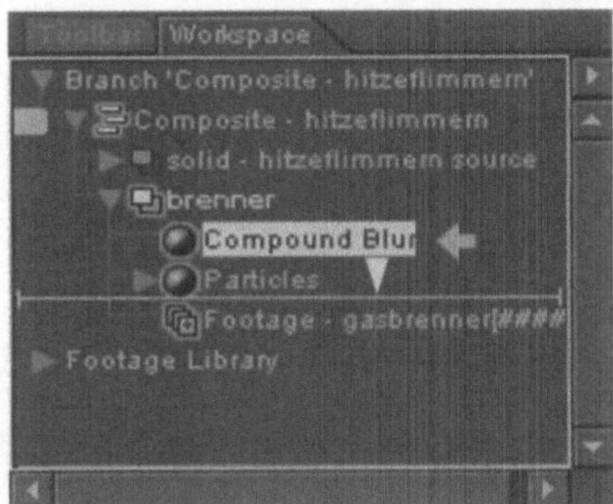

Abb. 6.4-10: Verschieben des Operators

Um die Stärke und die Quelle des *Compound Blur* Operators einzustellen, wechseln Sie in die *Compound Blur Controls*. Nehmen Sie hier folgende Einstellungen vor:

Layer	Im Auswahlfenster wählen Sie den Operator *Particles* aus dem deaktivierten Solid Layer
Radius	6.00
Channel	Luminance
Blur Type	Box

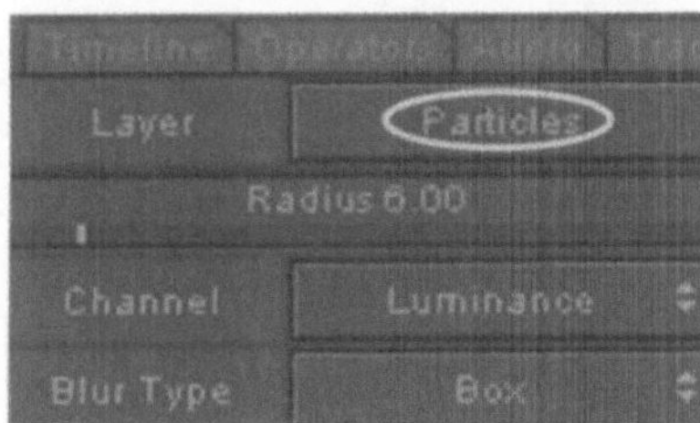

Abb. 6.4-11: *Compound Blur* Einstellungen

Jetzt ist der Unschärfe Operator mit der Quelle verbunden und maskiert nur den Bereich unscharf, der von dem Partikel Operator an Fläche und Helligkeit eingenommen wird.

Abb. 6.4-12: fertige Sequenz im *Viewport* (DVD)

Mit den Wiedergabesteuerelementen kann die Sequenz abgespielt und beurteilt werden. Die Wiedergabe ist, je nach Grafikkarte, recht stockend, da der Partikel- und der Bluroperator sehr speicherintensiv arbeiten.

Partikeloperatoren arbeiten sehr rechenintersiv. Bei Performanceproblemen kann der betreffende Layer auch mit **Commit to Disk** *auf der Festplatte zwschengespeichert werden.*

Um die Vorschau zu beschleunigen, kann die Wiedergabequalität auf *Medium* oder *Draft* geändert werden.

Dieses Auswahlfeld befindet sich rechts neben der Option *Animate*.

Speichern Sie zum Abschluss den Workspace mit *File⇨Save Workspace as* unter dem Dateinamen '*bitzeflimmern*' ab.

Mit *File⇨Rendern* kann die Sequenz als Videodatei auf die Festplatte geschrieben werden.

7 Abschlusslerneinheit

7.1 Wasseranimation

\\05 Abschluss-lerneinheit

ca. 30 Minuten

In dieser abschließenden Lerneinheit fließen viele in diesem Grundkurs vorgestellten Elemente in einem Beispiel zusammen.

Aufbauend auf dem Ausgangsmaterial von Lerneinheit 11 wird die Szene in einer Animation farblich und mit Masken verändert. Die Sequenz wird herunterskaliert und fährt, in Rotation versetzt, zum rechten oberen Bildschirmrand. Dort werden zwei Arme eingeblendet, die das Objekt in die Hände nehmen und ausgießen. Mit einem eingefügten Partikeloperator fließt ein Wasserstrom aus dem Objekt heraus und lässt durch diesen in der unteren Bildmitte das Wort Combustion erscheinen.

Da der Umgang mit den meisten Werkzeugen und die allgemeine Arbeitsweise in den Lerneinheiten ausführlich erklärt wurde, wird in der Abschlusslerneinheit auf detaillierte Erläuterungen weitgehend verzichtet und nur der Arbeitsablauf dargestellt.

Benutzte Werkzeuge: **Compositing**

- *Mask Tool, Color Correction*
- *Tracker, Pinch*

Paint

- *Brush Tool, Smear,* Textauswahl

Text/Titel

- *Texttool*

Partikel

- Partikelemitter

Ziel dieser Lerneinheit

Es sollen die hauptsächlich eingesetzten Werkzeuge in einer Lerneinheit angewendet werden. In diesem Abschnitt wird kein direktes Praxisbeispiel gegeben, sondern eine abstrakte, grafische Animation erstellt, welche die Möglichkeiten von Combustion ausweitend darstellt.

Erstellen eines neuen *Workspaces* und Import von Rohmaterial

Erzeugen Sie mit *File⇨New* einen neuen *Workspace* und wählen Sie dafür die folgenden Einstellungen:

Type	Composite
Name	wasseranimation
Format Options	PAL DV
Duration	1000
Bit Depth	8 bit
Mode	3D

Importieren Sie mit *File⇨Import Footage* die Hintergrundsequenz *'reflektion.mov'*. Diese ist im Unterverzeichnis *'teich'* abgelegt.

Im Workspace wird die importierte Sequenz als neuer Layer dargestellt. Benennen Sie diesen mit *Rename* in *'teich'* um.

Die Reihenfolge in der Hierarchie des **Workspaces** *ist für die Darstellung im* **Viewport** *ausschlaggebend.*

Gehen Sie auf der *Timeline* zum Frame 300 und importieren Sie an dieser Stelle die Sequenzen *'hand links[####].png'* und *'hand rechts[####].png'* aus dem Unterordner *'hände'* in den *Workspace*. Ändern Sie die Bezeichnungen der Layer entsprechend in *'hand links'* und *'hand rechts'*.

Verändern Sie die Hierarchie der drei Layer, so dass sich der Layer *'teich'* zwischen dem oberen Layer *'hand links'* und dem unteren Layer *'hand rechts'* befindet. Diese Anordnung wird in der Abb. 7.1-1 dargestellt.

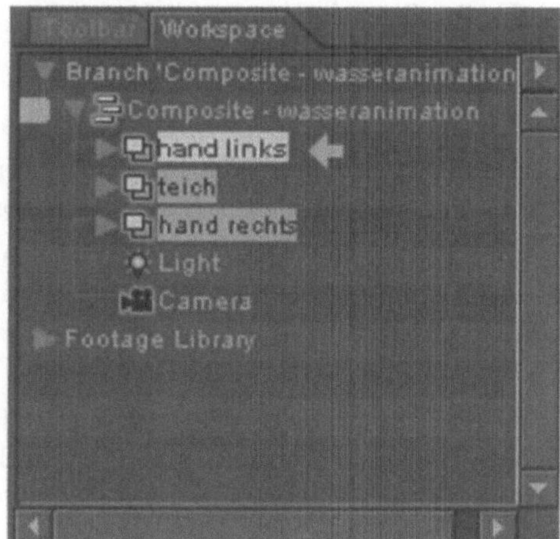

Abb. 7.1-1: Umgeordnete Layer im *Workspace*

Erweitern Sie im *Workspace* den Layer *'teich'* und selektieren Sie das Footagematerial. Da dieses nicht lang genug für die gesamte Sequenz ist, stellen Sie die Option *Playback Behavior* im Untermenü *Output* in den *Footage Controls* auf *Loop*.

Jetzt wird die Sequenz über die gesamte Sequenz hinweg wiederholt abgespielt.

Als abweichende Einstellung kann die Eigenschaft **Ping-Pong** *gewählt werden. Mit dieser wird die Sequenz bis zum Endframe und dann Rückwärts wiedergegeben*

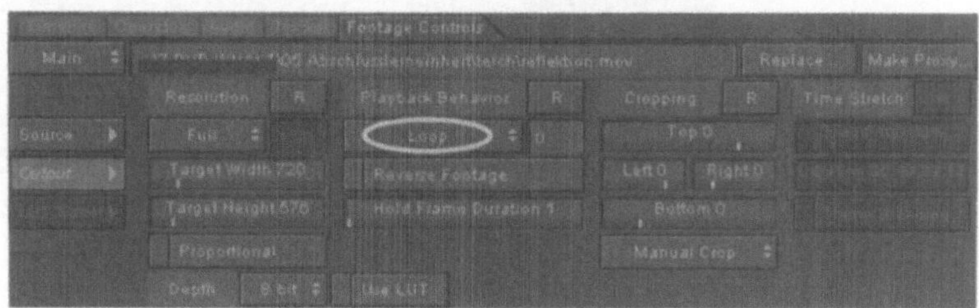

Abb. 7.1-2: Playback Behavior des Layers *'teich'*

Ändern Sie auf die gleiche Weise das Rohmaterial der Layer *'hand links'* und *'hand rechts'* und verändern Sie aber in diesem Fall jeweils die *Playback Behavior* auf *Hold Last Frame*.

Animieren der Position des Layers *'teich'*

Selektieren Sie den Layer *'hand links'* und gehen Sie zum Frame 300. Im Menü *Tracker* wählen Sie in der Option *Source* den Layer *'hand links'* aus und aktivieren Sie mit *Position* den *Tracker*.

Positionieren Sie Tracker- und Referenzfeld auf dem mittleren Gelenk des Mittelfingers wie in Abb. 7.1-3 dargestellt. Starten Sie die Erfassung mit den *Analyze Steuerelementen* bis zum Frame 395.

Speichern Sie mit *Export Data* die Bewegungsdaten in der Form *Tracker Data* unter dem Namen *'hand'* ab und deaktivieren Sie mit *Off* den Erfassungsvorgang.

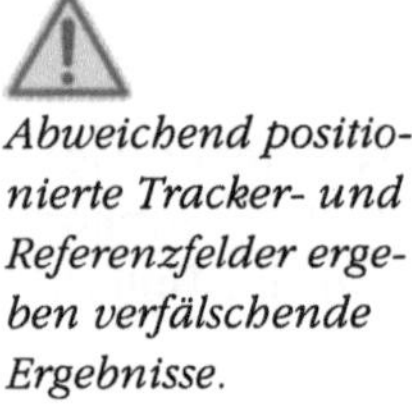

Abweichend positionierte Tracker- und Referenzfelder ergeben verfälschende Ergebnisse.

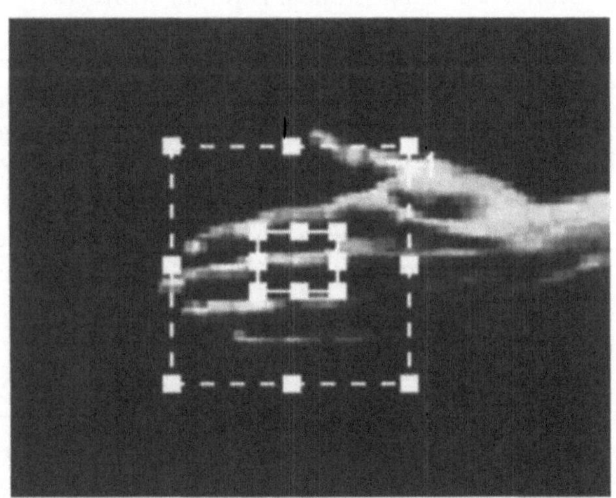

Abb. 7.1-3: Position des Tracker- und Referenzfeldes (DVD)

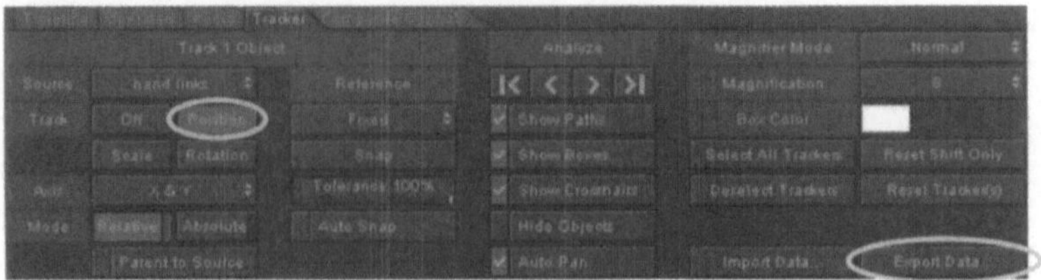

Abb. 7.1-4: Trackereinstellungen und Export der Trackerdaten

Die exportierten Trackerdaten werden später in den Layer *'teich'* importiert.

Aktivieren Sie die Option *Animate* und wechseln Sie in die *Timelineansicht*.

Erweitern Sie den Zweig *Transform* des Layers *'teich'* und gehen Sie auf der *Timeline* zum Frame 166. Setzen Sie mit *Add Key* für die Position *X, Y* und *Z* je einen neuen Keyframe.

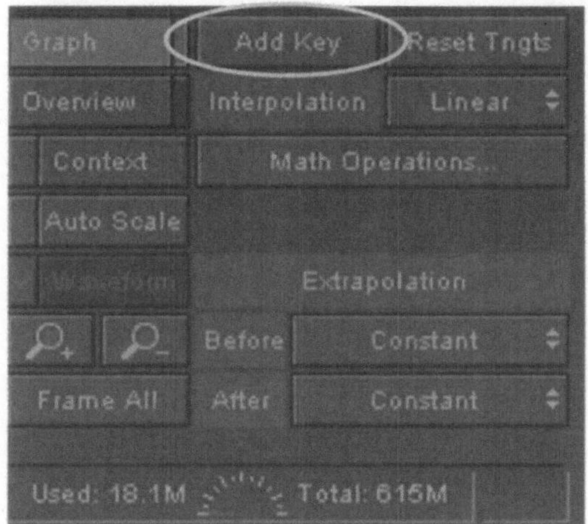

Abb. 7.1-5: *Add Key* Option

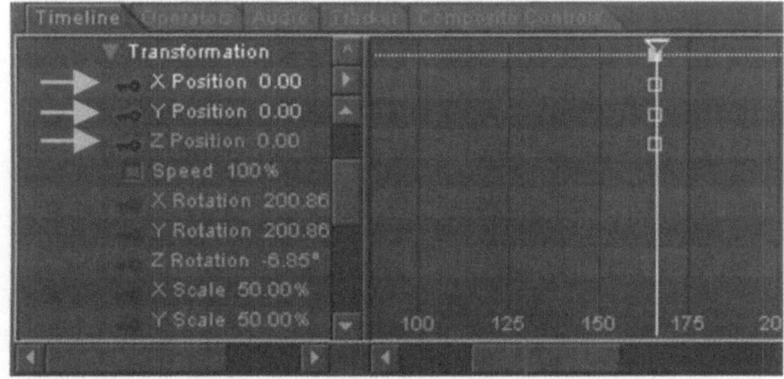

Abb. 7.1-6: Hinzufügen von Keyframes für *X, Y und Z Position*

Selektieren Sie im *Workspace* den Layer '*teich*'. Gehen Sie auf der *Timeline* zum Frame 300 und wechseln Sie in das Menü *Tracker*.

Selektieren Sie unter *Source 'hand links'*. Aktivieren Sie die Schaltfläche *Position* und aktivieren Sie die Schaltfläche *Absolute*.

Laden Sie mit *Import Data* die zuvor gespeicherten Trackerdaten '*hand*' in den angewählten Layer '*teich*':

Durch das Deaktivieren mit *Off* werden die Trackerdaten als feste Positionsdaten in den Layer geschrieben.

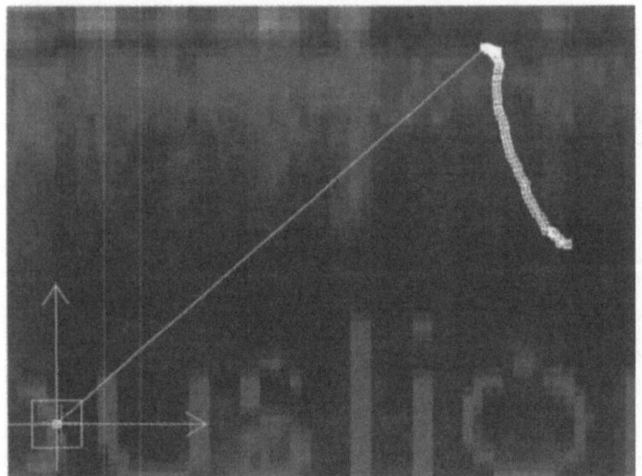

Abb. 7.1-7: Trackerdaten im *Viewport* (Frame 0)

Um die Bewegung vom ersten zum zweiten Keyframe zu glätten, wechseln Sie in das Menü *Timeline* in dem Modus *Graph* und selektieren Sie mit gedrückter *Umschalttaste* die ersten zwei Keyframes.

Mit Rechtsklick auf einen und *Ease Both* schwingt die Krümmung sanft ein und aus.

Für die Auswahl des zweiten Keyframes ist es ratsam die Ansicht mit der Zoomfunktion stark zu vergrößern.

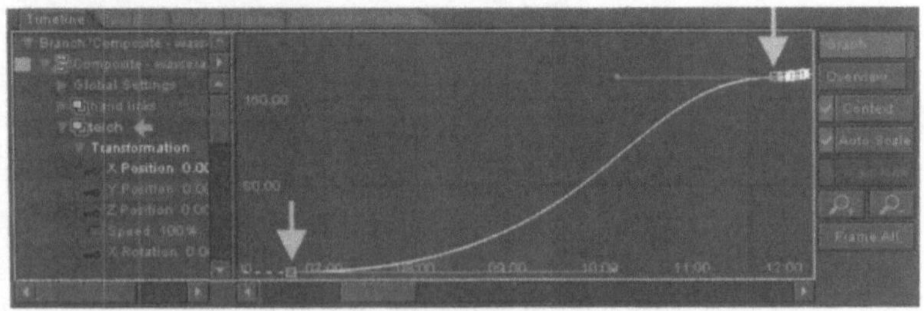

Abb. 7.1-8: *Ease Both* für X-Position (Y-Position ist äquivalent)

Animieren der Rotation des Layers '*teich*'

Der Layer '*teich*' soll um die X und Y Achse um 360° rotieren. Gehen Sie dazu zum Frame 0 und wechseln in die *Timeline*.

Erweitern Sie den Zweig *Transformation* des Layers '*teich*' und selektieren Sie mit gedrückter *Umschalttaste X* und *Y Rotation*.

Fügen Sie mit *Add Key* jeweils einen neuen Keyframe hinzu. Danach gehen Sie zum Frame 315 und fügen je einen weiteren Keyframe hinzu. Die Werte für X und Y Rotation setzen Sie auf 360°.

Im Modus *Graph* der *Timeline* selektieren Sie je die zwei Keyframes und aktivieren *Ease Both* im Auswahlmenü, welches mit Rechtsklick aufgerufen wird.

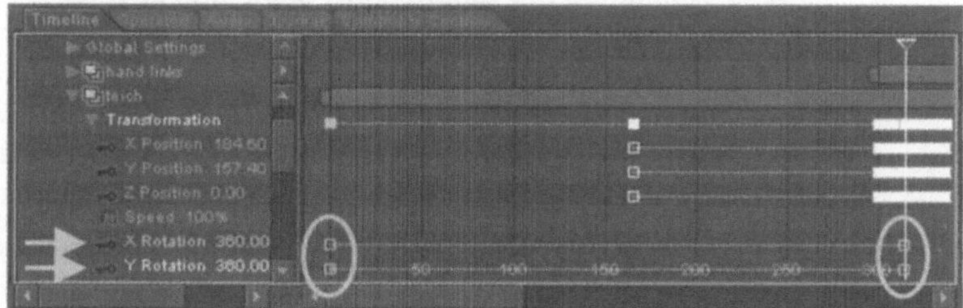

Abb. 7.1-9: *X*- und *Y Rotation* im Modus *Overview* der *Timeline*

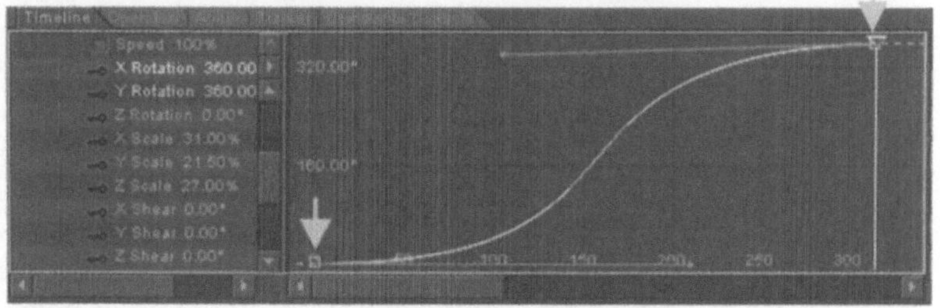

Abb. 7.1-10: X- und Y-Rotation in der *Graphansicht* der *Timeline*

Gehen Sie für die Animation der *Z-Rotation* zum Frame 327 und setzen Sie mit angewählter *Z-Rotation* in der *Timeline* mit *Add Key* einen neuen Keyframe.

Springen Sie auf der *Timeline* zum Frame 388 und setzen Sie einen weiteren Keyframe. Mit weiterhin angewählter Option *Ani-*

mate ändern Sie den Wert für *Z-Rotation* auf 64°. Damit wird erreicht, dass der Layer der Handbewegung folgt.

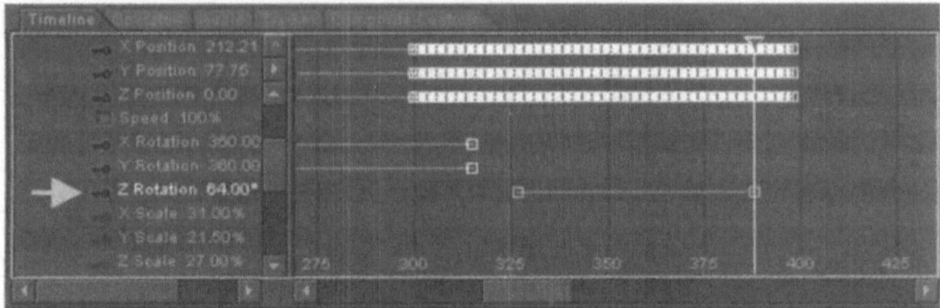

Abb. 7.1-11: Animation der *Z-Rotation*

Animation der Eigenschaft *Scale* des Layers *'teich'*

Gehen Sie auf der *Timeline* zum Frame 0 und setzen Sie in der *Timelineansicht* mit angewählter *X*, *Y* und *Z-Scale* (Umschalttaste gedrückt halten), mit *Add* Key je einen Keyframe.

Gehen Sie zum Frame 50, setzen Sie je einen weiteren Keyframe und ändern Sie für *X*, *Y* und *Z-Scale* je den Wert auf 50%.

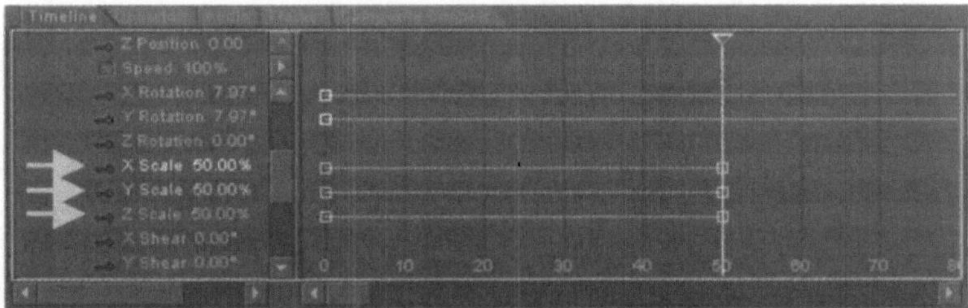

Abb. 7.1-12: Animation *X-*, *Y-* und *Z-Scale* beim Frame 50

Gehen Sie zum Frame 228 und setzen Sie für die drei Skalierungseigenschaften je einen weiteren Keyframe.Die Werte bleiben bei diesem Keyframe unverändert.

Setzen Sie beim Frame 312 für die Skalierung je einen letzten Keyframe und ändern Sie die Werte für *X-Scale* in 31.00%, *Y-Scale* 21.50% und *Z-Scale* 27.00%.

Wechseln Sie in den Modus *Graph* der *Timeline* und selektieren Sie je die ersten zwei Keyframes und fügen Sie die Option *Ease Both* hinzu.

Selektieren Sie je die letzen Keyframes und fügen Sie ebenso *Ease Both* hinzu, um den Anfang und das Ende der Kurven zu glätten.

Es ist zu beachten, dass die Ebene zwischen dem zweiten und dem dritten Keyframe keine Krümmung erhält.

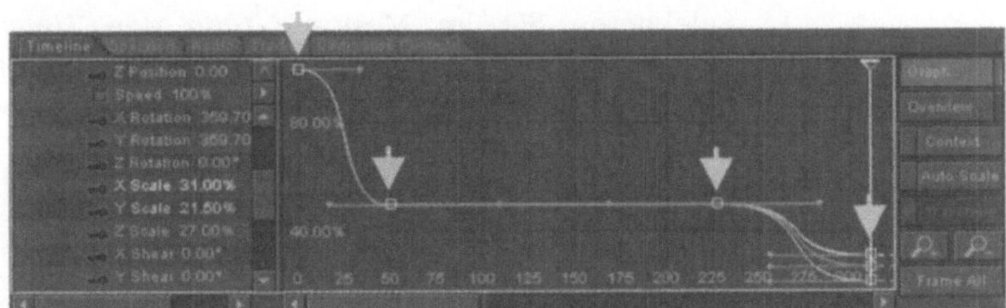

Abb. 7.1-13: Graphmodus mit *X-*, *Y-* und *Z-Scale* angewählt

Hinzufügen und Animation einer Maske zum Layer 'teich'

Gehen Sie auf der *Timeline* zum Frame 0, fügen Sie mit Rechtsklick auf den Layer *'teich'* und *Operators⇨Mask⇨Elliptical Mask* einen Maskenoperator hinzu.

Ziehen Sie die Maske im *Viewport* mit den Tangentenziehpunkten, wie in Abb. 7.1-14 gezeigt, auf.

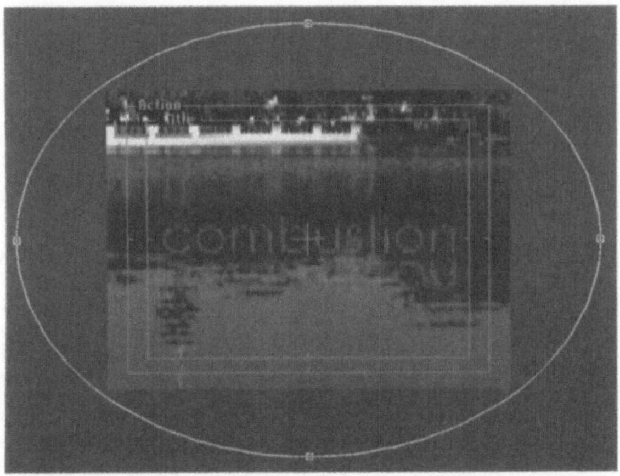

Abb. 7.1-14: *Elliptical Mask* beim Frame 0 (DVD)

Alternativ dazu können Sie in den *Mask Controls,* im Untermenü *Transform* die *X-* und *Y-Scale* direkt eingeben (*X, Y*: 290.24%).

Wechseln Sie in die *Timelineansicht,* gehen Sie mit weiterhin angewählter Option *Animate* zum Frame 50 und geben Sie für *X-* und *Y-Scale* im erweiterten Zweig *Transform* des Operators *Mask* je den Wert 145.24% ein.

Selektieren Sie im Modus *Graph* der *Timeline* je die zwei Keyframes und aktivieren Sie, wie schon mehrfach beschrieben, die Option *Ease Both*.

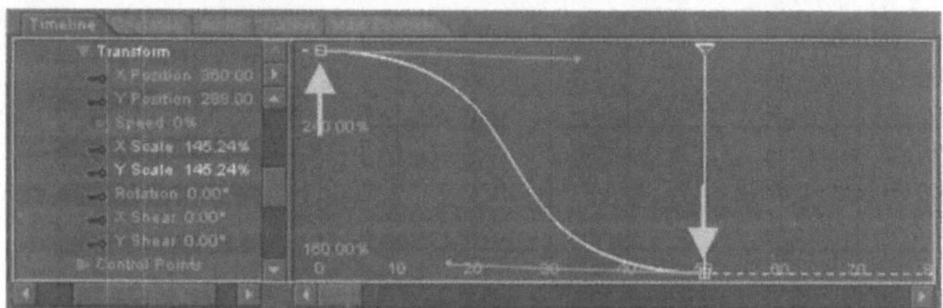

Abb. 7.1-15: Animationskurve (*X-* und *Y-Scale)* im Modus *Graph*

Wechseln Sie in die *Mask Controls* und gehen Sie auf der *Timeline* zum Frame 0.

Um die Maskeeigenschaften zu animieren, tragen Sie im Untermenü *Modes* die folgenden Werte ein:

Feather	0
Edge Gradient	In/Out
In	0
Out	0

Die Kante der Maske wird durch die Animation über die Zeit zunehmend weicher.

Gehen Sie zum Frame 50 und tragen folgende Änderungen ein:

Feather	10
Edge Gradient	In/Out
In	21
Out	4

Die Maske wird nun, wenn Sie die Sequenz abspielen, zum Frame 50 hin verkleinert und weichgezeichnet.

Animieren eines *Pinch-Operators* zum Layer '*teich*'

Durch den Operator **Pinch** *wird in dem Layer* **'teich'** *eine vorgetäuschte Oberflächenwölbung hinzugefügt.*

Selektieren Sie im Workspace beim Frame 0 den Layer '*teich*'.

Fügen Sie mit Rechtsklick auf diesen Layer und *Operators⇨Distort⇨Pinch* einen Pinch Operator hinzu.

Wechseln Sie in die *Timeline,* um den selektierten Operator *Pinch* zu animieren. Dieser ist im erweiterten Zweig des Layers '*teich*' zu finden.

Behalten Sie weiterhin die Option *Animate* aktiviert.

Selektieren Sie mit gehaltener *Umschalttaste* die Eigenschaften *Amount, Scale* und *Aspect* des Operators und setzen Sie mit *Add Key* beim Frame 0 je einen Keyframe.

Tragen Sie an den folgenden Timelinepositionen die nachstehenden Werte ein:

Frame 20

Amount	0%
Scale	1.00
Aspect	0%

Frame 50

Amount	-100%
Scale	0.90
Aspect	0%

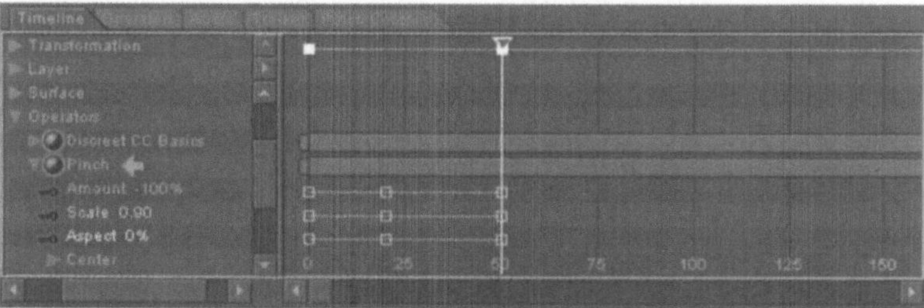

Abb. 7.1-16: Keyframes der *Pinchoperator* Animation

Farbveränderungen im Layer *'teich'*

Gehen Sie in der *Timeline* zum Frame 0 zurück und fügen Sie dem Layer *'teich'* einen *Discreet CC Basics Operator* hinzu.

Wechseln Sie mit aktivierter Option *Animate* in die *Timeline* und fügen Sie dem Zweig *Master* des Knotens *Discreet CC Basics* mit *Add Key* einen Keyframe hinzu.

Abb. 7.1-17: Hinzufügen des Keyframes für den Zweig *Master*

Mit der Animation der Farbeigenschaften wird der Layer **'teich'** *blau gefärbt und erhält zusätzlich einen künstlich erhöhten Kontrast*

Gehen Sie zum Frame 80 und fügen Sie einen weiteren Keyframe hinzu. Wechseln Sie in die *CC Basics Controls* und ändern Sie die folgenden Einträge:

Saturate	50
Contrast	1000
Temp	100
Mag-Grn	-33
Value	144
RGB Gamma	0.88
B Gamma	1.40

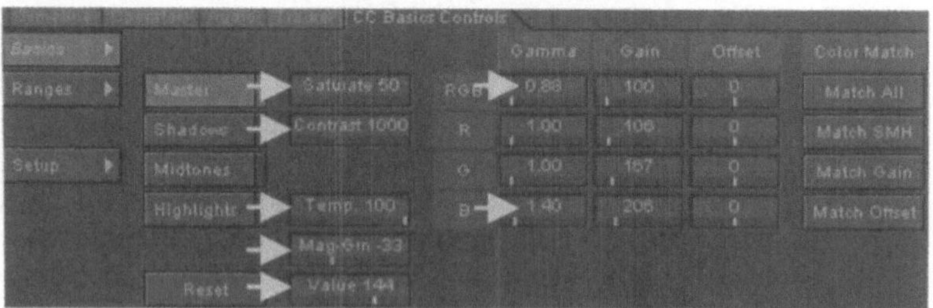

Abb. 7.1-18: *CC Basics Controls* beim Frame 80

Ändern der Layereigenschaften, Ein- und Ausblenden der Hände

Wählen Sie im *Workspace* den Layer *'hand links'* an und wechseln Sie in die *Composite Controls*. Ändern Sie im Untermenü *Layer* die Option *Depth Order* in *Foreground*. Damit ist dieser Layer im Vordergrund platziert und wird von den anderen Layern nicht verdeckt.

Belassen Sie die *Depth Order* des Layers *'teich'* auf *Normal* und Setzen Sie für den Layer *'hand rechts'* diese auf *Background*.

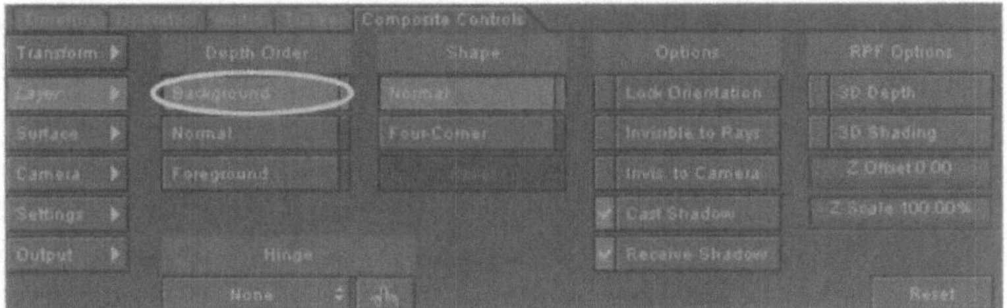

Abb. 7.1-19: *Depth Order* für den Layer *'hand rechts'*

Selektieren Sie im *Workspace* den Layer *'hand links'* und wechseln Sie in das Untermenü *Surface* der Composite Controls.

Gehen Sie mit angewählter Option *Animate* zum Frame 300 und setzen Sie den Wert für *Opacity* auf `0%`.

Wechseln Sie zum Frame 330 und ändern Sie die *Opacity* auf `100%`.

Der Layer ist jetzt vollständig deckend. Gehen Sie zum Frame 960, um den Layer am Ende der Sequenz wieder auszublenden.

Setzen Sie an diesem Punkt den Wert für *Opacity* auf `100%` und beim Frame 999 auf `0%`.

In der *Timeline* kann das Ergebnis im Modus *Graph* oder *Overview* begutachtet werden.

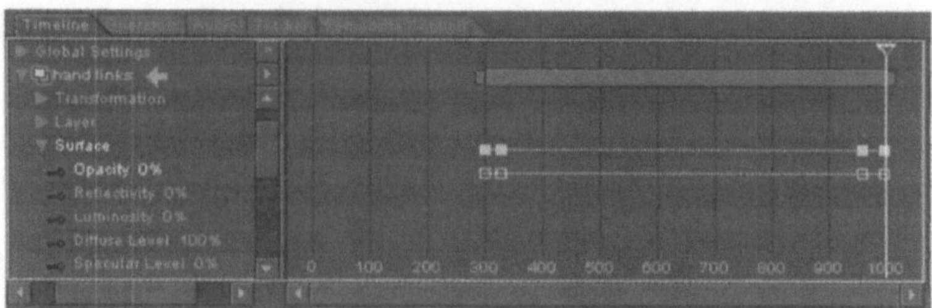

Abb. 7.1-20: Opacitykeyframes in der *Timeline* (*Overview*)

Der Layer *'hand rechts'* soll die gleichen Werte für das Ein- und Ausblenden erhalten. Ziehen Sie mit der Maus ein Auswahlrechteck auf und kopieren Sie mit der Tastenkombination *STRG+C* in die Zwischenablage.

Wechseln Sie, um die kopierten Werte in den Layer *'hand rechts'* einzufügen in der *Timelineansicht* (*Overview*) zum Frame 300.

Selektieren Sie für den Layer *'hand rechts'* die Eigenschaft *Opacity* und fügen Sie mit der Tastenkombination *STRG+V* die kopierten Werte ein.

Hinzufügen eines Partikelknotens

Erstellen Sie, damit die Partikel von der vorderen Hand und von dem Layer *'teich'* verdeckt werden, in dem Layer *'hand rechts'* einen Partikeloperator.

Gehen Sie zum Frame 300 und fügen Sie mit Rechtsklick auf den Layer *'hand rechts'* und *Operators⇨Particles* einen solchen hinzu. Laden Sie in den *Particle Controls* mit *Load Library* die Bibliothek *'Natural Organic'*.

Selektieren Sie im Abschnitt *'Water 00_03'* den *Emitter 'Water Jet'*.

Wählen Sie in der *Toolbar* das *Point Emitter Tool* aus und erstellen dieses im *Viewport* auf die Handfläche der rechten Hand.

Der Bibliotheksemitter muss im folgenden für die Szene dimensioniert werden.

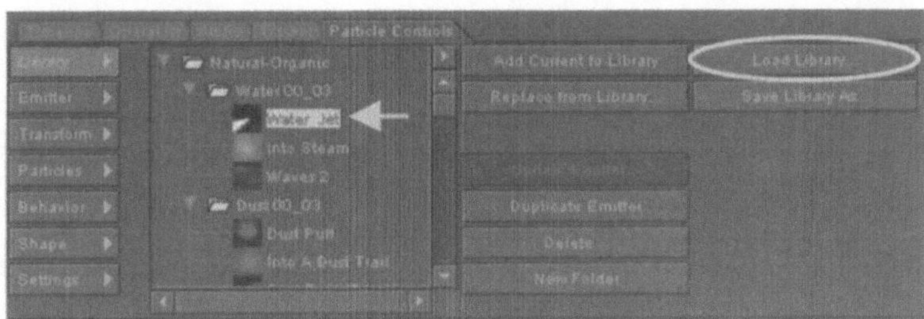

Abb. 7.1-21: Auswahl des Emitters *'Water Jet'*

Stellen Sie im Untermenü *Transform* die genaue Position für den *Emitter* ein.

X-Position	538.58
Y-Position	137.76

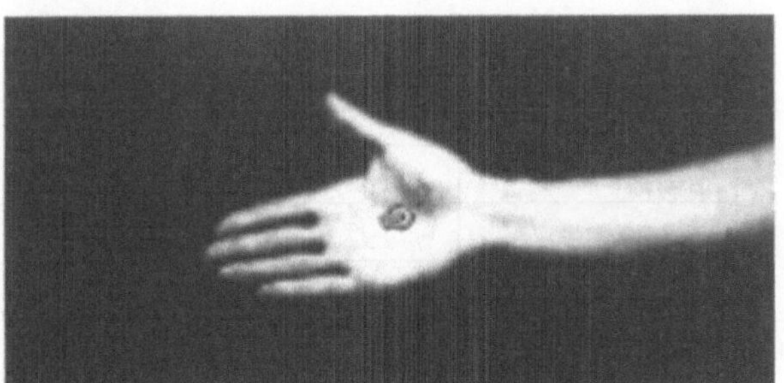

Abb. 7.1-22: Position des Partikelemitters (DVD)

Wechseln Sie mit angewähltem Emitter '*Water Jet'* in die *Particle Controls und* ändern Sie die folgenden Werte im Untermenü *Emitter:*

Emission Range	32°
Tint (Color)	*Red* 19% *Green* 16% *Blue*: 54%
Tint Strength	50%
Life	170%
Zoom	140%

Selektieren Sie im *Workspace* die Partikel *'Copy of Water'* im Zweig des Emitters *'Water Jet'*.

Wechseln Sie in den *Particle Controls* in das Unterverzeichnis *Particles* und ändern Sie die nachstehenden Einstellungen:

Life Color:

linker Marker		rechter Marker	
Red	47%	*Red*	5%
Green	64%	*Green*	32%
Blue	100%	*Blue*	79%

Deaktivieren Sie die Option *Random* für *Life Color*.

Selektieren Sie im *Workspace* die Partikel *'water'*, wechseln Sie in das Unterverzeichnis *Particles* und ändern Sie entsprechend diese Werte:

Life Color:

linker Marker		rechter Marker	
Red	20%	*Red*	56%
Green	19%	*Green*	67%
Blue	51%	*Blue*	80%

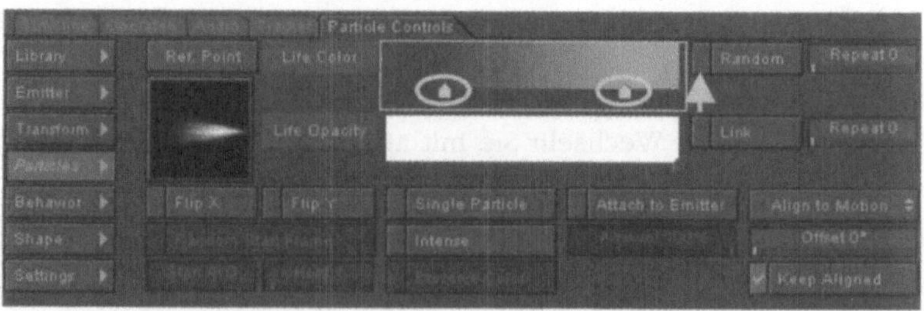

Abb. 7.1-23: Einstellungen der *Life Color* für die Partikel *'Water'*

Stellen Sie im Unterverzeichnis *Behavior* für die Partikel *'Water'* folgendes ein:

Life	165
Bounce	40
Bounce V	30

Für die Partikel *'Copy of Water'* (Im *Workspace* anwählen) ändern Sie äquivalent folgendes:

Life	150
Bounce	30
Bounce V	30

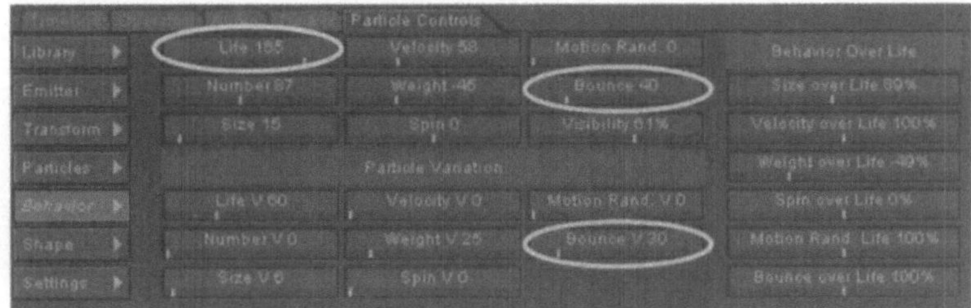

Abb. 7.1-24: Untermenü *Behavior* für die Partikel *'Water'*

Animieren der Emittereigenschaften

Es sollen die Eigenschaften *Number*, *Emission Angle* und die *Position* des Emitters *'Water Jet'* animiert werden.

Aktivieren Sie die Option *Animate*, sofern diese nicht noch aktiv ist.

Wechseln Sie dazu in die *Timelineansicht* und selektieren Sie den Emitter *'Water Jet'* im erweiterten Zweig des Operators *Particles*.

Gehen Sie zum Frame 316 und setzen Sie mit selektierter *X-* und *Y-Position* mit *Add Key* je einen neuen Keyframe.

Setzen Sie beim Frame 456 je einen weiteren Keyframe und ändern Sie die Werte für die *X-* und *Y-Position*:

Der Emitter wird in den Eigenschaften Position und später in der Menge des Partikelausstoßes animiert.

X-Position	541.87
Y-Position	199.50

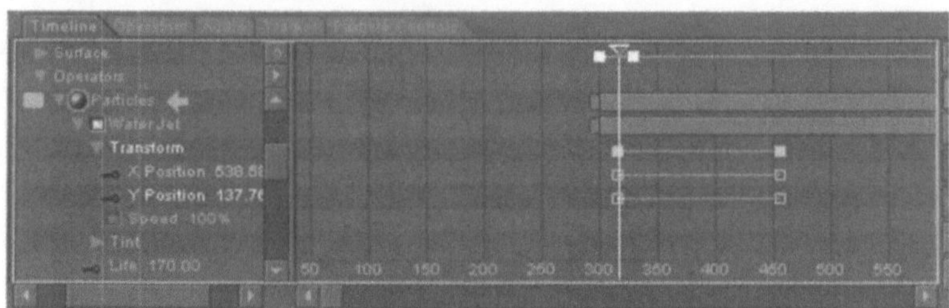

Abb. 7.1-25: Keyframes und Animation der X- und Y-Position

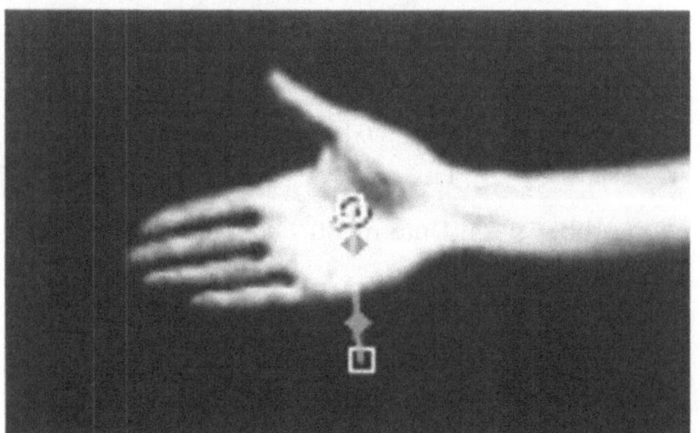

Abb. 7.1-26: Animationskurve des Partikelemitters (DVD)

Selektieren Sie die Eigenschaft *Number* im Zweig des Emitters '*Water Jet*' und wechseln Sie zum Frame 358, setzen Sie mit *Add Key* einen neuen Keyframe und ändern Sie den Wert für *Number* auf 0.

Fügen Sie beim Frame 374 einen weiteren Keyframe hinzu und ändern Sie den Wert für *Number* auf 300.

Gehen Sie zum Frame 800 und setzen Sie mit *Add Key* einen weiteren Keyframe.

Fügen Sie einen letzten Keyframe für *Number* beim Frame 850 hinzu und verändern Sie den Wert für *Number* auf 0.

Im Modus *Graph* in der *Timeline* kann die Animationskurve der Eigenschaft *Number* begutachtet werden und sollte der in Abb. 7.1-26 entsprechen.

Ändern Sie die Option *Interpolation* auf *Linear*.

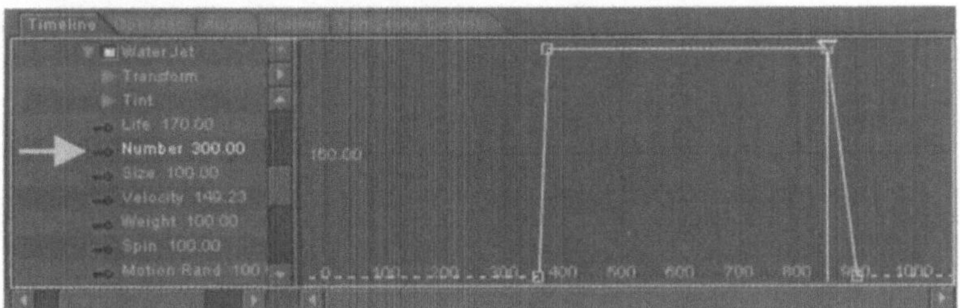

Abb. 7.1-27: Animationskurve der Eigenschaft *Number*

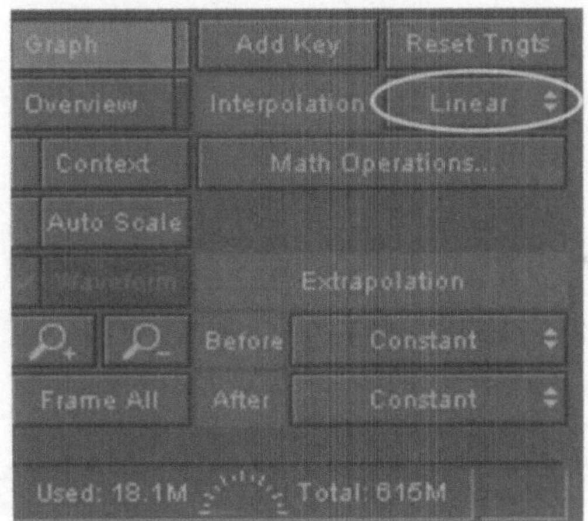

Abb. 7.1-28: Ändern der Interpolationseigenschaften

Selektieren Sie in der *Timeline* beim Frame 300 des *Emitters 'Water Jet'* den Parameter *'Emission Angle'*.

Setzen Sie mit *Add Key* einen neuen Keyframe und ändern Sie den Wert für *Emission Angle* auf 200.85.

Wechseln Sie zum Frame 376 und modifizieren Sie den Wert auf 255.85.

Zusätzlich wird die Richtung des Partikelstromes animiert.

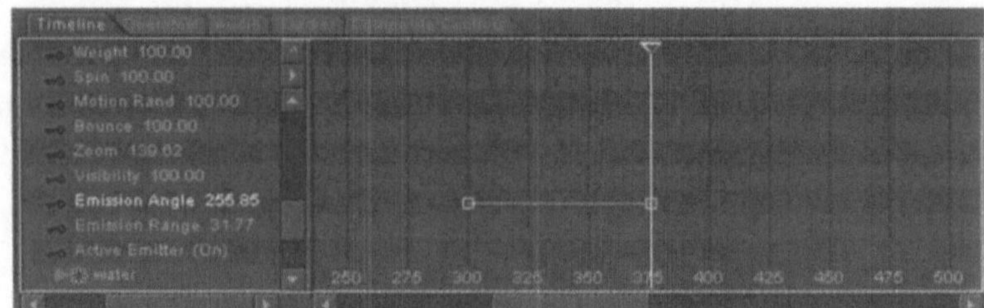

Abb. 7.1-29: Emission Angle in der *Timeline* (*Overview Mode*)

Aktivieren Sie diesen mit Doppelklick auf '*Composite – wasseranimation*' als aktuellen Layer, um die gesamte Szene zu begutachten.

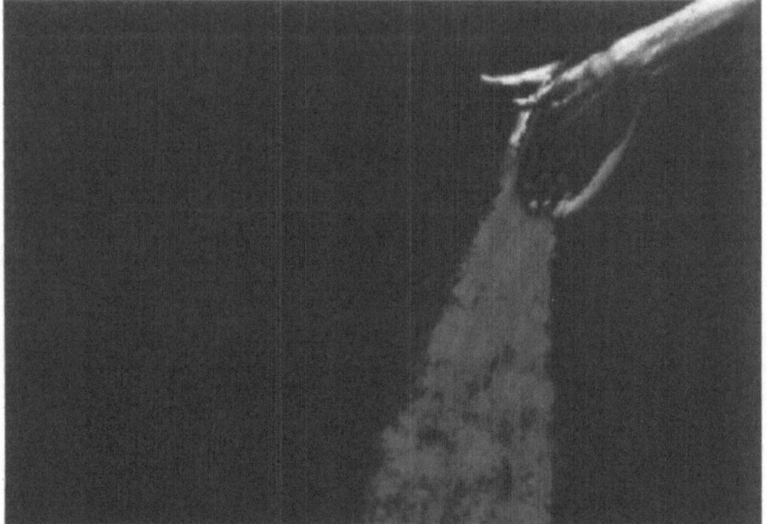

Abb. 7.1-30: Ansicht der Szene im *Viewport* bei Frame 460

Hinzufügen eines Deflektors

Fügen Sie, damit, wie in Abb. 7.1-30 zu sehen, der Partikelstrom nicht direkt aus dem Bild herausfließt, bei Frame 300 einen Deflektor hinzu.

Aktivieren Sie dazu im *Workspace* mit Doppelklick auf *'Particles'* diesen als aktiven Operator.

Selektieren Sie in der *Toolbar* das *Deflector Tool* und zeichnen Sie, wie in Abb. 7.1-31 dargestellt, eine Barriere ein.

Verändern Sie im Untermenü *Deflector* der Particle Controls die folgenden Werte:

Zum Teil werden die Partikel durch den Deflektor hindurchgelassen. Durch die Breite des Deflektors ist die Position der Kollision mit dem Deflektor zufällig.

Bounce	100%
Hits	80%
Thickness	40

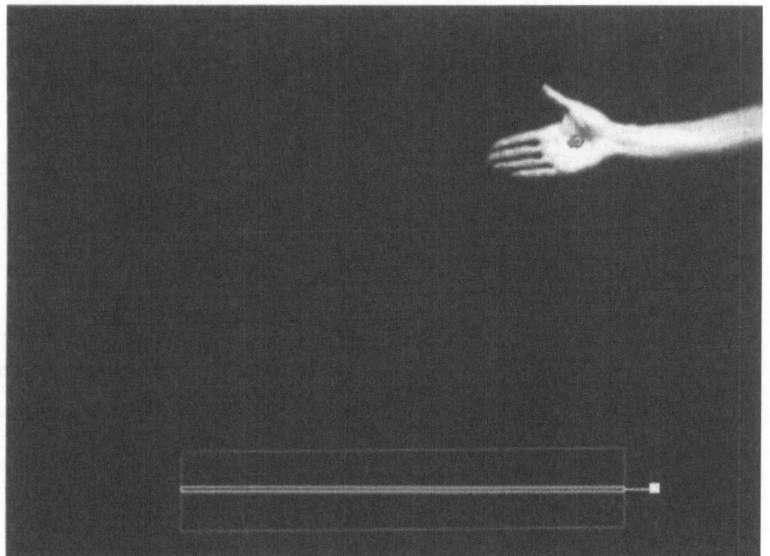

Abb. 7.1-31: Einzeichnen des *Deflectors* im *Viewport* (Frame 300)

Erstellen der Schrift Combustion

Fügen Sie einen Textopertator zum Layer *'hand rechts'* hinzu und benennen Sie diesen in *'combustion'* um.

Tragen Sie in den *Text Controls* das Wort *'combustion'* im *Text Editor* ein und ändern Sie die *Font Size* auf 62.

Durch das Eintragen des Wortes in den *Text Editor* entsteht ein neuer Zweig '*Text*' am Textoperator '*combustion*'.

Wählen Sie diesen im *Workspace* an und ändern Sie in der Kategorie *Attributes* im Untermenü *Text* die Farbe auf Weiß (*Red*: 100%, *Green*: 100%, *Blue*: 100%).

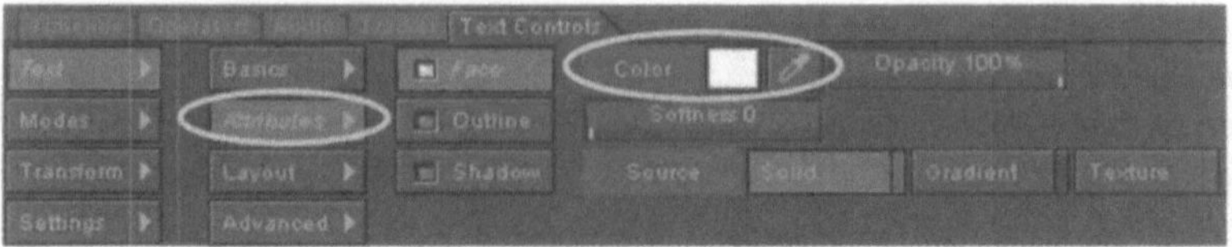

Abb. 7.1-32: Ändern der Hauptfarbe in der Kategorie *Attributes*

Geben Sie im Untermenü *Transform* der *Text Controls* die genaue Position und die Skalierung ein.

X Position	305.44
Y Position	467.34
X, Y Scale	je 160.00%

Wechseln Sie in das Untermenü *Modes* der *Text Controls* und ändern Sie die *Transfereigenschaft* auf *Dodge Midtones*.

Belassen Sie die Werte für *Opacity* und *Pressure* auf 100%.

Als Vordergrundfarbe bleibt die Farbe Weiß ausgewählt *(Red, Green, Blue:* 100%*)*.

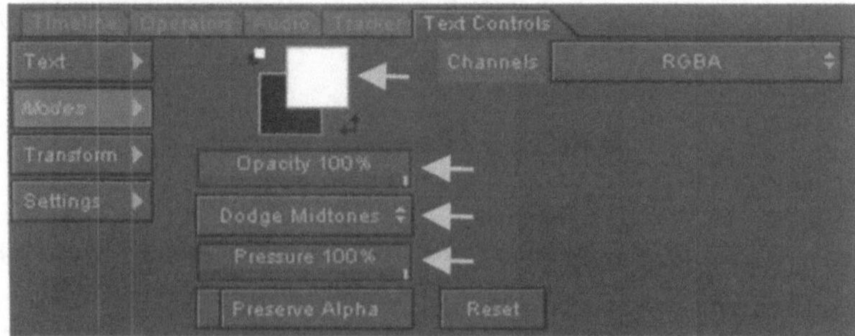

Abb. 7.1-33: Einstellungen im Untermenü *Modes*

Abb. 7.1-34: Darstellung im *Viewport* bei Frame 600 (DVD)

Durch den Transfermodus wird der Text nur dort sichtbar, wo der Partikelstrom die Textauswahl überlagert.

Erzeugen eines Wischeffektes über den Text

Wechseln Sie auf der *Timeline* zum Frame 600.

Fügen Sie dem Layer *'hand rechts'* einen Paintoperator hinzu, benennen diesen in *'auswahl'* um und selektieren in der *Toolbar* das *Text Selection Tool.*

Benutzen Sie für das Tool die Angaben aus dem Untermenü *Transform* und *Text* des *Textoperators*, damit die Auswahl mit dem zuvor erstellten Text deckungsgleich positioniert wird.

Tragen Sie in den *Paint Controls*, im Untermenü *Text,* das Wort *'combustion'* ein und ändern Sie die *Font Size* auf 62.

Ändern Sie in dem Untermenü *Transform* die Werte nach den folgenden Angaben:

X-Position	305.44
Y-Position	467.34
X-, Y-Scale	je 160.00%

Selektieren Sie Für den Wischeffekt in der *Toolbar* das *Freehand Tool (stroked)* und wechseln Sie in die *Paint Controls.*

Stellen Sie im Unterverzeichnis *Mode* die *Transformeigenschaft* auf *Smear* und wechseln Sie in das Unterverzeichnis *Brush*. Ändern Sie dort den Wert für *Diameter* auf 70.

Zeichnen Sie mit dem modifizierten *Freehand Brush*, wie in Abb. 7.1-35, im *Viewport* zusammenhängend, über die gesamte Schrift kleine kreisförmige Bewegungen.

Die mit dem **Freehand Tool** *erstellte Linie sollte in einem Stück erstellt werden, da ansonsten mehrere Paintzweige im* **Workspace** *entstehen würden.*

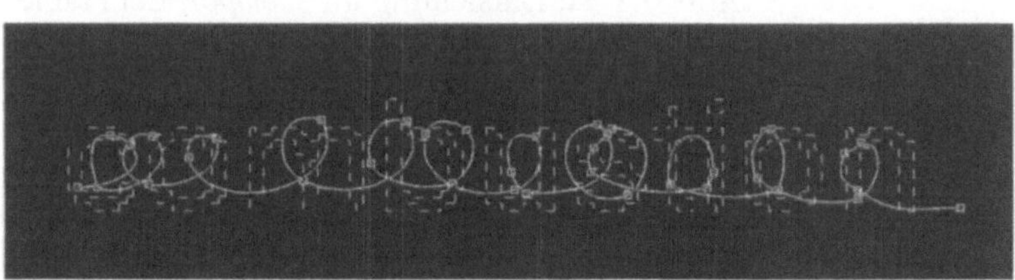

Abb. 7.1-35: Zeichenbewegungen mit dem Paintoperator

Damit der Wischeffekt langsam von oben auf die Schrift einwirkt und vom Partikelstrom verwässert wird, muss die Y-Position des Zweigs *Brush Stroke* animiert werden.

Aktivieren Sie dazu die Option *Animate* und wechseln Sie in die *Paint Controls.*

Geben Sie im Untermenü *Transform* beim Frame 600 für die *Y-Position* den Wert 360.50 ein.

Gehen Sie zum Frame 800 und ändern Sie dort den Wert für *Y-Position* auf 472.50. Deaktivieren Sie die Option *Animate.*

Abb. 7.1-36: Bewegungspfad des Operators *'Brush Stroke'*

Abb. 7.1-37: Ansicht im *Viewport* beim Frame 800 (DVD)

Mit den Wiedergabesteuerelementen kann die Sequenz abgespielt und beurteilt werden.

Die Wiedergabe ist je nach Grafikkarte recht stockend (ca. 1-4 Frames per Second), da der Partikeloperator sehr Speicherintensiv arbeitet.

Um die Vorschau zu beschleunigen, kann die Wiedergabequalität auf *Medium* oder *Draft* geändert werden.

Speichern Sie den *Workspace* mit *File⇨Save Workspace as* unter dem Dateinamen '*wasseranimation*' ab.

Mit *File⇨Rendern* kann die Sequenz auch als Videodatei auf die Festplatte gerendert werden.

Anhang

Literaturverzeichnis

Benutzerhandbuch Discreet Combustion 2.1, 2002
Autodesk, Inc.

Discreet User´s Guide Combustion 3, 2003
Autodesk, Inc.

Installation Guide Combustion 3 Discreet, 2003
Autodesk, Inc.

Ron Brinkmann
The Art and Science of Digital Compositing, 1999
Academic Press, London

Johannes Webers
Handbuch der Film- und Videotechnik, 6. Auflage 2000
Franzis Verlag GmbH, Poing

Stichwortverzeichnis

R

S

T

V, W

Y, Z

Bestseller aus dem Bereich IT

Dietmar Abts, Wilhelm Mülder
Grundkurs Wirtschaftsinformatik
Eine kompakte und praxisorientierte Einführung
5., überarb. u. erw. Aufl. 2004. XIV, 467 S. mit 130 Abb. Br. € 19,90
ISBN 3-528-45503-9

Hardware- und Software-Grundlagen (Rechnersysteme, Software, Datenübertragung und Netze, Internet, Datenbanken) - Anwendungen (ERP-Systeme, Querschnittssysteme, Managementinformationssysteme, Unternehmensübergreifende Informationssysteme) - Methoden und Organisation (Software-Entwicklung, Software-Auswahl, Informationsmanagement)

Hartmut Ernst
Grundkurs Informatik
Grundlagen und Konzepte für die erfolgreiche IT-Praxis -
Eine umfassende, praxisorientierte Einführung
3., überarb. u. verb. Aufl. 2003. XX, 888 S. mit 265 Abb. u. 107 Tab.
Br. € 29,90 ISBN 3-528-25717-2

René Steiner
Grundkurs Relationale Datenbanken
Einführung in die Praxis der Datenbankentwicklung für Ausbildung, Studium und IT-Beruf
5., verb. u. erw. Auflage 2003. XII, 219 S. mit 115 Abb. Br. € 19,90
ISBN 3-528-45427-X

Abraham-Lincoln-Straße 46
65189 Wiesbaden
Fax 0611.7878-400
www.vieweg.de

Stand 1.7.2004. Änderungen vorbehalten.
Erhältlich im Buchhandel oder im Verlag.